O. S. v. Bibra

Die Bevollmächtigten
des Auferstandenen

Das Wesen ihres Dienstes
im Lichte des Neuen Testaments

Mit Geleitworten von
Prof. D. Herm. Strathmann · Bischof D. Dr. Wilh. Stählin
Prof. D. Dr. Karl Heim · Bischof D. Dr. Joh. Hanselmann

Neunte (überarbeitete und erweiterte) Auflage
1978
37.—40. Tausend

Oekumenischer Verlag Dr. R.-F. Edel,
Marburg an der Lahn

Bisheriger Titel:
„Die Bevollmächtigten des Christus"

Auch in arabischer Übersetzung erschienen:
Beirut 1963; Zweite Auflage 1971

© 1946 Otto Bauer Verlag Stuttgart 75
Titelbild: „Auferstehung" von Walter Schimpf
Umschlagsgestaltung: Daniel Dolmetsch
Herstellung: Druckerei Bauer OHG Stuttgart 75 und Winnenden
Printed in Germany

ISBN 3-87047-032-1

„Ist Mein Wort nicht wie ein Feuer,
spricht der HErr,
und wie ein Hammer,
der Felsen zerschlägt —
lebendig, energiegeladen und schärfer
als jedes zweischneidige Schwert —
durch Gott mächtig
zur Zerstörung von Bollwerken,
einzureißen Vernunftschlüsse
und jede Höhe, die sich erhebt
gegen die Erkenntnis Gottes."

(Jer. 23, 29; Hebr. 4, 12; 2. Kor. 10, 4 f.)

INHALTSÜBERSICHT

Geleitwort zur 1. Auflage

Diese Schrift möchte man gern jedem in die Hand geben, der irgendwie mit dem „Dienst am Wort", der Verkündigung des Evangeliums zu tun hat. Denn der Verfasser ist tief von der Frage nach den Bedingungen eines ertragreichen kirchlichen Wirkens umgetrieben. Auf diese Frage stößt aber jeder, der es mit dem Verfasser erschütternd und beschämend findet, „wie unsere kirchliche Verkündigung weithin so ergebnislos im Sande verläuft". „Es ist eine unleugbare Tatsache, daß Gott zu Tausenden und Abertausenden auch rechtgläubiger Predigten einfach schweigt." W a r u m ist unsere Predigt so wenig erwecklich? Weil uns so oft die Berufung zum Beruf, die g e i s t - l i c h e V o l l m a c h t fehlt. Was sind deren Kennzeichen? Diese Frage wird aus der Bibel, besonders aus dem Neuen Testament in einer Weise beantwortet, deren heiliger Ernst jeden nicht ganz oberflächlichen oder im mechanischen Dienst erstarrten Leser den Atem anhalten läßt. Denn von Seite zu Seite kann er der Frage nicht ausweichen: Und d u ? Wie steht es mit dir? Die Schrift ist eine Kampfansage gegen alle Verkündigung, die meint, mit einer rein äußerlich-mechanischen, des echten Zeugnischarakters und seiner „Leidenschaft" entbehrenden Wiederholung des Wortes sich begnügen zu können, die des aggressiven Charakters gegen die Gewohnheitsmacht der Sünde im Leben der „Christen" ermangelt und durch eine unbiblische billige Gnadenpredigt und Mangel an praktischem Gehorsamsernst die erweckliche Macht des Wortes lähmt. So ist diese aus der Brunnenstube des biblischen Urzeugnisses geschöpfte Schrift im besten Sinn erwecklich.

Dieses Wort verdient gehört zu werden.

Erlangen, den 12. Oktober 1946

H. Strathmann

Geleitwort zur 2. Auflage

Es ist ein verbreiteter Sprachgebrauch, der von den Trägern des geistlichen Amtes in der Kirche als von den „Geistlichen" redet. Dieser Sprachgebrauch ist in doppeltem Sinn unheimlich und ein Stachel in unserem Gewissen. Das Neue Testament redet von allen Christen als den „Geistlichen" (Gal. 6, 1); wer kein Geistlicher, kein geistlicher Mensch ist, ist kein Christ. Wie hätten wir ein Recht, dieses Wort, das unser aller Christen-Berufung und -Verantwortung ausdrückt, zum Titel eines Standes zu machen? Und steht es denn so, daß wir selbst das uns befohlene Amt allzeit und in aller Hinsicht als ein geistliches Amt begreifen und erfüllen? Die Vollmacht, die der Herr seinen Jüngern gegeben hat, ist die Kraft und die Wirkungsmacht seines Geistes; nur wenn der schöpferische Anhauch Gottes und seines Christus uns mit dem göttlichen Leben — auch gegen unser eigenes natürliches Leben — erfüllt, können wir als die Bevollmächtigten des Christus in der Welt wirken.

Meint nicht alle Kritik an uns, an der Kirche und ihren Dienern immer wieder das eine, daß der Geistliche nicht geistlich ist und das geistliche Amt nicht geistlich verwaltet wird?

Wenn uns jemand daran erinnert, dann hat sein Bußruf alles Recht, von uns gehört zu werden.

Oldenburg, den 8. März 1947

D. Dr. Wilhelm Stählin
Bischof der Evang.-Luth. Kirche
in Oldenburg

Geleitwort zur 4. Auflage

Man kann diese Schrift, die jetzt in 4. Auflage erscheinen darf, nur mit Dank und Beugung lesen: Mit Dank dafür, daß Gott uns Menschen, auch wenn wir mit unserer Hingabe an Ihn nur einen schwachen Anfang gemacht haben, doch mit einer überschwenglichen Vollmacht in Seinem Dienst segnet; — und mit tiefer Beugung darüber, daß wir diese Vollmacht, die Er uns anvertraut hat, nicht treu genug benützt haben.

Dieses Büchlein geht nun zum vierten Male hinaus, und es hat von Anfang an gewirkt wie ein Feuerfunke, der in einen dürren Wald fiel, so daß die Flamme von Baum zu Baum übersprang.

Möge die Schrift in dieser ernsten Entscheidungszeit ihren heiligen Dienst weiter tun und Seelen aus dem Schlaf der kirchlichen Sicherheit aufwecken und so dem kommenden Herrn die Bahn zu Seiner wartenden Gemeinde bereiten!

Tübingen, den 7. April 1951

Karl Heim

Geleitwort zur 9. Auflage

Als ich 1945 mit manchen Kameraden aus Krieg und Lazarett zurückkehrte, hatte sich in mir die Gewißheit gefestigt, daß Gott durch diesen Zusammenbruch und durch meine Bewahrung in ihm einen Ruf an mich gerichtet hatte. Ich weiß, daß es vielen anderen ebenso ergangen ist. Wir studierten Theologie mit der Absicht, innerhalb des so notwendigen und erhofften Neuaufbruchs in Kirche und Volk den gekreuzigten und auferstandenen Christus zu verkündigen.

Es liegt mir fern, unsere Kirche der Nachkriegszeit pauschal anzuklagen. Ich weiß, wie viel ich ihr verdanke. Dennoch hat sich mir das Bewußtsein, daß vieles von dem, was seinerzeit in Kirche und Theologie geschah, an den Zeichen der Zeit vorüberging, tief eingeprägt. Ebenso stark hat mich in meiner Sehnsucht nach der vernehmbaren viva vox evangelii damals die Botschaft des Buches „Die Bevollmächtigten des Christus" beeindruckt. In ihm fand ich Antwort auf brennende Fragen, die anderwärts kaum aufgenommen worden waren. Dafür bin ich — bei allem Wandel, der inzwischen eingetreten ist — diesem Buch bis heute dankbar.

Frage ich mich heute, was mich an den „Bevollmächtigten" auch jetzt noch am meisten bewegt, so muß ich dreierlei nennen. Da ist einmal der Wille zum unbedingten Gehorsam unter Gottes Wort. Aus dieser Quelle wird unaufhörlich geschöpft, nicht um einem billigen Biblizismus zu frönen, sondern um sich gerade auch denjenigen — nicht wenigen — Aussagen der Heiligen Schrift zu stellen, die wir nur allzu gerne übergehen. Das zweite ist die radikale Neubegründung der geistlichen Existenz des Dieners am Wort. Wer sein eigenes Herz und auch das anderer Menschen ein wenig kennt, der kann nur je erneut heilsam erschrecken bei den biblischen Gerichtsworten und Verheißungen, durch die wir hier mit Gottes gegenwärtigem Anspruch konfrontiert werden. Schließlich war und ist es der praktische Rat für ein geistliches Leben, der in diesem Buch auf vielen Seiten aus der Heiligen Schrift heraus gegeben wird.

Die Zeiten haben sich gewandelt. Doch weil es der große Vorzug dieses Buches von Anfang an war, daß es sich bemüht hat, allein das Wort Gottes sprechen zu lassen, darum spricht es jede Zeit an, auch die unsere. Ich wünsche ihm, daß es vielen Dienern am Wort den Weg zu einem Leben und Lehren in Vollmacht weist. Dazu gebe Gott seinen reichen Segen.

München, Epiphaniaszeit 1978

D. Dr. Johannes Hanselmann
Landesbischof

EINLEITUNG

Am Abend nach dem Osterereignis trat der Auferstandene in den Kreis Seiner verängstigten Jünger mit den Worten: „Friede sei mit euch! Wie Mich der Vater gesandt hat, so sende auch I c h euch" (Joh 20,21). Damit wurde ihnen ein unvergleichlicher göttlicher Auftrag anvertraut, der fortan den Inhalt ihres Lebens ausmachen sollte und auch ihre ganze Freude wurde. Dieser Auftrag galt aber nicht nur für damals, sondern steht noch heute in Kraft. Und er gilt nicht nur für Apostel und Propheten, Evangelisten, Pastoren und Lehrer der Gemeinde, sondern für alle, die den Anruf ihres Erlösers jemals gehört und befolgt haben.

Dementsprechend gilt auch der Inhalt dieses Buches ihnen allen. Denn er bezieht sich auf eben diesen Auftrag und Dienst, wie er in unserer Zeit an unserer Generation auszurichten ist.

Den Ausgangspunkt sollen dabei weder unsere Traditionen noch persönliche Erfahrungen bilden, nicht die Kirchengeschichte noch die Psychologie und auch nicht eine bestimmte Frömmigkeitsform. Im Gegenteil: in bewußter Unabhängigkeit von all diesen sonst gebräuchlichen und herrschenden Maßstäben wollen wir offen und frei sein für eine Neuorientierung. Da Gott uns Seinen eigenen Maßstab in die Hände gelegt hat — die Heilige Schrift —, haben wir ja die verheißungsvolle Möglichkeit, uns an dieser untrüglichen Norm auszurichten.

Und das wollen wir versuchen.

I. Die Grundlage ihres Dienstes

Der Dienst am Wort muß eine doppelte Grundlage haben: die göttliche Berufung und die göttliche Bevollmächtigung.

1. Die göttliche Berufung

Wer den Dienst am Wort als Beruf ausüben will, sollte bedenken, daß es sich dabei um einen heiligen Dienst handelt, zu dem die Berufung dessen gehört, dem man dienen will. **Denn Seine Botschafter zu berufen, hat sich der dreieinige Gott selbst vorbehalten.** Wer ohne göttliche Berufung im Dienste Gottes steht, der sehe zu, daß ihn nicht die Anklage trifft: „I c h habe sie nicht gesandt, und doch sind sie so geschäftig! I c h habe ihnen keinen Auftrag gegeben und doch reden sie in Meinem Namen. Hätten sie wirklich in Meinem Rat gestanden, so würden sie Mein Volk... von seinem bösen Wandel und seinem gottlosen Tun zur Umkehr bringen" (Jer 23,21 ff.). Wie stark betont doch Paulus seine göttliche Sendung, wenn er sich bezeichnet als „Apostel, nicht von Menschen (gesandt), auch nicht durch einen Menschen (eingesetzt), sondern unmittelbar durch Jesus Christus persönlich und damit durch Gott den Vater selbst (Gal 1,1). Wenn man auch kein Apostel ist, so sollte doch irgendwie jeder Diener am Wort in Bezug auf Grundlage und Motiv seiner Wirksamkeit solches von sich sagen können.[1]

Auch sonst kommt in den paulinischen Briefen die göttliche Autorität und Sendung aller wirklichen Jesuszeugen immer wieder zum Ausdruck, wenn er schreibt: „So treten wir nun als Botschafter für Christus auf, indem Gott selbst durch uns mahnt" (2 Kor 5,20 a) oder: „Wir sind ja nicht wie die v i e l e n, die mit dem Wort Gottes ein unlauteres Gewerbe treiben (oder: es verwässern);[2] nein, aus lauterem Herzen, nein, als aus Gott heraus (= als Gottes Beauftragte) vor Gottes Angesicht in Christus reden wir" (2 Kor 2,17). So unterscheidet sich der Dienst am Wort grundsätzlich von jedem anderen Beruf[3]. Um beispielsweise Richter oder Staatsanwalt zu werden, genügt es, Rechtswissenschaft zu studieren, seine beiden Examina abzulegen und sich dann nach der entsprechenden praktischen Vorbereitungszeit vom Staat anstellen zu lassen. Jurist, Techniker, Lehrer, Handwerker, Bauer kann man ohne weiteres werden kraft eigenen Entschlußes,

— examinierter Theologe auch! Aber Diener am Wort im neutestamentlichen Sinn wird man n u r durch göttliche Einsetzung;[4] wo diese fehlt, läßt sie sich auch durch die Ordination nicht ersetzen.[5] Auf welche Weise der HErr im einzelnen Fall Seinen Ruf ergehen läßt, kann angesichts der Mannigfaltigkeit Seiner Wege keinesfalls festgelegt werden. Auch auf die viel erörterte Frage, wie man seiner göttlichen Berufung gewiß wird, gibt es keine allgemein gültige Antwort. Es kommt nur darauf an, daß sie wirklich vorliegt, und das ist auf keinen Fall automatisch mit der kirchlichen Amtseinsetzung gegeben. Gott der HErr läßt sich nämlich von Menschen nicht vorschreiben, wen Er in Seinen Weinberg beruft. Auch läßt Er sich weder durch Ordination noch durch Installation zwingen, Amtsträger als Seine Diener dort zu bestätigen, wo Er sie nicht gesandt hat.   Vielmehr bleibt Er s o u v e r ä n und beruft sich Seine Zeugen nach Seinem eigenen Ermessen, **wo und wann E r will**.[6]

Freilich, wo Gott berufen hat, gehört dann auch die durch die Gemeinde geschehende Bestätigung und Sendung dazu, die schon vielen in der Anfechtung ein großer Trost und Halt gewesen ist. Es ist aber klar, daß deren Voraussetzung nach dem Neuen Testament[7] nur **die durch den Heiligen Geist erfolgte Berufung ist**[8] (vgl. Apg 13,1-3; 20,28 b!). Deren Echtheit zu prüfen ist allerdings der Gemeinde befohlen (vgl. Offb 2,2 b!). So wird eine gewissenhafte Kirchenleitung darin eine ernste und verantwortungsvolle Aufgabe zu erblicken haben, die am besten schon während des Studiums der Bewerber zu beginnen hat und auf jeden Fall vor der Ordination zu lösen ist.

2. Die göttliche Bevollmächtigung

Nun sendet der HErr keinen Arbeiter in Seinen Weinberg, ohne ihm die nötige Dienstausrüstung mitzugeben. Worin besteht diese?

Bei der Beantwortung dieser Frage müssen wir ausgehen von jener Dienstausrüstung, die unser HErr Jesus für Sein messianisches Wirken auf Erden vom Vater mitbekommen hatte: der V o l l m a c h t des Heiligen Geistes, die Ihm auf Schritt und Tritt anzumerken war. Im einzelnen zeigte sich diese Vollmacht bei Ihm besonders in folgender Hinsicht:

a) Auf dem Gebiet der Verkündigung

Nach Abschluß der Bergrede lesen wir: „Tief betroffen waren die Volksscharen über Seine Lehre; denn Er lehrte sie als einer, der

V o l l m a c h t hatte, und nicht wie ihre Schriftgelehrten" (Mt 7,28 f.). So konnte Jesus von sich feststellen: „Die Worte, die Ich zu euch gesagt habe, sind G e i s t und sind L e b e n" (Joh 6,63 c), das bedeutet: sie stammen vom Heiligen Geist und bringen denen, die darauf hören, das ewige Leben!

b) Auf dem Gebiet der Sündenvergebung

Vor Feinden und Freunden hat Jesus aus Nazareth bewiesen, daß Er auf der Erde die Vollmacht hat, Sünden zu vergeben, das bedeutet: den Schuldiggewordenen und Verlorenen den Freispruch des lebendigen Gottes zu vermitteln, so daß sie aus dem Machtbereich der Finsternis herausgerissen und unter die befreiende Herrschaft des Sohnes Gottes versetzt werden (Kol 1,13).

c) Auf dem Gebiet der Krankenheilung

Das hängt mit dem Umfang der Erlösung zusammen, die nicht nur die Seele, sondern auch den Leib betrifft. Der Gekreuzigte hat nämlich nicht nur unsere *Sünden* hinaufgetragen an das Holz (1 Petr 2,24), sondern ebenso auch unsere *Krankheiten* auf sich genommen und an unserer Statt weggetragen (lies Mt 8, 16 f. = Jes 53,4!). Denn nicht nur durch die Sünde legt der Feind uns in Ketten, sondern auch durch Krankheiten: sie sind **eine „F e s s e l",** **mit der Satan uns bindet** und von der Jesus uns löst (Lk 13,16). Dazu hat Er den Starken gebunden und entwaffnet (Mt 12,29; Kol 2,15). Nun führt Er dessen Gefangene siegend heraus. Und eben deshalb finden wir in der Wirksamkeit des Messias immer b e i d e s nebeneinander: „Er proklamierte[9] die frohe Botschaft von der Königsherrschaft u n d heilte — nicht nur „allerlei Seuche" (Luther), sondern: j e d e Krankheit und j e d e s Gebrechen" (Mt 9,35).

d) Gegenüber den Dämonen

Sooft der HErr Jesus mit Besessenen zusammentraf, erwies sich Seine diesbezügliche Vollmacht. Deshalb erschraken auch die bösen Geister jedesmal so sehr, wenn sie Seiner ansichtig wurden, denn sie wußten genau, daß sie jetzt ihre Positionen räumen mußten. Was für eine zentrale Bedeutung die Ausübung der Vollmacht über die Finsternismächte hatte, zeigt das Wort des HErrn: „Wenn aber Ich durch den Geist Gottes die Dämonen hinauswerfe, dann hat euch die Herrschaft Gottes jäh überrascht" (Mt 12,28).

e) Für das Beten

Was für eine Vollmacht des Gebets der Sohn Gottes besaß, kann uns beispielhaft deutlich werden, wenn wir Ihn am Grabe

Seines Freundes Lazarus sehen. Während dessen Leiche noch
(stinkend) im Grabe lag, konnte Jesus folgendermaßen beten:
„Vater, Ich danke Dir, daß Du Mich erhört h a s t!" (Joh 11,41.)
Und wenige Minuten später kehrte der Verstorbene auf das Wort
des HErrn hin ins Leben zurück.

f) Für ein Leben der Aufopferung

Wenn es heißt, der Messias habe sich selbst durch den ewigen
Geist als Opfer Gott dargebracht (Hebr 9,14), dann ist dabei nicht
nur an Seinen Tod, sondern an Sein ganzes Leben zu denken, das
ja eine ständige Aufopferung gewesen ist. Daß dies aber auf
Vollmacht beruhte, das sagt Er selbst mit den Worten: „Niemand
hat Mir Mein Leben entrissen, sondern Ich setze es von Mir aus
ein. Vollmacht habe Ich, es einzusetzen, und Vollmacht habe Ich,
es wieder zu empfangen" (Joh 10,18).

g) Für ein Leben selbstloser Liebe

Daß das Leben unseres Meisters geprägt war von der Vollmacht
der göttlichen Liebe, das hat Ihn am meisten unterschieden von
allen anderen Menschen.

Und eben diese Seine eigene Vollmacht in der skizzierten
siebenfachen Hinsicht hat der Auferstandene auf Seine Jünger
und Sendboten übertragen (vgl. Joh 20,21-23; Mt 10,1!).[10] So sind
diese nun nicht darauf angewiesen, in eigener Kraft zu wirken,
sondern sie reden und handeln — sofern sie wirklich
„Bevollmächtigte des Auferstandenen" sind — in der Kraft ihres
Herrn und in der Vollmacht der göttlichen Liebe.[11]

Schon hier erhebt sich für jeden einzelnen die existentielle
Frage, ob er diese Vollmacht hat oder nicht. Grundlegend ist in
diesem Zusammenhang das Wort des Auferstandenen: „Und
siehe, I c h sende das Verheißungsgut des Vaters auf euch; ihr
aber, ihr sollt euch (erst einmal) in der Stadt hinsetzen, b i s ihr
angetan werdet mit Kraft aus der Höhe" (Lk 24,49). Was war
vorausgegangen? Mehr als zwei Jahre lang hatte der HErr Seine
Jünger unterwiesen und auf ihren späteren Zeugendienst
vorbereitet. Damit aber hatten sie die beste theologische Ausbildung empfangen, die es jemals gegeben hat. Trotzdem muß
ihnen eröffnet werden, daß diese Vorbereitung noch n i c h t
genügt, sie vielmehr jetzt noch eine Ausrüstung brauchen,
die so wichtig und unentbehrlich ist, daß sie keinen Schritt im
Dienst wagen können, bevor sie diese empfangen haben: die Kraft
aus der Höhe.[12]

Das aber heißt für uns: Wenn unser HErr nicht einmal d e n
Männern, die Er selbst auserwählt und auf dieses Werk vorbe-

reitet hatte, erlauben konnte, ihren Dienst zu beginnen, bis sie die dazu nötige Vollmacht von oben empfangen hatten, — wie können wir als gewöhnliche Sterbliche in diese Arbeit eintreten, ehe wir mit dem Heiligen Geist gesalbt (erfüllt, versiegelt), d. h. von Gott so bevollmächtigt sind, daß wir es wissen?

Diese Vollmacht des Heiligen Geistes ist es, mit der jeglicher Dienst am Wort steht und fällt.[13]

Anmerkungen zu I.

[1] Vgl. dazu, was Hans Asmussen im Anschluß an Gal 1.15f schreibt: „Frage dich an Hand der Schrift, ob es dir mit Gott so ging, daß er dich besonders stellte. Du bist zwar sicher kein Apostel. Aber ein entsprechendes geschieht jedem Christen. Frage dich, ob du von einer Berufung weißt, die nicht im Normalverlauf deines Lebens liegt. Frage dich, ob der Sohn Gottes auch in dir enthüllt sei... Bist du Prediger des Evangeliums, dann frage dich, ob im Verfolge derartiger Ereignisse deine Predigt geschehe. Geschieht sie nur und wesentlich im Verfolge deiner natürlichen Lebensgeschichte, dann kannst du gar nicht Evangelium predigen, du seiest lutherisch oder reformiert, Pietist oder Rationalist, Liberaler oder Dialektiker. Dann bist du in jedem Fall ein Lehrer des Gesetzes, aber nicht mehr..." (Theologisch-kirchliche Erwägungen zum Galaterbrief, Zweite Auflage, München 1935. S. 56 f.)

[2] Vgl. Werner de Boor in der Wuppertaler Studienbibel (W. Stb.) z. St.: „Paulus grenzt sich gegen eine Art der Verkündigung ab, die er als eine wachsende Gefahr durch die ganze Kirche gehen sieht. Es handelt sich nicht nur um einzelne Fälle, sondern es sind ‚die vielen', die die Verkündigung gründlich entstellen. Wodurch tun sie es? Indem sie ‚mit dem Wort Gottes Handel treiben'.Das hier verwendete Wort meint speziell den unredlichen Handel damaliger Schankwirte, die den Gästen minderwertige Speisen vorsetzten und den Wein panschten, um zu Geld zu kommen. Es liegt also auch der Vorwurf der Entstellung und ‚Verwässerung' der Botschaft in dem Wort. In 4,2 wird Paulus darum direkt von dem ‚Verfälschen des Wortes' sprechen. Wie kann es bei **den vielen** zu einem solchen Verhalten kommen? Paulus hat in Phil 3,17-19 in schärfster Weise die inneren Beweggründe solcher Männer enthüllt... Was aber ist von Männern zu halten, die mit dem Wort Gottes Handel treiben und ihre Hörer um das ewige Leben betrügen! Kein Wunder, daß Paulus sie in 11, 13-15 als Diener Satans bezeichnet." (2. Korintherbrief, Wuppertal 1972, S. 64. f)

[3] „Ein Diener Christi, ein Träger des Reiches Gottes kann man nicht werden, weil man in sich einen Trieb dazu fühlt oder sich dazu entschlossen hat, ebensowenig wie man heute Professor an einer Universität werden kann, weil man sich dazu gedrungen fühlt; es gehört ein Ruf dazu. — Unter Berufung wird überall im NT. verstanden nicht etwas, was man sich vorstellt, sondern etwas, was man ver-

n i m m t ; nicht etwas, was man aus sich heraussetzt, sondern was an einen h e r a n -
t r i t t ; nicht etwas Abstraktes, sondern etwas Konkretes, nicht ein Gedankending,
sondern ein E r e i g n i s ." (Ralf L u t h e r , Neutestamentliches Wörterbuch.
Berlin 1932; 17., neubearbeitete und gekürzte Auflage, Hamburg 1966; zitiert nach
der 11. Aufl. 1937, Stichwort „Beruf, Berufung". — Sperrungen meist von mir.
Der Verf.)

⁴ Vgl. auch, was Edmund S c h l i n k zu Joh. 20, 21 schreibt: „Das Wort des
Auferstandenen»Gleichwie Mich der Vater gesandt hat, so sende Ich euch« macht
sündige Menschen zu»Botschaftern an Christi Statt«... Sündige Menschen werden zu ... Boten Gottes ... Das kann kein Mensch fassen ... Dazu kann niemand
sich selbst erklären, ohne in umso größere Gotteslästerungen zu verfallen. Dazu
kann n u r G o t t s e l b s t den Menschen machen..." (Der Auferstandene spricht.
Eine Auslegung ausgewählter Worte des auferstandenen Christus. Berlin 1939, S.
38.) — So schrieb auch der spätere Bischof D. G. J a c o b i in seinem „Tagebuch
eines Großstadtpfarrers" (Berlin 1929), S. 39: „Es sollte eigentlich so sein, daß nur
der predigen darf, den G o t t beruft. Daß man aber predigen darf, weil man — vor
dem Staate ein Abiturientenexamen und vor dem Konsistorium zwei Examina
abgelegt hat, das genau so verlaufen, wie jedes zahnärztliche und Brückenbauer-
examen, das ist doch z u weit ab von dem, wie es sein soll, ist doch zu anders,
als es der Sache nach sein darf." — Watchman N e e sieht eben hierin den
kirchlichen Notstand der Gegenwart begründet, wenn er sagt:»Die Tragödie in
der christlichen Arbeit heute liegt darin, daß so viele Mitarbeiter einfach losge-
gangen sind, ohne daß sie gesandt waren... Wenn kein Ruf von Gott da ist und
das angefangene Werk somit nicht göttlichen Ursprungs ist, hat es auch keinen
geistlichen Wert. Arbeit für Gott muß göttlich begonnen werden.« (Das normale
Gemeindeleben, Hannover 1966, S. 32f.) — Und C. H. S p u r g e o n sagte im
Kolleg zu seinen Hörern: „»Werde nicht Pastor, wenn es dir möglich ist, etwas
anderes zu werden« war der weise Rat, den ein Theologe einem Fragenden gab.
Wenn einer von unseren Studenten hier in diesem Saal auch als Zeitungsschreiber
oder Kaufmann oder Landwirt oder Doktor oder Jurist glücklich sein könnte, so
soll er doch um Himmels willen seiner Wege gehen..." (Ratschläge für Prediger.
21 Vorlesungen. Wuppertal 1962, S. 22).

⁵ „Früher, in der Zeit des Paulus, hieß es: Einen Dienst bekommt, wer eine
Gnadengabe, ein Charisma des Heiligen Geistes empfangen hat, das der Geist gibt,
welchem Er will. Jetzt heißt es: Der Geistempfang, der für ein bestimmtes Amt
qualifiziert, ist gebunden an die Handauflegung . . . Es ist nur noch ein kleiner
Schritt bis zu dem Satz Cyprians: Wer das Amt hat, bekommt den dazu
erforderlichen Geist. Das Amt aber bekommt man durch die Ordination mit
Handauflegung. Über den Geist v e r f ü g t m a n dadurch, daß man die Hand
auflegt... — Man verfügt jetzt — mindestens praktisch, wenn auch nicht
theoretisch — über den Heiligen Geist; man stattet den, dem man das Amt
überträgt, durch die Ordination mit dem Heiligen Geist aus" (Emil B r u n n e r ,
Das Mißverständnis der Kirche, Zürich 1951, S. 92 f.). — Prälat Th. S c h r e n k
weist mit Recht darauf hin, daß es einen Unterschied bedeute, ob man nur
von seiner Kirche aus „rite vocatus" im amtlichen Sinne oder von Gott aus „kletos"
im neutestamentlichen Sinne sei. (Im Gedächtnisheft der Deutschen Theologie für
Adolf Schlatter, Stuttgart 1938, S. 44.) — Vgl. auch Martin L u t h e r zu Röm. 1, 1
„Berufener Apostel": Apostel sind „Knechte, d. h. Diener, solche, die ein Werk des

HErrn über andere und an anderen auszurichten haben anstatt des HErrn selbst als Seine Stellvertreter. Er trifft mit diesem Wort drei Arten von Menschen, die nicht zu Ehrenämtern berufen sind. Das sind erstens die Lügenapostel, die damals überall haufenweise zu finden waren, die der Teufel wie Unkraut dazwischen säte (Mt 13,25) und von Mitternacht her wie den siedenden Topf des Jeremia hat herwehen lassen, Jer 1,13. Andere sind wiederum die, welche mit ehrsüchtigen Hintergedanken eindringen. Sie mögen vielleicht keine Lügenapostel und Lügenknechte sein, **weil sie lehren, was rechtschaffen und wahr ist,** und weil sie in gut katholischem Sinne anderen vorstehen. T r o t z d e m werden sie, weil sie nicht zu diesem Amt b e r u f e n sind, durch dieses Wort »Berufene« für s c h u l d i g erklärt. Gewiß, sie sind nicht Diebe und Räuber (Joh 10,1) wie die ersten, aber doch sind sie M i e t l i n g e , die ihren eigenen Vorteil im Auge haben und nicht die Sache Jesu Christi. Sie mühen sich um ihre Schafe nur insoweit, als ihnen dabei die lockende Aussicht auf Ehre, Geld und Vergnügen winkt. Solche Leute sind heutzutage in der Kirche ganz ausschließlich zu finden. Es ist freilich wahr, sie werden in der Schrift nicht in dem Maße gebrandmarkt und verdammt wie die übrigen Lügen-Propheten und -Apostel, bzw. die Ketzer, Sektierer und gottlosen Menschen ... Dennoch werden sie vor Gott nicht als vollgültig anerkannt, weil sie nicht aus freier Liebe handeln, sondern aus Gewinnsucht sich Ehren anmaßen und Ruhm zu erobern suchen. Ihnen gleichen drittens diejenigen, welche mit Gewalt eindringen oder von anderen vorgeschoben werden, auch gegen den Wunsch der Untergebenen. Sie sind wohl schlimmer als die zweiten, aber auch nicht so schlimm wie die ersten. Wenn es sich nun also bei den heiligen Ämtern um etwas so Erhabenes handelt, so muß man sich davor mehr als vor allen anderen Gefahren dieser und der zukünftigen Welt hüten, **ja dies ausschließlich und allein als die allergrößte Gefahr ansehen: ein Amt a n z u t r e t e n ohne g ö t t l i c h e Berufung.** Aber o weh, wie vollständig ist das Empfinden hierfür bei den vielen geschwunden, die an all dies auch nicht einmal mit einem leisen Gedanken rühren. Sind ja doch nicht einmal die sicher, die von Gott berufen sind. Wie wird's dann vollends mit jenen sein? Wo werden sie erscheinen? Judas fiel, der Apostel, Saul tat einen tiefen Fall und David, der Erwählte; und sie waren noch dazu in ganz einzigartiger Weise berufen und gesalbt. Weh über jene Unglücklichen!" (Vorlesung über den Römerbrief 1515/1516. Übertragen von Eduard Ellwein, München 1927. S. 8 ff.).

[6] Karl B a r t h bezeichnet die wirkliche Verkündigung als „menschliche Rede von Gott auf Grund der alle menschliche Veranlassung grundsätzlich transzendierenden und also menschlich nicht zu begründenden, sondern nur faktisch sich ereignenden und anzuerkennenden A n w e i s u n g G o t t e s selber." (Kirchliche Dogmatik, 1. Band, 1. Halbband. München 1932. S. 92.) — Vgl. auch Hans D a n n e n b a u m , der unter der Überschrift: **„Ein Amt, das von G o t t besetzt wird",** auf die gleiche Tatsache mit folgenden Worten hinweist: „Das Ministerium des Wortes ist schlechterdings jeglichem Zugriff von Menschen entzogen und in allen Zeiten und unter allen Umständen n u r von dem lebendigen Gott selber bestimmt und besetzt worden." (Sieghaftes Christentum. Berlin 1938. S. 184.)

[7] Welche Gefahr die überlieferten menschlichen Gesichtspunkte in der Auswahl der zukünftigen Pastoren für die Kirche bedeuten, deutet auch Bischof D. Dr. D i b e l i u s an, wenn er schreibt: **„Strenge Auslese am Anfang —** das ist es, was nottut, um die Kirche vor Amtsträgern zu bewahren, die für die Gemeinde eine L a s t sind und kein Segen."

[8] Vgl. auch Heinrich V o g e l , „Wer regiert die Kirche?" in: Theologische Existenz heute, Heft 15, S. 12: „Es ist von entscheidender Bedeutung, daß die Beziehung von Auftrag und Dienst, von Mandat und Amt klar und sicher gestellt wird gegen jedes den Glaubensgehorsam unter den Gnadenbefehl verfälschende Mißverständnis. Diesem Glaubensgehorsam unter die Alleinherrschaft Jesu Christi kann sich aber das Amt auf zweierlei Weise zu entwinden versuchen: einmal indem es vergißt, woher es seinen Auftrag und seine Vollmacht hat, welchem Herrn es steht und fällt, sodann aber auch, indem es meint, dieses Mandat als einen verfügbaren Besitz, gleichsam ein vererbtes Kapital überkommen zu haben."

[9] Das hier gebrauchte „*káryssein*" heißt eigentlich: herolden, als Herold ausrufen, eine Botschaft überbringen. Luther hat es mit „predigen" übersetzt. Dies Wort ist aber heute so abgegriffen, nichtssagend und mißverständlich, daß es als Übersetzung von *káryssein* nicht mehr brauchbar ist und deshalb vermieden werden sollte. Mit Recht sagt Ralf L u t h e r in seinem „Neutestamentlichen Wörterbuch" dazu: „Der Ausdruck: predigen, wie w i r ihn gebrauchen, ist hier i r r e f ü h r e n d . Wir verstehen unter einer Predigt einen Lehrvortrag, eine Kunstrede. Das NT aber meint hier einen Heroldsruf, das Ausrufen einer Botschaft, die Bekanntgabe einer göttlichen Tat, die Nachricht von einem unmittelbar bevorstehenden Eingreifen des Allmächtigen... Ein Herold der kommenden Gottesherrschaft sein, kann nur, wer besonders dazu beauftragt (gesandt) ist (Röm 10,15)." (Unter dem Stichwort „predigen", zitiert nach der 11. Aufl.) — Vgl. dazu auch, was Werner de B o o r zu Röm 10,8 b schreibt: „Wo wir gewohnt sind, in unserer Lutherbibel »predigen« zu lesen, verwendet Paulus wie hier den Ausdruck »herolden«. Es ist wichtig, daß auch wir uns zu diesem Ausdruck zurückfinden. Allzusehr ist uns die »Predigt« zu einer Entwicklung der eigenen Gedanken und Ansichten des jeweiligen Predigers geworden, zu sehr eine »erbauliche« Sache. Der »Herold« ist der öffentliche Ausrufer bestimmter kaiserlicher Willenserklärungen. **Seine persönliche Meinung ist dabei völlig unwichtig.** Er tritt mit seiner Person ganz hinter dem zurück, was er in dem Auftrag und in der Vollmacht seines kaiserlichen Herrn zu sagen hat." (W. Stb., Römerbrief, Wuppertal 1962, S. 247.)

[10] Vgl. auch Julius S c h n i e w i n d z. St.: „**Jesu Jünger setzen sein Werk fort. Vom Auftrag, der Jünger wird fast mit den gleichen Worten gesprochen, wie 9,35 von den Heilungen Jesu. Sie haben die V o l l m a c h t w i e J e s u s s e l b s t ; dies höchste Wort kehrt hier wieder.**" (Das Evangelium nach Matthäus. Göttingen 1937. S. 123.)

[11] „Das Wort Gottes ist in der Ekklesia vorhanden und wirksam als Wort des Heiligen Geistes, darum in einer Einheit von Logos und Dynamis, die jenseits alles Verstehens liegt. Diese Einheit ist das später nicht mehr vorhandene und nicht mehr verstandene Geheimnis der Urgemeinde. Es ist zugleich das Geheimnis ihrer Gemeinschaft und ihrer sittlichen Kraft; denn auf dem Heiligen Geist beruht die *koinonia*, das miteinander Verbundensein, und zwar ihre organische, organismus-ähnliche Verbundenheit, die die Gleichheit und Verschiedenheit, oder die Gleichrangigkeit aller und gegenseitige Unterordnung in sich schließt. Das entscheidende Merkmal und zugleich das eigentliche Wesen dieser Verbundenheit ist die Agape, die das neue Ethos dieser Gemeinschaft und ihrer Glieder ist. Es ist verständlich, daß eine spätere Zeit, in der diese ursprüngliche Kraft und Einheit nicht mehr in derselben Fülle vorhanden war, das Fehlende zu ersetzen und das Entschwindende

zu sichern suchte. Diese Sicherung und dieser Ersatz erfolgt in drei verschiedenen Richtungen: Das Wort Gottes wird gesichert — und zugleich ersetzt — durch Theologie und Dogma; die Gemeinschaft wird gesichert — und zugleich ersetzt — durch die Institution; der Glaube, der in der Liebe wirksam sich erweist, wird gesichert — und zugleich ersetzt — durch das Glaubens- und Moralgesetz". (Emil B r u n n e r , Das Mißverständnis der Kirche, S. 601.)

[12] Sup. v. Sauberzweig berichtet über eine Konferenz des Pastoren-Gebetsbundes im Jahre 1918: Damals habe der alte Pastor Krawielitzki einen Vortrag über das Thema „Ausbildung und Ausrüstung" gehalten, wobei er nicht müde geworden sei, zu betonen, „daß noch viel nötiger als die beste A u s b i l d u n g die A u s r ü s t u n g mit dem Heiligen Geiste sei... Krawielitzki hatte diesen Vortrag kurz vorher vor Schwestern des von ihm geleiteten Diakonissenmutterhauses gehalten, ein Zeichen, daß er die Ausrüstung als ein Erfordernis nicht nur für Pastoren, sondern für jeden Reichgottesarbeiter ansah. Darin hatte er ohne Zweifel recht. Ebenso sicher aber steht auch fest, daß niemand so elend daran ist wie ein Prediger des Evangeliums, wenn ihm diese Ausrüstung fehlt... — Liegt hier nicht vielleicht der Grund für die Unfruchtbarkeit vieler Prediger? Es sind Männer, die die besten Zeugnisse von ihrer Ausbildungsstätte haben... Es fällt ihnen nicht schwer, eine homiletisch einwandfreie Predigt auszuarbeiten... Und doch: es fehlt etwas, es fehlt das Beste. Es ist wie ein Licht, das nicht leuchtet, wie ein Ofen, der keine Wärme spendet... Es fehlt das Feuer von oben, das Feuer des Heiligen Geistes. Und wo das beim Prediger fehlt, da kann auch im Herzen des Hörers keine Flamme des Glaubens entstehen." (Hans v. Sauberzweig, Wünsche eines Pastoren für sich selbst und seine Brüder. Berlin 1952. S. 9 f.)

[13] Hierin also liegt das erste Kriterium zur Unterscheidung der echten Hirten von den Mietlingen. Echte Hirten oder „Priester sind solche Menschen, die von G o t t berufen und darum auch mit heiligem Geist gefüllt sind, die unter Befehl stehen und darum mit V o l l m a c h t handeln und zeugen". Mietlinge „sind solche Leute, die aus eigenem Ermessen und nach e i g e n e r Wahl s i c h das Amt a n m a ß e n ..." (Dannenbaum, a. a. O., S. 101.) — „Ist es nicht symptomatisch... für viele alte und viele mittelalterliche und auch für viele junge Pfarrer, **daß sie in den Pfarrberuf hineinrutschen wie in jeden weltlichen Beruf?"** (J a c o b i , a. a. O., S. 176 f.)

II. Die inneren Voraussetzungen ihres Dienstes

1. Die Ausschaltung des Ich.

Durch den Geist der Wahrheit von der uneingeschränkten Verdorbenheit ihres Wesens überführt (Röm 7,18), haben sie ihr Fleisch mit seinen Leidenschaften und Begierden gekreuzigt (Gal 5,24) und damit ihr Ich-Leben, d. h. ihre Selbstsucht in den Tod gegeben. Seitdem wollen sie ihr Ich nicht mehr lieben, sondern wahrhaft hassen (Offb 12,11 c; Lk 14,26 b). In diesem Sinne kann Paulus von sich sagen: „Es lebt aber nun nicht mehr mein Ich, sondern es lebt in mir (nur noch) Christus. Was ich aber jetzt noch im Fleisch lebe, — im Glauben lebe ich's, (und zwar) in dem des Sohnes Gottes, der mich in Seine Liebe aufgenommen und sich selbst für mich dahingegeben hat" (Gal 2,20). Während viele Hirten sich selber weiden und bei ihrer Arbeit letztlich doch das Ihrige suchen (Hes 34,2; Phil 2,21), sind diejenigen, die Gott als Hirten nach Seinem Herzen bezeichnet (Jer 3,15), frei von sich selbst geworden.[1] So denken sie in all ihrem Dienst zuerst an den Meister und Seine „geringsten Brüder" (Phil 2,4; 1 Kor 10,24.33). Voraussetzung hierfür ist aber, daß sie auf Grund des Mitbegraben-Seins (Röm 6,4-6) die Befreiung von den Fesseln der Selbstsucht und Sünde erfahren haben (Röm 6,18.22; 8,2) und dadurch in der Lage sind, ihren Leib mit seinen Gliedern als ein lebendiges, heiliges und Gott wohlgefälliges Opfer für den Dienst zur Verfügung zu stellen (Röm 6,13.19; 12,1; 2 Kor 5,15). So haben sie ihr Leben dem HErrn als G a n z opfer auf den Altar gelegt (Lk 9,24 b; 14,33) und wiederholen diese Hingabe t ä g l i c h v o n   n e u e m. Sie scheuen sich daher auch nicht, in letzter radikaler Offenheit jede erkannte Sünde ans Licht zu bringen: Sie suchen deshalb und um der Fruchtbarkeit ihres Dienstes willen auch jederzeit die brüderliche Gemeinschaft zu Seelsorge, Austausch und gemeinsamem Gebet.[2] Denn nur, wer sich selber seelsorglich dienen läßt, kann anderen ein wirklicher Seelsorger werden.[3] Und nur wer auf dem Altar durch Gottes Feuer glühend im Geist (Röm 12,11 b) geworden ist, kann andere entzünden.[4]

2. Das innere Muß.

Wieviele gibt es, die ihren Pastorenberuf freudlos und nur mechanisch ausüben![5] Ihre Amtsverpflichtungen sind ihnen eine Last, die sie nur deswegen tragen, weil es verlangt wird.[6] So stehen sie unter einem ä u ß e r e n Muß. Welch ein Unterschied gegenüber denen, von deren Dienst das Wort gilt: „Wir können es nicht lassen, zu reden von dem, was wir gesehen und gehört haben!" (Apg 4,20). Ihnen ist es ein Herzensbedürfnis, ja sie haben das Glück ihres Lebens darin gefunden, die wunderbare Kunde von ihrem Retter und Befreier weiterzutragen zu d ü r f e n . Es ist ihnen eine heilige innere Verpflichtung.[7] So schreibt Paulus von sich: „Wenn ich evangelisiere, so bleibt für mich kein Ruhm; denn eine Notwendigkeit liegt auf mir. Es träfe mich nämlich ein Wehe, wenn ich meine evangelistische Botschaft nicht ausrichten würde" (1 Kor 9,16). Und doch ist ihm sein Dienst kein Zwang, der ihn bedrückt, sondern tiefste Freude.[8]

3. Keine Menschengefälligkeit.

Da sie sich vom HErrn selbst in ihrer Arbeit getragen wissen, haben sie es nicht nötig, nach der Anerkennung der Menschen und nach deren Beifall zu trachten.[9] Sie versuchen auch nicht, das unumgängliche Ärgernis abzuschwächen, das für jene, die sich nicht retten lassen wollen (1 Kor 1,23), nicht nur in ihrer Botschaft, sondern auch in ihrer Haltung liegt, sofern darin ihre grundsätzliche Scheidung von der Gesinnung dieser Welt zum Ausdruck kommt (Gal 6,14 b; Röm 12,2; 1 Joh 2,15-17). Sie richten ihre Botschaft aus, „es sei gelegene oder ungelegene Zeit" (2 Tim 4,2 f), ohne Rücksicht darauf, ob sie gern oder ungern gehört wird. So fragen sie nicht darnach, was ihnen etwa daraus für Nachteile erwachsen könnten, sondern bleiben allezeit unerschrocken und unbeirrbar „als tapferer Streiter des Königs Jesus" (2 Tim 2,3). Es ist meist bedenklich und auf jeden Fall für ihn selbst höchst gefährlich, wenn ein Prediger von der Allgemeinheit zu sehr gerühmt wird — hat doch der Herr gesagt: „ W e h e euch, wenn alle Welt mit Lobesworten von euch redet! Denn gerade so haben es ihre Väter den falschen Propheten gegenüber gemacht" (Lk 6,26). Vgl. 1 Thess 2,4 oder Gal 1,10 c: „Wenn ich mich noch um der Menschen Wohlgefallen bemühte, — des Messias[10] Knecht könnte ich dann nicht sein!"

In diesem Zusammenhang muß auch die Gefahr des Karriere-
denkens erwähnt werden. Der Dienst mancher Pastors wird
dadurch verfälscht und vergiftet, daß ihn ständig die Rücksicht
auf das Urteil der Vorgesetzten bestimmt und er nicht loskommt
vom Schielen nach Anerkennung und Dank der Kirchenleitung.

4. Das Abhängigsein von Gott.

Sie lassen sich nicht von ihren eigenen Gedanken oder menschlichen Erwägungen und herrschenden Grundsätzen bestimmen,
sondern wollen offen sein für das Reden und Leiten des Heiligen
Geistes (s. Apg 16,6.8-10; 15,28) — entsprechend dem Wort: „So
viele sich vom Geiste Gottes leiten lassen,[11] diese sind Söhne
Gottes" (Röm 8,14).

Da es ihre Freude geworden ist, für Gott dazusein und Ihm
dienen zu dürfen, sind sie ganz auf den Gehorsam Seinen Weisungen gegenüber eingestellt.

Bei der Darbietung des Wortes haben sie keinen Ehrgeiz, „Eigenes" zu bringen und mit ihrem Wissen zu glänzen. Ganz im
Gegenteil: sie wollen sich als echte H e r o l d e ihres himmlischen
Königs erweisen, indem sie dessen Botschaft so ausrichten, wie es
ihnen der Geist Gottes jeweils eingibt (Mt 10,20; Joh 14,26;
16,13).[12] Während andere die ihnen fehlende Geistesvollmacht zu
ersetzen suchen, indem sie ihre eigene Weisheit bringen und eigene
Mittel menschlicher Beredsamkeit einsetzen, sind die berufenen
Herolde Gottes bei ihrer Verkündigung durchaus nicht angewiesen auf eine besondere intellektuelle oder rednerische Be-
gabung. Wo der HErr ihnen eine solche verliehen hat, soll auch
sie zu Seiner Ehre dienen. Nur muß man stets die Gefahr im Auge
behalten, daß die Zuhörer sich leicht in ungöttlicher Weise seelisch
begeistern lassen von dem Eindruck einer geistreichen, rede-
gewandten Persönlichkeit. Hier ist wichtig, was Paulus schreibt:
„So bin auch ich, als ich zu euch kam, nicht gekommen, um
euch mit überwältigender Beredsamkeit oder (menschlicher)
Weisheit das mir von Gott aufgetragene Zeugnis zu bringen...
Meine Rede und meine Heroldsbotschaft geschah nicht in ein-
drucksvollen, gewinnenden Weisheitsworten, statt dessen aber in
Erweisung des Geistes und der Kraft, damit euer Glaube nicht auf
der Weisheit von Menschen beruhe, sondern auf der Kraft Gottes"
(1 Kor 2, 1.4.5). Wer nämlich allzusehr in eigener Weisheit und

Redegewalt glänzt, wird dadurch leicht das Kreuz des Messias seiner Kraft berauben (1 Kor 1,17).

So wollen die Zeugen Jesu bewußt unscheinbar bleiben, damit umsomehr ihr Herr[12.1] in das Blickfeld ihrer Zuhörer treten kann. Denn nur E r soll wirken. „Ich werde mich nicht erkühnen,etwas zu reden, was E r nicht gewirkt hat — der Messias — durch mich zum Gehorsam der Nationen durch Wort und Werk, in der Kraft von Zeichen und Wundern, in der Kraft des Heiligen Geistes" (Röm 15,18).

5. Die Ergänzungsbedürftigkeit.

Durch 1 Kor 12 wird uns besonders deutlich vor Augen geführt, wie *alle* Glieder am Christusleib dazu bestimmt sind, sich gegenseitig zu dienen und zu ergänzen, und zwar jedes mit der Gabe, die es vom Heiligen Geist empfangen hat (Eph 4, 7. 16). Denn „das Auge kann nicht zur Hand sagen: ich bedarf deiner nicht; oder wiederum der Kopf zu den Füßen: ich brauche euch nicht" (V. 21).

So schildert Paulus eine normale Gemeindeversammlung folgendermaßen: „Wie soll es nun sein, Brüder? Wenn ihr zusammenkommt, **hat j e d e r etwas:** der eine einen Lobgesang, der andere eine Lehre, der dritte eine Offenbarung, der nächste eine Sprachenrede[13], wieder ein anderer hat die Deutung dazu usw.; alles aber dient dem Aufbau" (1 Kor 14, 26).[14] Wenn wir demgegenüber unsere heutigen Gottesdienste betrachten, wird der tiefgreifende und grundsätzliche Unterschied deutlich, der zwischen dem ursprünglich geltenden allgemeinen Priestertum aller Wiedergeborenen und dem heute herrschenden Ein-Mann-System der „Pastorenkirche" klafft.[15] Gleichzeitig wird der schwerwiegende Mangel offenbar, daß heute unseren Gemeindegliedern weithin die Wiedergeburt und damit der Heilige Geist f e h l t[16] und sie dadurch natürlich auch die neutestamentlichen Gaben[17] des Geistes entbehren müssen. Diese Gaben sind jedoch für den normalen Aufbau, das gesunde Wachstum und die Vollendung der Ekklesia im Ganzen wie jeder Ortsgemeinde im einzelnen überhaupt nicht zu entbehren und deshalb von größter Wichtigkeit.[18]

Überblicken wir die Gnadengaben des N. T., wie sie von Paulus — gewiß ohne Anspruch auf Vollzählichkeit — in Röm 12,6-9 und 1 Kor 12,4-11 aufgezählt werden, dann fällt uns deren bunte

F ü l l e in die Augen. Sie können jetzt nicht alle genannt und besprochen werden. Eine allerdings wird im N. T. herausgehoben und sei auch hier besonders erwähnt: das Charisma der P r o - p h e t i e . Die Träger dieser Gabe haben durch Erleuchtung des Geistes einen D u r c h b l i c k , den andere nicht haben. Dieser braucht sich durchaus nicht auf die Zukunft zu beziehen, er be- trifft vielmehr vor allem die G e g e n w a r t : es wird durch Betäti- gung der prophetischen Gabe — in Gesicht oder Botschaft oder wie auch immer — die Absicht Gottes jetzt und hier offenbar, oder aber das Verborgene der menschlichen Herzen wird aufgedeckt. Wer mit einiger Unvoreingenommenheit den diesbezüglichen Be- fund des Neuen Testaments auf sich wirken läßt, dem wird zum Bewußtsein kommen, welch entscheidende Bedeutung die Apostel gerade dieser Gnadengabe für das Leben einer Einzelgemeinde wie der Gesamtgemeinde Gottes beimessen. Nur *eine* Stelle sei herausgegriffen — 1 Kor 14,24 f —: „Wenn aber alle prophetisch reden, und es kommt ein Ungläubiger oder Unkundiger herein, so wird er von allen überführt — wird ihm von allen seine Sünde vorgehalten (Schlatter) —, er fühlt sich von allen richtig beurteilt, das Verborgene seines Herzens wird offenbar, und so fällt er aufs Angesicht nieder und betet Gott an, indem er ausruft: Wahrhaftig! Gott ist in euch!"[19] Wer auch immer diese und die übrigen einschlägigen Stellen mit einem wirklich offenen und ge- horsamen Herzen liest und den HErrn aufrichtig bittet, Er wolle durch Sein lebendiges Wort zu ihm reden und ihm Seinen Willen offenbaren, der wird die ungeheure Bedeutung der prophetischen Gabe — besonders auch für die missionarische Verkündigung wie zum Erkennen der durch den Heiligen Geist erfolgten speziellen Berufungen zu den verschiedenen Diensten (vgl. Apg 13,1 f; 1 Tim 1,18; 4,14) — erfassen.[20]

Gleichzeitig aber wird es uns auch tief beugen im Blick auf die große Schuld der Kirche, der seit Jahrhunderten um ihrer Untreue willen[21] die verheißenen Charismata von Gott vorenthalten werden mußten und die diesen einschneidenden Mangel nicht einmal zugeben will, sich vielmehr noch weithin der laodizeischen Täuschung hingibt, als sei sie reich (Offb 3,17) und bedürfe keiner besonderen Geistesgaben, auch der prophetischen nicht.[22] Wie eindringlich läßt uns jedoch Gott vor einer solch selbstzufriedenen Auffassung warnen durch das Wort: „Die Prophetie dürft ihr ja nicht verachten!" (1 Thess 5,20).

Wann werden die Christen in Deutschland endlich aufwachen aus dem Schlaf ihrer Sattheit und aufhören, aus lauter Angst vor angeblicher und vermeintlicher „Schwärmerei" dauernd dem Heiligen Geist zu widerstehen,[23] ihn zu dämpfen und Sein Feuer auszulöschen? (1 Thess 5,19) Stattdessen erwartet Gott von uns, daß wir uns neu nach den verlorengegangenen Gnadengaben ausstrecken[24] und die apostolische Weisung befolgen: **„Darum seid eifrig bemüht um die Geistesgaben, vor allem jedoch um das Weissagen!"** (1 Kor 14,1.)

6. Stete Wachsamkeit.

Sie vergessen nie die Schuld ihrer Vergangenheit (vgl. 1 Tim 1,13 a. 15 c), sondern haben immer vor Augen, daß sie nur aus Gnaden das geworden sind, was sie sind (1 Kor 15,10). Sie fühlen sich deshalb auch nicht erhaben über die anderen und haben nicht Gefallen an sich selbst (Röm 15,1 b. 3 a)[25]. Sie wissen ja, daß sie selber noch nicht am Ziel, noch nicht vollendet sind (Phil 3,12 f), vielmehr ihr eigenes Heil schaffen müssen mit Furcht und Zittern (Phil 2,12), um nicht schließlich als solche dazustehen, die zwar als Herolde andere zum Kampf aufgerufen haben und doch sich selbst dabei des Preises unwürdig erweisen (1 Kor 9,27). Wie groß ist doch gerade auch für berufene und gesegnete Zeugen die Gefahr, daß sie selbstsicher, lau und träge werden, sich in neue Sünde verstricken lassen oder mit ihrem Dienst in eine Schablone und äußere handwerksmäßige Betriebsamkeit hineingeraten! Schon manche haben ihre einstige Vollmacht durch Untreue und Ungehorsam wieder verloren. Deshalb ist es so wichtig, angesichts der Schliche Satans wachsam zu sein und die eigene Unfähigkeit und Ohnmacht nicht zu vergessen. Denn diese Haltung ist geradezu notwendig, damit die Menschen sich nicht an das jeweilige Werkzeug hängen und dieses bewundern, anstatt auf Jesus zu schauen und den Vater im Himmel zu preisen (Mt 5,16; Phil 1,11).[26]

So müssen Seine Diener — was ihr eigenes Vermögen anbelangt — zeitlebens in der Schwachheit erhalten werden (Gal 4,13; 1 Kor 2,3), denn gerade in ihr zeigt sich die Kraft des HErrn am herrlichsten: „Meine Gnade genügt dir; denn Meine Kraft kommt gerade in der Schwachheit erst zu voller Auswirkung" (2 Kor 12,9 b). Hierher gehört auch das Wort: „Wir haben aber diesen Schatz in irdenen Gefäßen, damit die überschwengliche Kraftfülle sich als solche erweise, die von Gott stammt und nicht von uns" (2 Kor 4,7). Je mehr sie gesegnet werden in ihrer Arbeit und Frucht daraus erwächst, desto tiefer wird diese unverdiente Gnade sie in den Staub beugen und demütigen. Je mehr „Ströme lebendigen Wassers aus ihrem Herzen fließen" (Joh 7,38), desto beschämender kommt ihnen auch ihre völlige Unwürdigkeit zum Bewußtsein, so daß sie nur stammelnd sagen können: „Entbehrliche Knechte sind wir; nur unsere Schuldigkeit haben wir getan" (Lk 17,10 b).

Auch erwartet der HErr von Seinen Knechten, daß sie sich fernhalten von unnützem Streit um Worte, fruchtlosen Diskussionen und müßigen Spekulationen (2 Tim 2,14. 23 ff), und daß sie auch nicht zurückschrecken vor dem Leiden um ihres Zeugnisses willen, sondern es als ein Vorrecht betrachten, die Schmach ihres Meisters mittragen zu dürfen (vgl. Apg 5,41 u.ö.).

Das Entscheidende aber bleibt ohne Zweifel doch die Frage, ob die Liebe Gottes schon in ihre Herzen ausgegossen und zur neuen Triebkraft ihres Lebens geworden ist (Röm 5,5 b; 2 Kor 5,14 a). Andernfalls sind sie mit den geistreichsten und formvollendetsten Predigten doch nur wie „tönendes Erz oder eine lärmende Zimbel". Ihre ganze theologische Erkenntnis, ihr ganzer Glaube ist nichts, und ihre gesamte Tätigkeit und Aufopferung ist w e r t l o s (1 Kor 13,1-3).

Anmerkungen zu II.

[1] Die Bergpredigt zeigt ja ganz deutlich, „daß Jesus von seinen Jüngern nicht nur die neue Gesinnung, sondern auch die neue Tat erwartet... Aber nun ist diese neue Tat ein völliges Wunder. Sie bedeutet v o n s i c h s e l b s t l o s z u s e i n... Die zukünftige Welt der Gotteskindschaft, des Friedens, des reinen Herzens, der Gegenwart Gottes, der Barmherzigkeit und der V o l l k o m m e n h e i t ist schon bei denen G e g e n w a r t geworden, die Jesu Wort vernehmen." (S c h n i e w i n d, a. a. O., S. 71.)

[2] „Kämen wir dahin, das gemeinsame Beten als Teil unseres Amtes zu verstehen und zu üben, so würden wir bei uns selbst und bei anderen dem verfluchten Individualismus der Pastoren, der bei Pastoren noch viel größer ist als bei Laien, den Todesstoß versetzen. Ein segensreiches Unternehmen! Ich sehe keinen anderen Weg, auf dem wir dem oft gehörten und berechtigten Ruf nach einer Bruderschaft der Pastoren nachkommen könnten." (A s m u s s e n, Das Gebet der Diener am göttlichen Wort. Berlin 1941. S. 70.)

[3] „Wer nie die Wohltat der Beichte erlebte, da er in stiller Stunde einem treuen, verschwiegenen seelsorgerlichen Menschen tiefste Not und Schuld bekannte, weiß anderen nichts hiervon zu sagen." (Dannenbaum-Schnepel, Im Dienst des Christus — Wortverkündigung und Seelsorge. Berlin 1939. S. 47.) — Wie sehr betont auch Martin L u t h e r die Bedeutung der Beichte fürs eigene Leben, wenn er z. B. sagt: „Ich will mir die heimliche Beichte von niemandem nehmen lassen und wollte sie nicht um der ganzen Welt Schatz geben; denn ich weiß, was für Trost und Stärke sie mir gegeben hat. Es weiß niemand, was sie vermag, denn wer mit dem Teufel oft und viel gefochten hat. Ja, ich wäre längst vom Teufel erwürgt, wenn mich nicht die Beichte gehalten hätte." (W. A. 61,7.) — Vgl. auch Dietrich B o n h o e f f e r , Gemeinsames Leben (München 1940): „. . . Um der unheimlichsten Gefahr der Beichte nicht zu erliegen, hüte sich jeder, die Beichte zu hören, der sie nicht s e l b s t übt. Nur der Gedemütigte kann ohne Schaden für sich selbst die Beichte des Bruders hören." (S. 83.) — Auch S c h n i e w i n d kommt in seiner Schrift „Die geistliche Erneuerung des Pfarrerstandes" (2. Auflage, Berlin 1949) auf die Bedeutung der persönlichen Beichte im Pastorenleben zu sprechen und schreibt in diesem Zusammenhang: „Früher hatte jeder Pfarrer seinen Confessionarius. Es wäre eine Einengung, wenn das nur der Superintendent sein sollte. Es wäre auch eine Einengung, wenn hier irgendwelche gesetzliche Vorschriften versucht würden. Nur daß es wieder das geistliche Gespräch unter uns gäbe von der Frage her, ob ich wohl selbst selig werden möchte. *Mirum, si sacerdos salvetur.* Diese Frage hat unsere Väter zur zitternden Frage bewegt. Alle Lebensbilder aus der Erweckung vor 100 Jahren zeugen davon." (S. 44 f.)

[4] „Ein Eiszapfen wird nie Feuer anzünden, und von eiskalten, starren Dogmatikern, in deren Nähe man das Frösteln bekommt, werden nie Lebenswirkungen ausgehen." (Dannenbaum, a. a. O. S. 55.)

[5] „Uns graute vor mechanischem Dienst für Christus. Wie oft haben wir uns mitten im Dienst gegenseitig gefragt, ob der Dienst noch wirklich aus dem Stehen vor Jesus geboren würde oder mechanisch sich abwickle. Dann wollten wir lieber abbrechen und den Dienst begrenzen als solchem Mechanismus anheimfallen. So drängte alles bei dem Einsatz für Christus auf eine feine, letzte Zucht in denen, die den Dienst taten. Da ist manche Entscheidung gefallen, die sonst vertagt worden wäre. Da mußte mit Sünde gebrochen werden, die man sonst noch lange weitergeschleppt hätte. Das Ringen um die E c h t h e i t des Dienstes nötigte einfach dazu." (Erich S c h n e p e l , Briefe aus dem Berliner Osten. Berlin 1936. S. 29.)

[6] „Es gibt Geistliche, die ihr Amt als Mietlinge treiben, die als Taglöhner mühsam vor den Augen der Menschen die Handlungen verrichten, die ihnen befohlen sind und darum auch handwerksmäßig ihre Predigten ausarbeiten und halten. Wie ist doch eine Gemeinde zu beklagen, die oft auf Jahre an einen solchen Mann gewiesen ist! —" (Generalsuperintendent D. Carl B ü c h s e l , Erinnerungen aus dem Leben eines Landgeistlichen, Zweiter Band, 6. Aufl., Berlin 1903. S. 173.)

[7] So beschließt auch Martin N i e m ö l l e r sein bekanntes Buch mit den Worten: „So war es ein i n n e r e s Muß mit dem Weg auf die Kanzel, nicht aus der Tradition heraus und nicht in dem Gefühl, aus eigenem Erleben etwas bieten zu können, wohl aber in der Gewißheit, daß wir allesamt ohne dies Wort Gottes nicht leben und nicht sterben können. . ." (Vom U-Boot zur Kanzel, 51.—60. Tausend, Berlin 1935. S. 211.)

[8] „Es ist das Geheimnis Jesu, Seine Dienstleute in königlicher Weise mit einer
ganz großen, inneren Freude zu belohnen, obwohl sie das gar nicht suchen."
(S c h n e p e l, a. a. O. S. 28.) — „Wem diese Freude und Liebe ganz abgehen, kann
viel wissen und große Erkenntnis haben und kenntnisreich sein, aber das Beste
gebricht ihm ... Sie mögen ihr Amt pünktlich ausrichten und sorgsam verwalten,
aber **K r a f t geht n i c h t** von ihnen aus." (Hermann B e z z e l, Der Dienst des
Pfarrers. 3. Aufl., Neuendettelsau 1926. S. 26 f.)

[9] „Den Bemerkungen, die man über euch macht, wendet ... das taube Ohr zu!
... Die, die sich durch unser Zeugnis gegen ihre Lieblingssünden getroffen fühlen,
werden uns wohl nicht loben; ihr Lob wäre ein Beweis, daß wir das Ziel verfehlt
hätten .. Als ich mein Dorf verließ, um die Stelle in London anzutreten, betete ein
alter Mann, ich möchte von dem Blöken der Schafe erlöst werden. Damals hatte
ich keine blasse Ahnung, was er meinte; aber jetzt verstehe ich es und tue oft
dieselbe Bitte. Zu viel Rücksicht auf das, was unsere Zuhörer von uns sagen, sei es
Lob oder Tadel, ist vom Übel. Wenn wir Gemeinschaft mit dem großen Hirten der
Schafe pflegen, so achten wir wenig auf das Blöken um uns her ... Jedenfalls ist
dein eigenes wertes Ich kein würdiger Gegenstand der Sorge, die du aufwendest."
(S p u r g e o n, a. a. O., S. 240 f.)

[10] Wo immer im Grundtext das griechische „christós" steht, hat Luther bei
seiner Bibelübersetzung automatisch aus der Vulgata das lateinische „Christus"
übernommen, was von uns im allgemeinen Sprachgebrauch nur noch als N a m e
empfunden wird, den man infolgedessen im gleichen Sinne wie das Wort „Jesus"
verwendet, sei es zusammen mit diesem oder abwechselnd. In Wirklichkeit aber ist
das griechische „christós" als Übersetzung von „der Gesalbte" kein Name, sondern
T i t e l und Hoheitsprädikat als Bezeichnung für den verheißenen „Messias". In
diesem Sinn ist das Wort eindeutig in den vier Evangelien immer gebraucht, ebenso
in der Apostelgeschichte, im Hebräerbrief und in der Offenbarung durchgehend.
Im übrigen NT. ist der Sprachgebrauch wohl unterschiedlich, aber wir dürfen
doch nie vergessen, daß für die Apostel und ihre Gemeinden **das Wort „christós"
von Anfang an m e s s i a n i s c h e n Klang und Gehalt besaß und auch immer
behalten hat.** Von daher erscheint es begründet und ratsam, das Wort mit „Messias"
wiederzugeben.

[11] Hier sollte in der Übersetzung das Wort „treiben" vermieden werden. Das
paßt wohl für eine Viehherde, die man treibt, und für Motoren, die angetrieben
werden; aber für die Art und Weise, wie der Heilige Geist mit den Söhnen Gottes
umgeht, ist der Ausdruck denkbar u n angemessen. Seine Einwirkung auf uns
erfolgt nämlich niemals mechanisch (wie beim Motor) und keinesfalls zwingend
(wie beim Vieh). Vielmehr respektiert Er uns auf Grund der göttlichen Schöpfung
jederzeit als freie Persönlichkeiten, denen es freisteht, in wieweit sie sich von Ihm
„leiten lassen".

[12] Diese jeweilige Inspiration des Geistes wird beim Verkündigen erfahrungs-
gemäß weithin b l o c k i e r t durch das A b l e s e n aufgeschriebener Predigten oder
durch deren Wiedergabe auf Grund von Auswendiglernen. Hören wir darüber
zwei der gesegnetsten Evangelisten des vorigen Jahrhunderts! C. G. F i n n e y
schreibt in seinen „Lebenserinnerungen" (Zürich o. J.): „In den ersten zwölf Jahren
meiner Amtstätigkeit notierte ich mir gar nichts ... Meistens bekam ich die
Botschaft, die ich meinen Zuhörern zu bringen hatte, wenn ich im Gebet auf den

Knien lag... So waren die Predigten, die die Menschen so gewaltig nannten, nicht mein eigenes Produkt, sondern mir nahezu Wort für Wort durch den Heiligen Geist eingegeben!... Jeder Geistliche hat ein Recht, Eingebung von oben zu erwarten... Alle Prediger sollen so voll Heiligen Geistes sein, daß sich ihre Zuhörer der Überzeugung nicht erwehren können: ‚Wahrlich, Gott selbst spricht aus ihnen'." (S. 60 f.) — Und C. H. S p u r g e o n sagt in seinen „Ratschlägen für Prediger": „Lest eure Predigten nicht ab von einem Manuskript!... Meiner Ansicht nach ist es am besten, **man bereitet die Predigt dem Inhalt, aber nicht dem Wortlaut nach gründlich vor.** Die Sprache kommt von selbst, wenn der Inhalt gut durchdacht ist..." (S. 103.) — Und weiter: „Hofft auf die stets gegenwärtige Hilfe des Heiligen Geistes, und ihr werdet die gefährliche Menschenfurcht verlieren... Um also in wahrhaft heiliger und segensreicher Weise f r e i reden zu können, muß der Prediger **kindlich auf den Heiligen Geist vertrauen**... Viele glauben nicht in ganzem Ernst an Ihn. Es wäre sündhafte Vermessenheit, die ganze Woche die Zeit zu vertrödeln und sich dann im letzten Augenblick auf die Hilfe des Heiligen Geistes zu verlassen. Aber etwas ganz anderes ist es, wenn ein Prediger ohne seine Schuld unvorbereitet sprechen muß. Dann kann er sich mit voller Zuversicht auf den Geist Gottes verlassen..." (S. 119. Hervorhebung im Original.) Es sei also den jungen Brüdern ernstlich geraten, sich die weit verbreitete Unart des Ablesens wie das Auswendiglernen von aufgeschriebenen Predigten **gar nicht erst anzugewöhnen!**

[12.1] „Wenn die Apostel und die Gemeinden immer von Jesus, dem H e r r n, sprechen, so ist ihnen das n i c h t so sehr ein L e h r s a t z, ein Dogma, dessen Anerkennung sie anderen zumuten, sondern es ist ihnen etwas ungeheuer P r a k t i s c h e s. Jesus ist als der Herr über sie gekommen und hat sie mit Beschlag belegt für seinen Dienst (‚ergriffen' Phil 3,12). Sie können nun nicht mehr anders als sich ihm zur Verfügung stellen, und sie erfahren es auch, daß er über sie verfügt, sie leitet, sie versorgt, ihnen Vollmacht gibt und sie auf unerhörte Weise schützt. **Ihnen liegt nicht daran, einen Glaubensartikel über Christus durch religiösen oder moralischen Druck durchzudrücken, sondern Menschen in Berührung zu bringen mit Christus,** damit auch sie befreit werden von der Fremdherrschaft des Bösen und ihrem rechtmäßigen, angestammten göttlichen Herrn zufallen." (R. L u t h e r, Art. „Herr". Hervorhebungen im Original.)

[13] Gerade dieser Gnadengabe gegenüber gilt es, sich von der A n g s t befreien zu lassen, die vielen Gläubigen auf Grund trauriger Erfahrungen der Vergangenheit bis heute in den Gliedern steckt. *Abusus non tollit usum!* Auch hier sind wir einfach gefordert zur Beugung unter das Wort der Schrift! Und es steht eben nun doch geschrieben: **„Ich wünsche, daß ihr alle in Sprachen redet"** (1 Kor 14,5). — Karl H e i m betont in seiner Vorlesung z. St., es sei wichtig, festzustellen, daß Paulus es den Korinthern wünscht, in Sprachen zu reden, da er das nicht, wie die Rationalisten behaupten, für etwas Unmenschliches hält. Er halte die Sprachenrede für etwas, was notwendig zum Gemeindeleben gehört. (Die Gemeinde des Auferstandenen. München 1949. S. 194.) Und weiter ebenda: Paulus freue sich, daß der Strom der Sprachenrede urgewaltig aus der Seele der Urgemeinde hervorbricht. Wenn dieser Strom versiegen würde, das wäre epigonenhafte Art dessen, was bloß der Verstand erkennt. (S. 209.) Zusammenfassend stellt Prof. H e i m zu den Kapiteln 1 Kor 12—14 fest, sie seien von den orthodoxen Kreisen — es sei gestattet zu ergänzen: nicht nur in der Kirche, sondern vor allem auch in den Gemeinschaften — p e i n l i c h empfunden worden; „etwas so Unnüchternes", so

denken diese Kreise noch heute, „sollte in der Gemeinde gar nicht vorgekommen sein. Wir haben das Kirchenlied (und unsere Gemeinschaftslieder) und brauchen nicht solche Ausbrüche in Enthusiasmus…" In Wahrheit sei das Sprachenreden keineswegs ein Kuriosum, es sei vielmehr bei allen großen Erweckungen als s t ä n d i g e E r s c h e i n u n g bei der Erweckung dagewesen, so bei der Erweckung in Wales, bei den großen Bewegungen in Westdeutschland, bei Tersteegen, dann im 19. Jahrhundert und so fort. Die Theologen (und Gemeinschaftsführer) seien mit der Gemeindebewegung sehr wenig vertraut, wenn sie es als Kuriosum ansehen… (S. 207.) — Leider zeigt sich immer wieder, daß die Ablehnung und Bekämpfung der neutestamentlichen Sprachengabe aus erfolgt: von solchen nämlich, die das echte, geistgewirkte und in Zucht ausgeübte Sprachenreden noch n i e miterlebt haben, aber *voreingenommen* sind von allerhand Mißbrauch, der mit dieser Gabe getrieben wird. Andere wiederum, die sie gelten lassen, wollen sie auf das Gebet eingeschränkt wissen. Wer aber darf dem Heiligen Geist Vorschriften machen? Wenn Er an Pfingsten in Jerusalem in neuen Sprachen die Großtaten Gottes verkündigen ließ, darf sich niemand wundern, wenn Er auch heute auf neuen Wegen göttliche Botschaft zukommen läßt. So schreibt auch Fritz G r ü n z w e i g mit Recht von der Glossolalie, sie sei „eine neue Sprache der Anbetung, und, wenn die Gabe der Deutung vorhanden ist, **auch der Kundgabe göttlicher Weisungen**" (Was sagt die Bibel über den Heiligen Geist? Stuttgart-Hohenheim o. J., S. 55). Dazu von ihm noch ein grundsätzliches Wort zu den Gnadengaben, das Beachtung verdient: „Jeder ‚diene mit *der* Gabe, die *er* empfangen hat'. Das stolze und das verzagte Vergleichen ist damit ausgeschlossen; jedes wird gebraucht und jedes ist auf die andern angewiesen (vgl. 1 Kor 12,15—18.20)…" (S. 53.) — Vgl. auch Larry Christenson, Die Gnadengabe der Sprachen und ihre Bedeutung für die Kirche, Dritte erweiterte Auflage, Marburg 1976. — Außerdem: A. Bittlinger, Glossolalia — Wert und Problematik des Sprachenredens, Hannover 1966.

[14] „Das Neue Testament kennt nur aktive Gemeindeglieder. Das moderne Gemeindebild einer p a s s i v e n M a s s e, um die einzelne ‚Amtsträger' bemüht sind, ist tief u n biblisch und widerspricht dem Wesen einer Gemeinde Jesu" (W. de B o o r, Thessalonicherbriefe, Wuppertal 1960, S. 99). — Auch Prof. Otto S c h m i t z weist darauf hin, „wie fern die urchristlichen Gemeinden von einer künstlichen Uniformierung in Fragen der Gemeindeleitung waren… Man braucht nur 1 Kor 14, vor allem die Verse 26—31 des Kapitels zu lesen, um einen anschaulichen Eindruck von der bewegten Mannigfaltigkeit der Gemeindezusammenkünfte zu erhalten. Nicht die leiseste Spur erinnert an agendarische Vorschriften oder Perikopenzwang. Gewiß wird es nicht immer und überall so impulsiv zugegangen sein… Aber das ändert doch nichts an dem Gesamteindruck…: »Ihr seid in jeder Beziehung reich geworden in Ihm, in jeglichem Wort und jeglicher Erkenntnis…, so daß ihr an keiner einzigen Gnadengabe Mangel habt« (1,5.7). Die Aufzählung der Charismata im 12. Kapitel (8—10) gibt dieser Charakteristik noch größere Farben. Dabei läßt sich nicht verkennen, daß die Geistesgaben kein Vorrecht bestimmter Gruppen innerhalb der Gemeinde sind, wenn auch durchaus nicht jeder jedes Charisma beanspruchen darf. Irgendeine Gnadengabe wird einem jeden zuteil, der den Geist besitzt. Damit ist aber die religiöse Gleichwertigkeit aller Glieder des einen Leibes festgestellt . . . J e d e s P r i e s t e r v o r r e c h t i s t d a h i n g e f a l l e n." (Die Vorbildlichkeit der urchristlichen Gemeinden für die Kirche der Gegenwart, 2. Aufl., Berlin 1922. S. 44 f.) — Dasselbe betont auch Bischof D. Martin H a u g: „Das kirchliche Amt darf das allgemeine Priestertum der

Gemeinde nicht lähmen, sondern soll es wecken, lebendig und tätig machen...
Darum wird sich die Kirche gegen jede unevangelische Überspannung des Amtes
und des Amtsbewußtseins . . . wehren und dem freien Walten des Geistes und der
Geistesgaben in der Gemeinde, dem Dienst der freien Kräfte gerne Raum ge-
währen." (Auf dem Grunde der Apostel und Propheten, Stuttgart 1948, S. 234.) —
Vgl. auch E. B r u n n e r , a. a. O. S. 57: „Das Neue Testament überrascht uns immer
wieder durch die Vielfalt dieser Funktionen und die Vielheit der Funktionsträger,
der Dienste und Diensttuenden. Vor allem ist eines wichtig: Daß a l l e Dienst-
tuende sind und daß darum nirgends eine Scheidung, ja auch nur Unterscheidung,
von Diensttuenden und Nichtdiensttuenden, von Aktiven und Passiven, von Ge-
benden und Nehmenden wahrzunehmen ist. Es besteht in der Ekklesia allgemeine
Dienstpflicht, allgemeines Dienstrecht, allgemeine Dienstwilligkeit und gleichzeitig
größte Differenzierung der Dienste... Ausdrücklich wird hervorgehoben, daß
a l l e aktiv beteiligt waren. Was wir von der Struktur der Gemeinde als solcher
bereits hörten, daß sie die Unterscheidung... von Spendenden und Empfangenden
nicht kennt, das zeigt sich nun wiederum bei der gottesdienstlichen Versammlung.
J e d e r gab seinen Beitrag, und eben deswegen durfte niemand die Versammlung
monopolisieren, damit alle an die Reihe kommen können. Darum kennt diese
gottesdienstliche Versammlung nicht die Unterscheidung von Priestern und Laien;
sie weiß sich als ‚Priesterschaft' und rechnet jeden zu der ‚heiligen Pristerschaft'."
(Ebd. S. 69 f.) — Auch Prof. Rudolf B o h r e n bestätigt das und beleuchtet vom
NT. her in drastischer Weise unsere Verhältnisse, wenn er in „Predigt und Gemeinde" (Zürich-Stuttgart 1963) folgendes schreibt: „Darum ist die Gemeinde ein
Volk von Königen, Priestern, Propheten und Lehrern. Alle dienen einander, und
miteinander dienen sie der Welt. **Wir aber haben die Gaben eingesargt ins Pfarramt."** (S. 192.) — „In unseren Gottesdiensten wird das Volk von Königen und
Priestern behandelt wie Kleinkinder, die wohl brav am Tisch sitzen und essen
sollen, aber weder fragen noch reden dürfen. Alles, was Gottes Volk tun darf, ist:
absitzen, zuhören, auf Kommando singen, aufstehen, die Hände falten. Man soll
sich doch nicht wundern, wenn die Gemeinde in den Jahrhunderten nach der
Reformation noch nicht mündig wurde!... Nach dem Zeugnis der Schrift hatte
jedes Gemeindeglied das Recht, im Gottesdienst das Wort zu ergreifen." (Ders.,
S. 196.) — „In unseren Gottesdiensten herrscht darum so lange eine Ordnung des
T o d e s , als wir die lebendigen Gaben des Geistes in den Gliedern
a b w ü r g e n ." (S. 198.) — „Erneuerung steht höheren Ortes auf dem Programm.
Gott will Gaben geben. Gott will lebendig machen. Gott will sich verherrlichen an
seiner Schar, das ist keine Frage. Aber ob w i r nun a u c h wollen, — das ist die
Frage." (S. 187.)

[15] „Das nach priesterlichen Vorstellungen entworfene Ein-Mann-System der
kirchlichen Amtsauffassung ist einer der wichtigsten Gründe, warum die Kernfrage
nach der V o l l m a c h t der Predigt unablässig abgedrängt und durch klerikale und
institutionelle Surrogate ersetzt wird." (Hans-Joachim K r a u s , Predigt aus
Vollmacht, Neukirchen-Vluyn 1966, S. 26 f.)

[16] Wenn aber die Gemeindeglieder nicht durch den Heiligen Geist die notwendige Befähigung für einen Dienst besitzen, womit sollen sie dann ihren Pastor
unterstützen und ergänzen? Hierzu trifft Lic. H. B r a n d e n b u r g folgende histo-
rische Feststellung: „Das Amt der ersten Christenheit war Zeichen ihrer Kraft. Die
Ämter entstanden, weil die Gemeinde viel Aufgaben und Arbeit hatte und diese
einheitlich und gemeinsam tun wollte. Je vielseitiger der Wirkungskreis der Ge-

meinden wurde, umso vielseitiger wurden die Ämter. — Mit der Wende des zweiten Jahrhunderts wird allmählich das Amt nicht mehr Zeichen der Kraft, sondern Zeichen der Schwachheit. Weil die Glaubensenergie der Kirche nachläßt und die Gemeinden im Glaubensleben erschlaffen, entsteht das Amt, das a n s t a t t der Gemeinde handelt." (In dem Sammelband von Lic. L. Thimme: Im Kampf um die Kirche. Gotha 1930. S. 201.)

[17] Die Schrift erwähnt ungefähr zwanzig verschiedene Charismata, und zwar: a) **10 Gnadengaben des R e d e n s,** nämlich die der Lehre und des Zuspruchs (= Seelsorge: Röm 12,7), der Rede (im engeren Sinn) (1 Petr 4,10.11), der Weisheits- und der Erkenntnisrede (1 Kor 12,8), der Offenbarung (V. 26), der Arten von Sprachen und der Deutung der Sprachen, der Geisterunterscheidung und der Prophetie (V. 10).
b) **10 Gnadengaben des H a n d e l n s,** nämlich die des Glaubens (im besonderen Sinn), der Heilungen und der Kräftewirkungen (1 Kor 12,9), der Hilfeleistungen und der Leitungen (V. 28), der Dämonenaustreibung und des Dienstes (1 Petr 4,91 b), der Mitteilung, der Barmherzigkeit und des Vorstehens (Röm 12,8). — Näheres siehe bei Pastor F. E i c h l e r , Die Geistesgaben nach der Schrift, Berlin 1922. — Ferner: A. Bittlinger, Im Kraftfeld des Heiligen Geistes, Marburg 1968. — Ders., Der frühchristliche Gottesdienst und seine Wiederbelebung innerhalb der reformatorischen Kirchen der Gegenwart, Marburg 1964. — A. Bittlinger / L. Christenson / W. Hümmer / A. Richter, Die Bedeutung der Gnadengaben für die Gemeinde Jesu Christi (mit Vorwort von Kirchenrat D. Dr. Kurt Hutten), Marburg 1964. — Siegfried Großmann, Haushalter der Gnade Gottes. Von der charismatischen Bewegung zur charismatischen Erneuerung der Gemeinde, Wuppertal und Kassel 1977.

[18] Der alte Elias S c h r e n k sagte einmal: „Seit 52 Jahren bete ich um das Wiederhervorbrechen der Geistesgaben. Denn ich glaube nicht, daß die Gemeinde vollendet werden kann ohne den Dienst der ihr zu diesem Zweck geschenkten Geistesgaben." — In besonders klarer und nüchterner Weise hat Eva v. T i e l e - W i n c k l e r zu den Geistesgaben Stellung genommen. Sie sagt, derselbe Geist verleihe die Gaben in verschiedenartiger Weise, wem Er will: nicht allen das gleiche, „sondern wie Er in seiner souveränen Befugnis sie auszuteilen für gut hält. Da hat niemand ein Recht, vom andern zu verlangen, daß er gerade diese oder jene Gabe haben müsse, wie auch **keiner ein Recht hat, echte Gaben des Geistes da anzuzweifeln oder zu verwerfen, wo ihre Empfänger und Träger durch die Früchte des Geistes in einem geheiligten Leben legitimiert werden.** — Die Gaben sollten nicht überschätzt und nicht unterschätzt werden. In ihnen ist der Geber zu sehen und zu ehren, der alle Gaben gibt zur Auferbauung des Leibes, daß die Heiligen zugerichtet werden zum Werk des Dienstes... Geistesgaben müssen von der Geistesgesinnung begleitet sein, die sich besonders in Aufrichtigkeit, Demut und Liebe zeigen wird..." (Geisteswirken im täglichen Leben. 8. Auflage, Gießen-Basel 1968. S. 36 f) — Leider aber hat W. de B o o r recht, wenn er schreibt: „Von diesen Geistesgaben wird in den Kirchen kaum gesprochen. Es wird offenbar kein Wert auf sie gelegt. Sie scheinen nicht vorhanden zu sein. **Ihr Fehlen wird aber auch nicht als Mangel empfunden.** Es scheint sich für viele bei den Geistesgaben um merkwürdige und etwas zweifelhafte Erscheinungen zu handeln, die es früher einmal gegeben haben mag, die wir heute aber nicht mehr brauchen, ja deren Wiederaufkommen uns nur bedenklich wäre. — Unsere Stellung zu den Geistesgaben hängt ab von unserem grundsätzlichen Verständnis der ‚Gemeinde'.

Melanchthon hat eine verhängnisvolle Begriffsbestimmung der ‚Kirche' formuliert, die aber leider nur allzu treffend den gewohnten Zustand unserer volkskirchlichen Gemeinden in den Jahrhunderten nach der Reformation bis in unsere Zeit hinein beschrieb: die Kirche sei so etwas wie ein ‚coetus scholasticus', zu deutsch: wie eine Schulklasse. So verstehen viele von uns ja weithin noch ‚Amt' und ‚Gemeinde'. Ein Haufen von ‚Laien' (ein Laie ist bekanntlich ein Mann, der von einer Sache nichts Ordentliches versteht) ist einem ‚Fachmann', dem studierten Theologen, unterstellt, der kraft seiner akademisch-theologischen Bildung diesen Laienhaufen belehrt und leitet. Hier sind Geistesgaben in der Gemeinde überflüssig, ja sie sind bedenkliche Störenfriede der Ruhe und Unterordnung... — Es wird uns hier schon klar, warum es bei uns so wenig Geistesgaben gibt: **Wir haben gar keine Verwendung und keinen Raum für sie!** Darum kann... das Haupt sie seinen Gliedern auch nicht mehr zuteilen. — Denn Geistesgaben sind Dienstgaben für das Leben und Arbeiten der Gemeinde... Darum kann es gar keine Frage sein, ob Geistesgaben nötig sind oder ob die Gemeinde vielleicht auch ohne sie auskommen kann..." (Die Frage nach dem Heiligen Geist, Wuppertal 1974, S. 28 f)

[19] Im Anschluß an diese Schriftstelle schreibt Ph. Theodor C u l m a n n : „In solchem Gottesdienst wurde jeder Anwesende in die nächste Nähe Gottes gerückt und mit schlagender Evidenz überführt, daß er es hier mit Gott selbst und nicht mit Menschen zu tun habe. Indem der Heilige Geist in den Weissagenden wie eine funkensprühende Feueresse gärte und das zweischneidige Schwert des unmittelbar eingegebenen Gotteswortes dahin und dorthin zückte, daß es Mark und Bein durchdrang, mußte jeden das Gefühl überkommen, daß hier heiliger Boden sei und hier eine Geistesmacht walte, vor der man nur mit höchster Sammlung des Geistes, in anbetender Stellung, in Furcht und Zittern sich halten könne. Niemand war hier sicher, daß nicht etwa auch gegen ihn auch bei leisen Verstößen alsbald ein Schlag geführt und ein Strafwort geschleudert wurde. — Wie gemütlich schlendert man dagegen in unsere gottesdienstlichen Versammlungen; da geht alles „ruhig und erbaulich" zu, da läuft man nicht Gefahr, daß auf einmal das Verborgene unseres Herzens durch einen Propheten aufgedeckt würde, da ist kein Bewußtsein, daß Gott gegenwärtig sei, da ist keine Ahnung eines Unerforschlichen, keine Spannung als vor einem Unberechenbaren, kein Schauer als vor einer Macht, die furchtbar erhaben und furchtbar unheimlich sein kann." (Die christl. Ethik, 5. Aufl., Kaiserslautern 1927. S. 242 f.) „Wir exerzieren eine Liturgie mit herunter, wir hören eine Predigt an und sagen uns dann auf dem Heimwege, daß wir uns wohl erbaut haben. Das ist der durchschnittliche Charakter unserer Gottesdienste, und nur Ausnahmen sind es, wenn einzelne aus dem tiefen Stumpfsinn des Alltagslebens erwachten und den Meridian der Gotteshöhe passierten..." (C u l m a n n , S. 243) — **„Jeder Hirte und Lehrer kann seine Gemeinde nicht weiter bringen, als er selber ist.** Nun predigen wir Geistliche zwar wohl unseren Gemeinden, aber wer predigt uns? Und wenn wir die Gemeinde fördern, wer fördert uns? Wir leugnen nicht, daß wir durch Lehren selbst wieder lernen, daß Gebet, Bibelforschung und Meditation gewaltige Hilfsmittel zur Auffrischung unserer Innerlichkeit sind, aber deshalb verweisen wir doch nicht die Gemeinden auf diese Mittel allein, sondern wir predigen ihnen. Wir aber sind allein darauf angewiesen und keine kirchliche Tätigkeit gibt es, die uns denselben Dienst leistete, wie wir der Gemeinde. Dem wäre freilich anders, wenn in dem Gottesdienste wieder die Stimme der Propheten ertönte. Gemeinsam würden wir mit der Gemeinde weiter gefördert werden und auch kirchlich objektiv das Wort erfüllt sehen: ihr sollt alle von Gott gelehrt sein. Der Übergang zur göttlichen

Unmittelbarkeit wäre gefunden." (Ders., S. 244 f.) „Würde der HErr selbst wieder in göttlicher Unmittelbarkeit in der Kirche wirken können, es würde bald die leiseste Spur irgendeiner profanen Stimmung ihr gegenüber entweichen, unter Beweisen des Geistes und der Kraft würde sie ihre Mission erfüllen und eine von Gott selbst in die Welt gepflanzte Säule und Grundfeste der Wahrheit darstellen. — Wir haben somit alle Ursache zu beklagen, daß die göttliche Unmittelbarkeit als regulierende Lebensmacht erloschen ist. Mit ihr ist für die Kirche eine der wesentlichen Lebenspulsadern unterbunden und eine herrliche Quelle versiegt ... Was würde die Kirche leisten können, wenn wir nicht bloß geistvolle Lehrer, sondern den Geist selbst in ihr zu hören bekämen! Man klagt über religiöse Gleichgültigkeit und Mangel an Gottesfurcht. Der Grund liegt darin, daß die Kirche nur mittelbare Gotteserweise und n i c h t d i e u n m i t t e l b a r e n vorbringt. Das letztere kann sie aber nicht, weil ihr die Organe fehlen. Es können auf ihrer Lyra die Töne nicht mehr erklingen, zu denen die Saiten abgerissen sind. Der HErr brüllt nicht mehr aus Zion. Sonst müßte auch das Wort gelten:»Der Löwe brüllt, wer sollte sich nicht fürchten? Der HErr redet, wer sollte nicht Prophet sein?« Amos 3,8." (S. 246 ff.)

[20] „**Durch die prophetisch begabten Glieder leitet Christus die Gemeinde, gibt Er Klarheit bei wichtigen Entscheidungen,** kündet Er kommende Dinge an, damit die Gemeinde auf sie gerüstet ist. **Durch die Weissagung sorgt Christus dafür, daß das ganze Gemeindeleben auf Ihn gegründet ist** ... Alles in allem: die Weissagung ist durchaus nicht nur Vorhersagen des Zukünftigen; sie stellt auch das Vergangene ins Licht und hat es immer am meisten auf die G e g e n w a r t abgesehen. **Die Gemeinde soll durch die Weissagung erleuchtet werden in dem, was ihr j e t z t zu erkennen nottut. Die Prophetie bringt ins Leben der Gemeinde immer wieder einen Zug göttlicher Frische und Unmittelbarkeit; durch sie kommt auch immer neues Leben in das sonst zum Buchstaben erstarrende Bibelwort. Darum hängt Sein und Nichtsein der Gemeinde daran, o b es unter ihr Weissagung gibt.**" (Ralf L u t h e r , Neutestamentliches Wörterbuch. S. 209 f.) — Wie schwer wiegt es da, wenn im Blick auf unsere Lage festgestellt werden muß, was schlechterdings nicht zu leugnen ist: „In seiner Bedeutung ist das Charisma der Prophetie in der Kirche nur selten erkannt worden. Wer erstrebt es eifrig? Wer erbittet es? Es verhält sich ja doch keineswegs so, als sei es eine Selbstüberhebung oder eine Kompetenzüberschreitung, wenn die Prophetie ersehnt und erbeten wird." (H. J. K r a u s , S. 31) — Und welche Anmaßung und Selbstsicherheit gehört dazu, wenn man meint, dieser Gnadengabe nicht zu bedürfen, und vollends, wenn man dem Haupt der Gemeinde es verwehren will, heute noch durch Prophetenmund in der ersten Person zu reden! Dazu sagt Kirchenrat Walter H ü m m e r : „Es ist mir unverständlich, warum von einigen Gralshütern angeblicher Orthodoxie und von Leuten mit antipneumatischen Komplexen immer gegen diese Ich-Form bei jetzigen prophetischen Botschaften zu Felde gezogen wird. Ich kann darüber nur den Kopf schütteln. Sie sind — schlicht gesagt — Unwissende. Sind keine ‚Periti‘ (Erfahrene), sie sind non periti! Ich kann eine Erklärung dafür nur in der Samuelgeschichte finden. Samuel kennt das Reden und Rufen Gottes, dieses höchstpersönliche Reden Gottes, noch nicht. Er meint, ein Mensch habe ihn gerufen. Er eilt darum zu Eli. Erklärung dort (1 Sam 3,7): ‚Denn Samuel kannte den Herrn noch nicht‘." (Neue Kirche in Sicht? Marburg 1970. S. 66.) — Es darf dabei auch nicht übersehen werden, daß der erhöhte HErr sowohl in der neutestamentlichen Zeit wie auch im Laufe der Kirchengeschichte immer wieder durch den Heiligen Geist tatsächlich in der ersten Person geredet hat. Das gilt für

das NT nicht nur hinsichtlich Seines Anrufs an Saul vor Damaskus und dessen, was Johannes auf Patmos aus Seinem Munde vernommen hat. Vielmehr gibt uns das NT auch davon Kunde, wie der Erhöhte bzw. der Heilige Geist zu Ananias und zu Petrus geredet hat (Apg 9,15-16; 10, 19-20), ferner zur Gemeinde von Antiochia (Apg 13,2) und dann später noch mehrfach zu Paulus (Apg 18,10; 22, 18.21; 2 Kor 12,9 a). Was aber die Kirchengeschichte anbelangt, braucht nur an Thomas von Kempen oder Sadhu Sundar Singh erinnert zu werden. Jahrhunderte hindurch hat sich die gesamte Christenheit ohne Unterschied der Konfessionen dankbar aufgerichtet an den Reden, die unser HErr Jesus in der ersten Person an Thomas von Kempen gerichtet und die dieser in seiner vielgelesenen „Nachfolge Christi" zum Segen zahlloser Generationen niedergelegt hat. Auch in den „Gesammelten Schriften" des Sadhu, wie sie Friso Melzer im Evang. Missionsverlag Stuttgart herausgegeben hat und sie in mehreren Auflagen erschienen sind, findet sich auf den Seiten 16-66 das Ich aus dem Mund des Erhöhten in immer wiederkehrender Weise. Aber plötzlich — in der zweiten Hälfte des 20. Jahrhunderts! — heißt es in Deutschland, daß der HErr so nicht mehr reden darf. Jetzt soll das auf einmal Inspiration eines Schwarmgeistes aus der Finsterniswelt sein? Mit einem solchen Urteil würde man ja all diese Generationen Seiner Kinder treulos verleugnen (Ps 73,15 b). Auch die dabei geäußerte Besorgnis um die Autorität des biblischen Kanons ist ganz unbegründet, und kein Einwand in dieser Hinsicht ist stichhaltig. Bleibt doch immer ein gravierender Unterschied zwischen der Bibel und heutigen Prophetien: Was geschrieben steht, gilt u n bedingt, während alle Äußerungen aus der Gegenwart daraufhin g e p r ü f t werden müssen, o b sie echte Weissagung enthalten und also von Gott sind oder nicht (1 Kor 14,29 b; 1 Joh 4,1!). Dadurch behalten die Aussagen der Schrift ein für alle Mal ein ganz anderes Gewicht und ihren einmaligen Stellenwert, während heutige Weissagungen, auch wenn sie in der ersten Person erfolgen, diesen Rang niemals bekommen können. — Für die Aufgabe des P r ü f e n s (1 Thess 5,21) gibt S. G r o ß m a n n hilfreiche Hinweise, wenn er schreibt: „Letzten Endes kann nur die W i r k u n g des Ausübens von Charismen Aufschluß darüber geben, ob sie echt (Geschenk der Gnade Gottes) oder unecht (Handeln aus menschlicher Machtvollkommenheit oder Einbruch satanischer Kräfte) sind. Dazu kommt noch, daß es durchaus die Möglichkeit gibt, daß echte Charismen aufgrund mangelnder geistlicher Reife oder unbereinigter Sünde negative Folgen zeitigen. Daher ist es wichtig, immer wieder an die M a ß s t ä b e zu denken, die Paulus selbst für die Beurteilung der Wirkung von Charismen gegeben hat:

1. Das Charisma führt dazu, daß Jesus als der Herr bezeugt wird:... (1 Kor 12,3)... Sicher ist hier nicht nur das verbale Bekenntnis, sondern auch das lebensmäßige Zeugnis gemeint.

2. Das Charisma ist dazu da, daß die Gemeinde auferbaut wird:... (1 Kor 14,26)...

3. Das Charisma trägt nicht zur Unordnung bei, sondern zum Frieden... (1 Kor 14, 32.33)...

4. Das Charisma besitzt Zeugnischarakter gegenüber den Ungläubigen... (1 Kor 14, 24-25).

5. Das Charisma ohne Liebe bringt keinen Nutzen:... (1 Kor 13.1)... Liebe steht hier stellvertretend für den gesamten Bereich der Frucht des Geistes, denn jede Frucht des Geistes ist eine Funktion der Liebe.

6. Das Charisma führt zur Verherrlichung Gottes:... (1 Petr 4,11)..." (Haushalter der Gnade Gottes, S. 98-100.)

[21] „Ach, daß doch die Gemeinde des Herrn erkennte, wie sie stehen geblieben ist in ihrem gottgewollten Wachstum, bevor sie das volle Mannesalter Christi erreicht hatte! Sie hat ihrem Herrn und Haupte den Ihm gebührenden Platz nicht gegeben und gerade die Sünde begangen, vor der der Apostel sie Eph 4,30 ausdrücklich gewarnt hatte: Sie hat den Heiligen Geist, mit dem sie versiegelt war auf den Tag der Erlösung, betrübt. Ist aber der Heilige Geist betrübt worden und man tut nicht Buße, so kommt man in ein Nebelchristentum hinein; da geht's dann von Schleier zu Schleier..." (Stockmayer). So hat leider die Kirche nicht die normale göttliche, sondern eine menschliche Fehlentwicklung genommen. Sie hat den Heiligen Geist, der ihr als Führer ins gelobte Land gegeben war, betrübt... Sein weiteres Verbleiben auf dem Thron würde der Gemeinde zum Gericht gereicht haben, denn das Wort sagt: „Ich will nicht mit dir hinaufziehen, Ich müßte dich sonst unterwegs vertilgen." (2 Mos 33,3.5)

[22] Wenn man freilich einfach Propheten = *doctores* setzt, wie es Calvin tut (vgl. E. B r u n n e r , S. 119), oder ebenso einfach Propheten = Prediger setzt, dann wird allerdings das besondere Charisma der Prophetie hinfällig. So will z. B. L u t h e r „dort (sc. 1 Kor 14,29 f) in den ‚Propheten, die da lehren sollen', **nur einfach die** ‚**ordentlichen Prediger und Pfarrherrn'** sehen. S i e , meint er, mögen dort in der Kirche unter dem Volk gesessen haben, einer oder zwei den Text gesungen oder gelesen und der Reihe nach den Text... ausgelegt..., bestätigt oder noch besser erklärt" haben. (J. K ö s t l i n , Luthers Theologie, 2. Aufl., Erster Band, Stuttgart 1901. S. 437) — Soll das neutestamentliche *propheteuein* nichts anderes sein als erbauliche Textauslegung durch die Pfarrherren, dann ist es nicht verwunderlich, daß sich bei Luther der Gedanke an eine Rückkehr der Prophetie, „soweit wir sehen, in seinem reformatorischen Streben... niemals gezeigt hat." (Köstlin, S. 438) — Vgl. dagegen 1 Kor 14,39 a: **„Darum, meine Brüder, seid e i f r i g bemüht um die Gabe der Prophetie!"**

[23] Der Gipfel pharisäischer Versündigung aber ist es, wenn man es dem Haupt der Gemeinde geradezu verwehren will, sich durch die Geistesgaben heute zu offenbaren, und wenn man dort, wo Er es nun trotzdem tut, nach Art der Pharisäer von Mt 12,24 das offensichtliche Wirken des Heiligen Geistes den finsteren Mächten zuschreibt und jedes Geistesfeuer, das der HErr in Gnaden anzündet, entgegen der Warnung von 1 Tess 5,19 sofort zu löschen versucht. Welch vortrefflichen Bundesgenossen hat doch der Feind zu allen Erweckungszeiten gerade an der „frommen Feuerwehr" je und je gehabt! Dasselbe sprach D. F. v. B o d e l - s c h w i n g h in seiner Pfingstpredigt 1933 in Berlin mit den Worten aus: „Wir m ü s s e n u n s s c h ä m e n , daß die Kirche manchmal mehr eine F e u e r l ö s c h - e i n r i c h t u n g gewesen ist als ein munterer Träger der heiligen Christusflammen." (Lebendig und frei, 1. Folge, Predigten. Bethel 1941. S. 96.) Diese traurige Rolle zu spielen ist heute die besondere Versuchung der Gemeinschaftskreise. Unbedingt will man die Betätigung der Geistesgaben in der Gemeinde unterbinden und hält statt dessen hartnäckig an dem „Ein-Mann-System" fest, in dem alles genau nach dem herkömmlichen Schema vor sich gehen muß. Vgl. dazu auch Hellmuth F r e y : „Wir trauen es dem Heiligen Geist nicht zu, daß Er, ein Geist der Zucht, auch in der Gemeinde Zucht halten könnte. **Darum verboten wir Ihm lieber überhaupt zu wehen,** oder geboten Ihm, durch den Pastor zu reden, und **verurteilten die Gemeinde zum Schweigen."** (Das Buch der Weltpolitik Gottes. Kap. 50—55 des Buches Jesaja. Stuttgart 1937. S. 107.) Sollte sich die Kirche nicht statt dessen nach dem Grundsatz richten, den Otto S c h m i t z aufstellt: **„In jedem Fall muß in der**

Kirche Jesu Christi Raum bleiben für die Gnadengaben, die der Geist Gottes nach freiem Ermessen gibt." (In Dannenbaums Sammelband: Christus lebt — Ein Buch von fruchtbarem Dienst in Lehre und Leben. Berlin 1939. S. 400.) — „Es fragt sich: was kann geschehen, um im Rahmen der Volkskirche einem Gemeinschaftsleben im Geiste des Urchristentums eine Stätte zu bereiten, ohne den Zusammenhang mit der Gemeindeorganisation als solcher aufzuheben?... Es kann der Versuch gemacht werden, die Verfassungsformen der Volkskirche so zu gestalten, daß sie für die Entfaltung eines Gemeinschaftslebens nach Art des urchristlichen innerhalb der kirchlichen Organisation freie Bahn schafft. Das m u ß die Volkskirche tun, nicht etwa nur um ihrer selbst willen — sie ist gar nicht um ihrer selbst willen da —, sondern um des Evangeliums willen und der aus dem Evangelium fließenden Glaubensgemeinschaft, um derentwillen sie da ist. **Dazu aber muß sie zunächst den Gnadengaben, die in ihrer Mitte lebendig sind oder lebendig werden, Raum lassen.** Die Einförmigkeit und agendarische Beengung der gottesdienstlichen Veranstaltungen muß aufhören, das Redemonopol des Gemeindeleiters muß abgeschafft werden, immer nach Maßgabe eines wirklich vorhandenen Bedürfnisses. Es muß praktischer Ernst gemacht werden mit dem allgemeinen Priestertum der Gläubigen..." (S c h m i t z , Die Vorbildlichkeit der urchristlichen Gemeinden, S. 55 f.) — Vgl. dazu nochmals R. B o h r e n in seiner anschaulichen Art: „Raoul Dufy hat einmal ein Bild gemalt: von oben bis unten Stühle, Notenständer, Pauken, Trommeln, Geigen, Bratschen, Flöten und irgendwo auf einem Stuhl mit verschränkten Armen und müde, ein Musiker, offenbar Orchesterpause. Das Bild unserer Gemeinde heute. Darum gilt es, die Spieler zusammenzuläuten, ihnen die Instrumente zu zeigen und den Ton zu geben. — Ohne Bild gesagt: wir müssen damit rechnen (ja, wir dürfen und wollen damit rechnen! v. B.), daß wir keine unbegabten Gemeindeglieder haben, daß der Herr jeden Unbegabten b e g a b t , und daß er jeden Begabten b r a u c h t . Die Schwierigkeit ist nicht die, daß wir keine Leute haben, wie Luther meinte. Die Schwierigkeit ist vielmehr die, daß wir b l i n d sind für die G a b e n und mit blöden Augen über die Goldadern unserer Gemeinden stolpern." (a. a. O., S. 195)

[24] Vgl. dazu Theodor H a u g , Die Wirklichkeit des Heiligen Geistes — heute! (Stuttgart 1947), wo unter den **„Hindernissen für das Wirken des Heiligen Geistes in der evangelischen Kirche"** mit Recht an erster Stelle „d i e A n g s t v o r d e r S c h w ä r m e r e i " genannt ist; es heißt dort u. a. : „Die Angst vor der Schwärmerei regt sich besonders da heftig, wo das Wort Gottes ernst genommen wird, und richtet sich nur zu häufig gegen neues geistliches Leben, das ans Licht drängt. Kaum zeigt es sich in einer Erweckungsbewegung, vielleicht da und dort in ungewöhnlichen Formen mit leichten Ansätzen von Schwärmerei, so rückt sofort das schwerste Geschütz der Theologie gegen sie auf, sie zu erledigen. Ja auch da, wo es noch gar nicht zu Schwärmerei gekommen ist, holen viele allzu ängstlich oder allzu selbstsichere T h e o l o g e n die geistliche Feuerspritze, um den in ihren Augen gefährlichen Brand zu löschen... Es hat mich manchmal schon erschüttert, mit welcher inneren Unsicherheit gewissenhafte Theologen allem geistlichen Leben gegenüberstehen, das ihnen von ihrer Sicht aus ungewohnt ist. Sie können nicht viel dagegen sagen, da gewisse Wirkungen des Geistes nicht zu leugnen sind und die biblischen Linien klar hervortreten; aber sie kommen in ihrer Angst über Bedenken und Fragen nicht hinaus. Davon weiß die Geschichte des Pietismus ein Lied zu singen. Dabei ist es merkwürdig, daß der Durchschnitts-Theologe gleichzeitig dem geistlichen Tode in der Gemeinde verhältnismäßig ruhig zusieht. Er bedauert ihn, er leidet unter ihm, aber im allgemeinen sieht er in ihm eine Erscheinung, die eben

zu dieser unvollkommenen Welt gehört. Regt sich nun einmal in solch einer toten Gemeinde das Leben, so fühlt er sich heilig verpflichtet, über jede Regung zu wachen, und dämpft dadurch ungewollt in vielen Fällen den Geist Gottes, der eben zu wirken beginnt. — Es ist ungeheuer wichtig für das Leben unserer Kirche, daß sie diese falsche Angst vor der Schwärmerei verliert, daß sie nicht aus der Angst vor dem Mißbrauch lebt, sondern in getroster Zuversicht und kühnem Glauben aus der Freude an Gottes Gaben. Wenn ihr das gelänge, dann würden viele Kräfte, die heute brach liegen oder abseits von der Kirche sich auswirken, für die Kirche fruchtbar. — In ähnlicher Lage wie die Kirche ist die G e m e i n s c h a f t s b e - w e g u n g , jedenfalls in ihrer älteren Ausprägung. Sie ist entstanden aus den Wirkungen des Geistes. Aber nun trat, wie es der Lauf der Welt ist, zunehmende Verfestigung, ja Erstarrung ein... Nun fürchten viele treue Gemeinschaftsglieder das Feuer wie gebrannte Kinder und sind in ihrem Teil genau so ängstlich wie die Theologen. Sie sollten sich sagen: Auch wenn das Feuer Verheerungen anrichtet, wäre es doch töricht, der wohltätigen Einrichtung des Feuers sich nicht zu bedienen..." (S. 16f.). — Das schrieb der heimgegangene Dekan Haug kurz nach dem Krieg. Und zwanzig, dreißig Jahre später ist die Situation unter uns in Deutschland noch ganz die gleiche, so daß Prof. K r a u s feststellen muß: „In neuerer Zeit sind Theologen bei der Erforschung der apostolischen Botschaft auf die großen Grundworte ‚Dienst‘ und ‚Charisma‘ gestoßen. (Man dürfte auch noch hinzufügen: Und Gott hat begonnen, die Charismen wieder unter uns auszuteilen! v. B.) A b e r die dem Protestanten tief im Blute sitzende F u r c h t vor S c h w ä r m e r e i und pneumatischem Wesen hat auch hier dafür gesorgt, daß die Tore zu einer neuen, die Gemeinde, ihr Leben und ihren Gottesdienst grundlegend verändernden Erkenntnis und Tat verschlossen bleiben..." (a. a. O., S. 27) — Über den vielfachen Mißbrauch, der mit den Begriffen „Schwärmer" und „Schwärmerei" schon getrieben worden ist, schreibt Walter N i g g als Kirchenhistoriker: „Die Bezeichnung Schwärmer wird gewöhnlich dann gebraucht, wenn man eine geschichtliche Erscheinung nicht ernst nehmen will" (Das Buch der Ketzer, Fünfte Auflage, Zürich 1970, S. 109). — Beachtenswert ist auch, was über das Schreckgespenst der „Schwärmerei" bei W. de B o o r (in seiner Auslegung von 1 Thess 5,19) zu lesen ist: „»Den Geist löscht nicht!« Heiliger Geist ist F e u e r . Wissen wir das überhaupt noch, die wir in der reinen Lehre das wesentliche Merkmal der rechten Kirche sehen und die gemäßigte Temperatur in ihr so lieben? Luthers instinktive und leidenschaftliche Abneigung gegen alles »Schwärmertum«, die seine Begegnung mit allerlei schwierigen Bewegungen der Reformationszeit noch schwieriger und negativer werden ließ, hat die Sorge vor »Schwärmerei« zu einem Grundzug evangelischen Kirchentums gemacht. Wo immer ein Feuer auflodert, fürchten sie sofort den unheilvollen, das Haus der Kirche gefährdenden Brand. Darum gehört es zu dem Typischen der evangelischen Kirchengeschichte, daß neue Bewegungen in ihr n i e fröhlich begrüßt, sondern immer erst einmal beargwöhnt und bekämpft worden sind. Das »Löschen« bedenklichen Feuers erscheint als eine der Hauptaufgaben von Kirchenleitung und Theologie. **Paulus aber mahnt gerade umgekehrt: »Löscht n i c h t das Feuer des Heiligen Geistes!«**..." (W. Stb., S. 105f.)

Gleichzeitig allerdings ist uns aufgetragen, wachsam alles zu prüfen (1 Thess 5,21; 1 Joh 4,1ff.). Mit Recht schreibt Prof. Heinrich R e n d t o r f f : „Alle Geistes-gaben stehen unter den gleichen Normen. Sie sind nur echt, wenn sie Gabe und Aufgabe von Gott sind (Röm 12,3), wenn sie nichts anderes wollen, als dienen zur Auferbauung der Gemeinde als des Leibes Christi (1 Kor 14,26), wenn sie um des Dienstes willen in geheiligter Sachlichkeit nur das tun, was nötig ist (1 Petr

4,10), wenn sie sich selbstlos der brüderlichen Ordnung der Gemeinde einfügen (1 Kor 14,40), wenn es ihnen zuletzt nur um die Ehre Gottes geht (1 Petr 4,11; Joh 5,44). — Verheißen sind der Gemeinde Jesu Christi auch die Gaben der Heilung und der Austreibung der Dämonen. Da die Heilige Schrift kein Schema von Geistesgaben kennt, die vollzählig sein müssen, ist es der Gemeinde nicht geboten, auf diese besonderen Gaben mit besonderer Beunruhigung zu warten. Wohl aber soll sie nicht aufhören, um den Sieg in der Kraft des Geistes, auch über die Krankheit und alle Mächte der Finsternis zu beten und auf sie als Zeichen der Herrschaft Gottes zu warten." (Von den Geistesgaben und ihrem rechten Gebrauch, in: Das Volksmissionarische Wort als Organ der Arbeitsgemeinschaft für Volksmission, Nr. 4/1951, S. 19) — Im übrigen wäre zum Thema der Geistesgaben und ihrer Unterdrückung bzw. Bekämpfung noch hinzuweisen auf: W. de B o o r zu 1 Thess 5, 20—21 in der Wuppertaler Studienbibel (Thess.-Briefe, S. 106—108); — O. S. v. Bibra, Werdet nüchtern! Von vermeintlicher und echter Nüchternheit im Glaubensleben (Gladbeck 1976), S. 19—27; — Ders., Der Name JESUS (8. Aufl., Wuppertal 1976), S. 42—61. Wer sich gegen diese oder jene Geistesgabe sperrt oder gar davor warnt, muß sich darüber klar sein, daß er damit den Heiligen Geist betrübt und hindert, dämpft und blockiert. Niemand aber soll sich wundern, wenn sich daraufhin der Heilige Geist zurückzieht! Über diese Gefahr spricht S p u r g e o n mit großem Ernst: „Wir können den Heiligen Geist betrüben, ja, ihm widerstreben, — das sehen wir aus dem klaren Zeugnis der Heiligen Schrift. Das schlimmste ist, wenn wir ihm trotzen und ihn so beleidigen (und das tun wir, wenn wir seine Gaben verachten! v. B.), daß er nicht mehr durch uns redet und uns verläßt, wie einst König Saul... — Der Geist weht zwar, wo er will, wie der Wind, aber das heißt nicht so viel wie: Er handelt willkürlich. Er handelt nach seinem Willen, aber stets gerecht und weise mit Ziel und Absicht. Manchmal gibt oder entzieht er seinen Segen aus Gründen, die in u n s selbst liegen..." (In Helmut T h i e l i c k e , Vom geistlichen Reden Begegnung mit Spurgeon, Stuttgart 1961, S. 74 f.)

[25] „Ich will mich nie besser dünken als irgendein anderer Mensch, denn ich weiß nicht, wie ich in seiner Lage geworden wäre, und wie er sein würde, wenn er so viel Gnaden und Wohltaten Gottes empfangen hätte wie ich." (Eva v. Tiele-Winckler)

[26] „Im Leben der Heiligen ist der Abstand zwischen ihnen und Christus nicht vertuscht; er ist deutlich wahrnehmbar. Darum leiden solche Menschen nicht am Makel des Gelobtwerdens: um ihrer Werke willen wird d e r V a t e r im Himmel gepriesen (Mt 5,16). Heilige sind Menschen, mit denen man nicht wagt, Personenkult zu treiben, weil das, was in ihnen lebt, so erschütternd viel zu groß ist, als daß man es ihnen zuschreiben könnte. Heilige sind Menschen, ... durch die es ,andern erleichtert wird, an Gott zu glauben' — aus dem einfachen Grunde, **weil Gott da ist in ihrem Leben."** (R. L u t h e r , Art. „Heilige Menschen".)

III. Der Inhalt ihres Dienstes

1. Der Dienst im Heiligtum

Das Wichtigste, die innere Quelle der Kraft für ihr gesamtes
Wirken in der Öffentlichkeit ist der G e b e t s d i e n s t in der Stille
vor dem Angesicht des Herrn.

In dem Bericht über die Einsetzung der Armenpfleger lesen wir:
„So seht euch nun um, ihr Brüder, nach sieben bewährten, mit
Geist und Weisheit erfüllten Männern aus eurer Mitte, damit wir
sie für diese Aufgabe bestellen; wir selbst aber wollen uns ganz
d e m G e b e t u n d dem Dienst am Worte widmen" (Apg 6,3 f).
Ist es nicht auffallend, daß hier zuerst das Gebet und erst in
zweiter Linie der Dienst am Wort genannt ist? Das hat seinen
tiefen Grund; denn der Gebetsdienst am Gnadenthron ist eben
nicht nur eine Obliegenheit, die man „auch noch" — so nebenbei
— zu erfüllen hat, sondern er soll das A und das O der gesamten
Tätigkeit sein.[1] Auch hierin ist uns der Apostel Paulus ein
leuchtendes Vorbild: Wie ergreifend kommt in seinen Briefen
immer wieder zum Ausdruck, wie er bei Tag und bei Nacht im
Gebet ringt um das innere Wachstum der Gemeinden und wie er
für deren Errettung dem Vater Lob und Dank darbringt. (Eph
1,3—23; 3,14 ff; Phil 1,3—11; Kol 1,3 ff u. ö.)

Das Gebetsleben der Boten Jesu hat also Vorrang. Ihr Beten ist
entscheidendes geistliches Handeln in der unsichtbaren göttlichen
Welt. Als Könige und Priester haben sie ja Zugang zum Tempel,
nicht mit Händen gemacht, Zugang zum Vater. Sie wissen, daß
alles, was sie den Vater bitten im Namen Jesu, Er ihnen geben wird
(Joh 16,23). Bei solchem Beten im Geist und in der Wahrheit sind
sie nicht nur Bittende, sondern auch Hörende, die Erleuchtung
und Weisung erwarten und empfangen. Hier erleben sie, was der
Sohn verheißen hat: der Heilige Geist schenkt ihnen Offenbarung,
indem Er ihnen die echte Wirklichkeit enthüllt (Joh 16,13); Er
verherrlicht   den   Auferstandenen,   indem   Er   ihnen   dessen
Siegesgewalt   zeigt   (Joh   16,14);   Er   vergegenwärtigt   und
aktualisiert, was Jesus gesagt hat, indem Er redet und Weisungen
gibt (Joh 14,26; Apg 13,2; 15,28 a; 16,6—9; 10,19). Ohne dieses
persönliche und gemeinsame Verweilen im Heiligtum, betend zum
Vater kraft des Namens Jesu in der Gemeinschaft des Heiligen
Geistes, hat ihr Dienst nicht die göttliche Ausrichtung, die
geistliche Klarheit, die gehorsame Zucht und die immer neue

Belebung. Nur den Betern wird das Wort der Schrift erleuchtet im Umgang mit Jesus (Lk 24,45 f), wird auch für die Seelsorge Weisung gegeben, die Fähigkeit zum Prüfen der Geister (1 Joh 4,1) geschenkt und jener Glanz aufgedrückt, den der vom Heiligen Geist getragene Dienst ausstrahlt (2 Kor 3,8). Beten ist für sie eine heilige Arbeit des Herzens: sie durchdringen damit die unsichtbare Welt der Dämonen mit den Blutskräften des Lammes. Sie rufen den Sieg des Auferstandenen aus über Ländern, Städten, Dörfern, Häusern und einzelnen Menschen. Sie binden im Namen Jesu die satanischen Mächte und zerstören deren Bollwerke (2 Kor 10,4; 1 Kor 5,3—5; Kol 2,1; Mt 18,18 u. ö.). Betend und glaubend treten sie in den Riß wie Abraham, Moses, Daniel, Paulus und andere.

Über allem aber können sie den Dienst in der Vollmacht Gottes nur dann ausrichten, wenn sie zuvor und immerwährend alle Macht und Gewalt und Reichtum und Weisheit und Ehre anbetend ihrem Gott darbringen und huldigend dem Lamm übertragen, das sich geopfert hat (Offb 5,12 f). Diese Huldigung und Anbetung im Geist entleert sie täglich neu von aller eigenen Weisheit, Kraft, Ehre und Anerkennung durch Menschen und macht ihr ganzes Leben und Wesen zu einem Lobpreis Gottes. *Soli Deo gloria!* Darum kann niemand ein Bevollmächtigter des HErrn sein ohne dauernden und täglichen Umgang und Dienst im Heiligtum, in der Gegenwart des großen Hohenpriesters und Seines ewig gültigen, vollkommenen und ein für allemal vollbrachten Opfers. Wer nicht zuerst betend ins Heiligtum zu Gott eingegangen ist, kann nicht vollmächtig zum Dienst an den Menschen ausgehen.

2. Der Dienst in der Öffentlichkeit

aber besteht im Zeugnis des Wortes, des Wandels und der Wunder.

a) Das Zeugnis des Wortes wird — in Predigt, Unterricht und Seelsorge[2] — so klar und eindeutig wie irgend möglich gegeben. „Denn wenn die Trompete einen unklaren Ton gibt, wer wird sich zum Kampfe rüsten?" (1 Kor 14,8). Welch heilige Einseitigkeit und Selbstbeschränkung sehen wir auch hierin wieder bei Paulus: „Ich hatte mir vorgenommen, kein anderes Wissen unter euch zu zeigen als **allein Jesus den Messias, und zwar den Gekreuzigten**" (1 Kor 2,2). Der Inhalt ihrer Botschaft ist also die im Gekreuzigten verkörperte **Liebe Gottes** und **Sein volles gegenwärtiges Heil.** Um es mit Paulus auszudrücken: „Gott war in Christus, die Welt mit sich versöhnend, indem Er ihnen ihre Übertretungen nicht zurechnete, und hat in uns niedergelegt das Wort von der Versöhnung. So bitten wir denn für Christus: Laßt euch versöhnen mit Gott!" (2 Kor 5, 10.12). Das ist die unvergleichliche Botschaft des Evangeliums: Die Versöhnung der Sünder mit Gott ist geschehen — am Kreuz — ein für allemal! Die Schuld der Menschheit ist getilgt im Blut des Lammes! Wer also die Gemeinschaft Gottes sucht, braucht nicht erst etwas zu leisten, braucht sich nicht erst gebessert zu haben, muß sich nicht erst in diesem und jenem bewährt haben, sondern er darf kommen, wie er ist — er darf es wagen, mit seiner ganzen schuldbeladenen Vergangenheit sich bei Gott einzufinden, und er wird nicht hinausgestoßen werden (Joh 6,37), sondern das Blut Jesu, des Sohnes Gottes, macht ihn rein von aller Sünde (1 Joh 1,7). In Seinem Namen, um Seines Opfers willen geschieht das Erstaunliche: Der heilige Gott spricht den Gottlosen gerecht! Das ist die in Jesus erschienene freie Gnade Gottes, daß Er alle, die als verlorene Söhne zu Ihm heimkehren, willkommen heißt, ohne sie zu fragen nach den Voraussetzungen, die sie mitbringen oder nicht mitbringen (Lk 15,20 ff).

Dieses grenzenlose Erbarmen Gottes mit den Sündern ist für die selbstgerechten, stolzen Frommen etwas Unverständliches und Skandalöses (Lk 15,2), für die Armen aber, für die bedrückten Gewissen ist es frohmachende, befreiende Kunde: „die Armen empfangen Freudenbotschaft!" (Mt 11,5 c; Lk 4,18). Selig zu preisen ist jeder, der diesen erlösenden Zuspruch empfangen hat: „Dir sind deine Sünden vergeben!" (Ps 32, 1.)

Und nicht genug damit, daß Gott dem Sünder die Schuld vergibt, — gleichzeitig ergreift Er von seinem Leben Besitz durch den Heiligen Geist und wirkt in ihm eine neue Willensrichtung, schenkt ihm die Kraft zum Gehorsam, macht ihn tüchtig für alles Gute, zu tun Seinen Willen, und schafft selber durch Jesus das, was vor Ihm wohlgefällig ist (Hebr 13,21).

So ist der Auferstandene bereit, nicht nur die Vergangenheit des Sünders zu ordnen, sondern auch die Gegenwart seines Lebens zu gestalten und seine Zukunft in die Hand zu nehmen. Er bringt also nicht nur die Vergebung der Schuld, sondern auch die Befreiung von der Macht der Sünde.[3] Das Leben wird dadurch allerdings nicht sündlos. Der Errettete wird erfahren, wie leicht es durch Unachtsamkeit zu neuer Befleckung, zu neuem Straucheln

kommt. Und doch ist eine veränderte Lage eingetreten:
Seitdem Jesus die Führung seines Lebens übernommen hat, ist der
Zwang des Sündigen-Müssens aufgehoben,[4] die Knechtschaft hat
ein Ende (Joh 8, 34.36). Deshalb sagt Paulus nicht nur: „Die
Sünde soll nun nicht mehr herrschen" (Röm 6,12a), sondern er
geht noch weiter: „Die Sünde wird nämlich nicht mehr
herrschen über euch" (Röm 6,14a). Damit will er zum Ausdruck
bringen, daß die Sünde an die Erlösten keinen Rechtsanspruch
mehr hat (Röm 6,6—11): deshalb braucht man sie nicht mehr
herrschen zu lassen. Man kann ihr zwar noch nachgeben, aber
man muß es nicht mehr. Und wo es doch geschieht, da wird
allerdings die Erlösung verleugnet.

So ist das „Gesetz des Messias" (Gal 6,2) bzw. Sein „neuer
Auftrag" (Joh 13,34) keineswegs eine Erneuerung des alttestamentlichen Gesetzes, an dessen Unerfüllbarkeit man
wiederum zerbrechen müßte,[5] vielmehr ist Sein Joch sanft und
Seine Last leicht (Mt 11,30). Sein Auftrag lautet: „Liebet euch
untereinander so, wie Ich euch in Meine Liebe aufgenommen
habe" (Joh 13,34) und ist erfüllbar. Denn er bedeutet nichts
anderes als zu lieben kraft Seiner göttlichen Liebe, die ja
ausgegossen ist in ihre Herzen durch den Heiligen Geist (Röm
5,5). Sie dürfen die Liebe, von der sie leben, liebend an andere
weitergeben. So wird dieser Auftrag unversehens zu einem
wunderbaren Vorrecht, zu einem unvergleichlichen Segen.

Der Gegensatz zur alttestamentlichen Situation ist in die Augen
fallend: Während man unter dem Gesetz des Alten Bundes mit
seinem guten Wollen immer wieder scheiterte und an den Geboten
Gottes zerbrach (Röm 7,19!), kann man auf dem Boden der
Gnade des Neuen Bundes mit Johannes bekennen: „Das ist die
Liebe Gottes, daß wir auf Seine Weisungen (oder: Aufträge)
achten, und Seine Weisungen sind nicht schwer"[6] (1 Joh 5,3),
oder mit Paulus: „Was uns bestimmt (umfangen hält), das ist
die Liebe des Messias" (2 Kor 5,14). Wir kommen darauf in
anderem Zusammenhang noch ausführlich zurück.

Im übrigen erweisen sich die Herolde Jesu bei ihrer Verkündigung insofern als „Zeugen", als sie nicht wie Sachverständige
über etwas referieren, woran sie persönlich gar nicht beteiligt sind,
sondern vielmehr das bezeugen, was ihnen selbst durch
persönliche Erfahrung freudige und feste Gewißheit geworden ist.[7]
Allerdings ist der Inhalt ihrer Verkündigung nicht nur ihr subjek-
tives Erleben, sondern das objektive Zeugnis der Heiligen Schrift,
nämlich die Botschaft vom Messias, wie sie uns durch das Alte

und Neue Testament gegeben ist. Und doch ist es ein grundlegender Unterschied, ob die Prediger über Jesus aus Nazareth lediglich dogmatische Abhandlungen vortragen bzw. historisch berichten als solche, die Ihn nur vom Hörensagen kennen, von Ihm nur durch gelehrte Bücher wissen,[8] ohne Ihm jedoch persönlich begegnet zu sein, — o d e r ob sie Ihn bezeugen als den lebendigen HErrn, der sich ihnen selbst geoffenbart hat[9] und dessen Gegenwart sie täglich in ihrem eigenen Leben erfahren (vgl. Apg 1,8; 4,20; 22,15).[10] Damit aber hängt nun unmittelbar auch das nächste zusammen, was hier festzustellen ist:

b) Das Zeugnis des Wortes wird nur dann ernst genommen, wenn es begleitet ist vom Zeugnis d e s L e b e n s.

Wort und Wandel müssen übereinstimmen.[11] So werden die Zeugen des Auferstandenen das, was sie verkündigen, auch in der Kraft ihres Herrn ausleben.[12] Die göttliche Liebe, von der sie reden, brennt in ihren eigenen Herzen und ist darum an ihnen selbst zu s e h e n.[13] So wird ihre Botschaft gleichzeitig durch ihre Persönlichkeit verkörpert, d. h. sie sind selbst mit ihrem Wandel der lebendige Beweis für die Wahrheit ihrer Botschaft. Wir finden für sie in 2 Kor 8,23 c eine auffallende Bezeichnung, nämlich *doxa Christou,* was sehr verschieden übersetzt werden kann: „ein Abglanz des Messias", „ein Ruhm (eine Ehre) für den Messias", oder frei: Menschen, die dem Messias Ehre machen, die Ihn verherrlichen. Sie verkündigen eben mit Wort und Wandel die mächtigen Taten dessen, der sie berufen hat aus der Finsternis zu Seinem wunderbaren Licht (1 Petr 2,9). So verherrlichen sie durch ihr Leben ihren Herrn (1 Kor 6,20 b; Phil 1,20 b; 1 Pet 4,11 c), wie dieser selbst von Seinen ersten Jüngern bezeugen konnte: „Ich bin in ihnen verherrlicht worden" (Joh 17,10 b).

Durch ihren heiligen Wandel, ihre hingebende Liebe (1 Tim 4,12 b) sind sie für alle ein V o r b i l d (vgl. Phil 3,17; 1 Kor 4,16; 1 Tim 3,1—7; 2 Tim 3,10!). So konnte Paulus von sich sagen: „Ihr seid meine Zeugen, und Gott ist es auch, wie h e i l i g und gerecht und untadelig wir uns gegen euch verhalten haben" (1 Thess 2,10). Es kommt tatsächlich sehr darauf an, daß die Diener am Wort sich durch heiliges Leben ihres heiligen Auftrags würdig erweisen (Eph 4,1; Phil 1,27), ja würdig ihres himmlischen Herrn, der sie gerufen hat unter Seine königliche Herrschaft (1 Thess 2,12; Kol 1,10). Es sollte stets für sie der Grundsatz gelten: „Wir ertragen lieber alles, um ja der frohen Botschaft vom Messias kein Hindernis zu bereiten" (1 Kor 9,12 c; vgl. auch 2 Kor 6,3; Mt

17,27; 18,6; Röm 14,13).

Den Gegensatz dazu bilden diejenigen, von denen geschrieben steht: „Sie tragen wohl die Maske der Frömmigkeit, aber ihre Kraft verleugnen sie" (2 Tim 3,5). Sie sind „Quellen ohne Wasser", „reden hochklingende Worte, hinter denen nichts ist", „versprechen wohl Freiheit und sind dabei selbst Sklaven des Verderbens" (2 Petr 2, 17a.18a.19a). Sie strafen ihre eigene Predigt ständig Lügen durch ihr ungeheiligtes Wesen.[14] Sie wissen wohl gewandt zu reden über alle heiligen Dinge, aber man merkt ihnen an, daß die heilige Liebe, über die sie predigen, von ihnen noch nicht Besitz ergriffen hat.[15] Sie stecken noch ganz im alten Wesen des Fleisches, in den Ketten ihres Ich.[16] Diese sind es, die dem Evangelium am meisten schaden, denn durch den offenbaren Kontrast zwischen ihrem Reden und ihrem Tun wird notwendigerweise die Botschaft der Kirche unglaubwürdig; und so wird um ihretwillen der Name Gottes unter den Heiden verlästert (Röm 2,24; Tit 2,5).[17]

So werden wir durch unseren Wandel entweder unsere Verkündigung u n t e r streichen oder — wir streichen sie damit d u r c h.[18] Auch gilt hier das Wort des Herrn: „An ihren Früchten werdet ihr sie erkennen" (Mt 7,16—18).

Nach dem Neuen Testament gehört aber zu dem Zeugnis des Wortes und dem des Wandels noch ein weiteres:

c) Das Zeugnis der W u n d e r.

Ob wir es wahr haben wollen oder nicht, — wir kommen an der Tatsache nicht vorbei, daß es in der Dienstanweisung unseres HErrn an Seine Gesandten heißt: „Heilt die Kranken, ... reinigt die Aussätzigen, treibt die Dämonen aus!" (Mt 10,8.)

Dieser Auftrag kommt nicht von ungefähr, sondern ergibt sich daraus, daß die vollbrachte Erlösung den g a n z e n Menschen umfaßt, sich also auf Geist, Seele u n d Leib bezieht.[19] Deshalb wußte sich Jesus in Seinem messianischen Wirken, wie wir sahen, dazu beauftragt, die Menschen nicht nur unter die Herrschaft Gottes zu rufen, sondern sie gleichzeitig von ihren Krankheiten und Dämonen zu befreien.[20] Nachdem aber die Jünger dazu berufen waren, das Werk ihres Meisters fortzusetzen, war es nur folgerichtig, daß Er auch ihnen den doppelten Auftrag gab, das Wort zu verkündigen und gleichzeitig den satanischen Krankheitsmächten[21] entgegenzutreten. „Und Er sandte sie aus, damit sie (erstens) als Herolde die königliche Herrschaft Gottes ausriefen u n d (zweitens) heilten ... Sie aber zogen aus und

durchwanderten die Dörfer, indem sie (erstens) evangelisierten
u n d (zweitens) überall heilten" (Lk 9,2.6). Ebenso klar spricht
Jesus diesen doppelten Auftrag[22] in Lk 10,9 aus. Das ist ja gerade
das Kennzeichen der Gottesherrschaft, daß durch sie die Gewalt
des Satans gebrochen wird. Daher müssen die Mächte der Sünde,
der Krankheit und der Dämonen vor dem Messias und Seinen
Bevollmächtigten w e i c h e n (vgl. auch Mt 12,28!).[23] Deshalb
steht auch geschrieben: **„Er gab ihnen Vollmacht, die unreinen
Geister auszutreiben sowie jede Krankheit und jedes Gebrechen zu
heilen"** (Mt 10,1).

Es ist hier — notabene — nicht von dem besonderen Charisma
der Heilung die Rede, das nur einzelne haben (1 Kor 12,9 b. 28 e),
sondern davon, daß Jesus allen Seinen Sendboten den doppelten
Auftrag gegeben hat, den Menschen das Wort zu bringen und sie
nach dem Maß ihres Glaubens vom Banne ihrer Krankheiten und
Dämonen zu befreien. Gilt doch auch die Verheißung des Auferstandenen in Mk 16,17 f ganz allgemein: „Die Zeichen aber, die
den wirklich Vertrauenden folgen werden, sind diese: In Meinem
Namen werden sie Dämonen austreiben ... Kranken werden sie
die Hände auflegen, und sie werden sich wohlbefinden."[24] Ebensowenig ist in Jak 5 von Charismatikern die Rede, vielmehr heißt
es dort ganz schlicht: „Ist jemand unter euch krank, so rufe er
die Ältesten der Gemeinde, und sie sollen über ihm beten und
ihn salben im Namen des Herrn.[25] Und das Vertrauensgebet wird
den Kranken retten, und aufrichten wird ihn der HErr"
(V 14—16).

Wenn andere es fertig bringen, alle diese klaren Stellen
der Schrift — bewußt oder unbewußt — zu unterschlagen oder
gewaltsam umzudeuten, um sich der darin zum Ausdruck
kommenden Verpflichtung zu entziehen, — ich kann das
jedenfalls nicht. Ich würde einfach den mir vom HErrn gegebenen
Auftrag verletzen, wollte ich über diesen Punkt schweigen. Ich
sage allerdings nicht, — ja ich bin weit entfernt davon,
behaupten zu wollen, — daß diejenigen, in deren Wirksamkeit der
Sieg Jesu über die Krankheiten und Dämonen nicht in Erscheinung tritt, etwa keine echten Diener am Wort sein könnten.

Ebenso wäre es ein Unrecht, denjenigen Kranken, bei
denen die erbetene Heilung nicht eintritt, Mangel an Glauben
vorzuwerfen. Der HErr heilt nicht immer dann, wenn wir es
wünschen. Seine heilige Souveränität entscheidet in jedem
einzelnen Fall nach Seiner für uns unergründlichen Weisheit. So
hat Paulus den Trophimus krank in Milet zurücklassen müssen

(2 Tim 4,20), ebenso wäre an Timotheus und Epaphroditus zu denken (1 Tim 5,23; Phil 2,25—27), die auch nicht sofort durch ein Wunder geheilt wurden, und auch ihm selbst wurde die Not, von der er 2 Kor 12,7 ff spricht, nicht abgenommen. Das königlich freie Handeln des HErrn läßt sich nicht schematisch erfassen.

Gerade auch an diesem Punkt wird die innere Haltung der Botschafter des HErrn stets die der Demut und Ehrfurcht vor dem heiligen Willen Gottes sein müssen. Völliger Glaube und völlige Abhängigkeit vom Willen des Vaters schließen sich nicht gegenseitig aus, sondern bedingen einander! Welch ein Vorbild hat uns doch unser HErr Jesus auch in dieser Hinsicht hinterlassen! (Siehe Joh 4,34; 5,19—21 und andere Stellen!)

Es kann sich also keinesfalls darum handeln, hinsichtlich der Glaubensheilung irgendetwas selber machen oder erzwingen zu wollen. Das aber muß auf Grund der Schrift bezeugt werden, daß unser Herr von uns erwartet, daß wir Ihm viel mehr zutrauen[26] und Seine uns gegebenen Verheißungen ganz anders ernst nehmen als bisher, so daß wir freudig[27] mit Seinem ausgestreckten Arm rechnen und es wieder wagen, mit der Urgemeinde zu beten: „**Und jetzt, HErr... recke Deine Hand aus zu Heilungen, und laß Zeichen und Wunder geschehen durch den Namen Deines heiligen Knechtes J e s u s !**" (Apg 4,30.) Lange genug sind wir Christen dem HErrn mit unserer Herzenshärtigkeit und falschen Genügsamkeit im Wege gestanden und haben Seinem Erlösungshandeln immer wieder Grenzen gezogen durch unseren Kleinglauben[28] und Ungehorsam. **Ist nicht auch heute d u r c h u n s der Arm des HErrn g e l ä h m t — wie einst in Nazareth?!** (Mk 6,5 f.)

Anmerkungen zu III.

[1] Vgl. dazu, was Generalsuperintendent D. Günter J ä c o b in seinem Artikel über „Meditation und Predigt" („Die Zeichen der Zeit", Heft 2/1951, S. 43 f.) schreibt: „...Der Mangel an geistlicher Sammlung, an zuchtvollem Schweigen, an echter Stille zur Meditation und zum Gebet ist die tiefste Ursache für die Katastrophe unserer heutigen Predigtnot. So oft erwachsen unsere Predigten nicht mehr aus der weiträumigen geistlichen Stille jener betenden Meditation, die Luther trotz seiner großen Arbeitsbelastung täglich mehrere Stunden hindurch einfach geübt hat, indem er sich von allen dringlichen Aufgaben der Stunde und von allen praktischen Erfordernissen des Augenblicks losgerissen hat und in den Raum der

betenden Betrachtung der Heiligen Schrift heimgekehrt ist. Eben dann, wenn wir uns unter der Zwangsvorstellung, mit Arbeit an allen Ecken und Enden völlig überlastet zu sein, die Zeit zu Meditation und Gebet nicht mehr wirklich aussparen, haben wir auch keine Zeit mehr und verfallen der Dämonie (es sind hier tatsächlich D ä m o n e n am Werk!) der Betriebsamkeit vielleicht in der Gestalt jener pastoralen Betriebsamkeit, in der wir uns im Hinblick auf Arbeitseifer, Pflichttreue und verzehrenden Dienst noch vor uns selber rechtfertigen. Wir verfallen der Dämonie der Hetze als Menschen, deren Tageslauf nach dem Amtskalender bis in die letzten Winkel der späten Abendstunden rationell eingeteilt und ökonomisch ausgenutzt ist, nur daß dann die Zeit für Meditation und Gebet in einem eigentlich grotesken Mißverhältnis zu der Zeit steht, die bis zum Rande mit der vorbildlich treuen Bewältigung der auf uns einstürzenden oder vielleicht auch von uns selber herangeschleppten Aufgaben erfüllt ist... Wenn wir nicht mehr als im Raum des Schweigens in der Mitte unserer Existenz das Heilige Wort hörende und betend betrachtende Menschen leben, so werden wir zwangsläufig zu den f r o m m e n H a n d w e r k e r n entarten, die bei allem soliden Fleiß und bei aller braven Geschäftigkeit zuletzt doch aus der Predigt als dem aus Gebet und Anbetung erwachsenden Zeugnis die eilfertige Rede machen. So werden wir dann leicht die in ihrer Kürze gewichtigen Predigten durch die uferlosen Reden verdrängen." — Oder D a n n e n b a u m, a. a. O. S. 54 f.: „Da muß nun zunächst um der Aufrichtigkeit willen gesagt werden, daß unsere übliche kirchlich-pastorale Verkündigung w e d e r die Kraft hat, die Massen zu gewinnen, noch b e f ä h i g t ist, **die Frommen in ihrer Selbstgerechtigkeit zu erschüttern.** (Dieser Satz im Original gesperrt. Der Verf.)... Woher kommt es nur, daß unsere pastorale Verkündigung normalerweise so wenig Durchschlagskraft besitzt? Es lassen sich gewiß manche Gründe angeben, aber nicht zuletzt hängt es damit zusammen, daß wir Pastoren mit unseren Predigten zu viel vom Schreibtisch und aus der Studierstube und von den Büchern kommen..., als daß wir es unsere e i n z i g e Sorge sein ließen, täglich und gründlich und in aller Stille über unsere Bibel zu sinnen und in anhaltendem G e b e t Zwiesprache mit dem lebendigen Gott zu pflegen. — Wir sollten bisweilen weniger reden und stattdessen viel mehr schweigen lernen... Sonst wird unser Dienst Redegewerbe, ein Schießen mit Platzpatronen, die zwar viel Lärm machen, aber niemals verwunden, ein Brillantfeuerwerk, das zwar glanzvoll funkelt, aber ebenso schnell wieder verschwindet."

2 Über das wichtige Gebiet der Seelsorge wäre viel zu sagen, was aber in diesem Rahmen nicht möglich ist. Jedenfalls erweist sich ein *Pastor* gerade in der Seelsorge als das, was seine Dienstbezeichnung besagen will, nämlich als H i r t e. Wie leicht ist es doch, einen Prediger oder Pfarrer = Pfarrherrn zu spielen — im Vergleich zu der aufopfernden Hingabe, unermüdlichen Geduld und sich selbst verzehrenden Liebe, mit der ein echter *Pastor* sich um die einzelnen Seelen und verirrten Schafe der ihm anvertrauten Herde nach dem Vorbild und in den Fußstapfen des Einen guten Hirten annehmen wird! (Joh 10,11—16; 1 Petr 2,25; Apg 20, 28.) — Wer muß nicht dem Generalsuperintendenten D. B ü c h s e l recht geben, wenn er darüber klagt, daß bei uns seit langem schon der Prediger bzw. Pfarrer den Pastor verdrängt hat, und wenn er in diesem Zusammenhang feststellt: „Die Aufgaben und Pflichten des ganzen Amtes werden viel mehr mit dem Namen P a s t o r als mit dem Namen Prediger (oder Pfarrer) bezeichnet, denn der Prediger ist immer nur ein Teil des Amtes. Viele bleiben ihr Leben lang Prediger und werden nie Pastoren."

[3] Wenn Luther hier, soweit ich sehe, auch nicht immer konsequent gewesen ist, so hat er doch grundsätzlich diese doppelte Auswirkung der Erlösung — Befreiung von der Schuld u n d von der Macht der Sünde — klar erkannt und bezeugt. Vgl. dazu P. A l t h a u s , Die lutherische Rechtfertigungslehre und ihre heutigen Kritiker (Berlin 1951), S. 17: „Verfolgt man die Theologie des Reformators von den Anfängen bis zu ihren letzten Ausgestaltungen, so zeigt sich: Luthers Heilsfrage ist niemals nur die nach der Vergebung für sich allein gewesen, sondern immer die zwiefach-eine nach der Freiheit von der Schuld u n d von der Macht der Sünde. Demgemäß hat Luther in seiner Theologie von den ersten bis zu den letzten Zeugnissen Jesus Christus in einem als Befreier von der Schuld und von der Macht der Sünde gepriesen... Das ‚sola fide' Christi ist die Lösung sowohl der Schuldfrage wie der Machtfrage der Sünde: »durch den nämlichen Glauben an Christus wird die Sünde sowohl verziehen als auch überwunden« (*eadem fide Christi peccatum et ignoscitur et vincitur,* WA 39, I, 83). So eng faßt Luther die Vergebung und die Erneuerung, also den Sieg über das Böse zusammen." — Auch Friedrich B r u n s t ä d betont in seinem Werk über die Bekenntnisschriften: „Die Rechtfertigung ist Gerechtmachung durch Gerechterklärung, sie ist W i e d e r - g e b u r t ; sie ist nicht nur Sündenvergebung, sondern ... *regeneratio.*— Die Heiligung wird durch die Rechtfertigung gegeben und folgt aus ihr... Die Heiligung ist also die Auswirkung der Rechtfertigung, nicht unsere Reaktion darauf."

[4] Einen wichtigen Beitrag zur Frage nach der Unentrinnbarkeit der Sünde im Christenleben liefert Prof. P. A l t h a u s in seinem Buch: Paulus und Luther über den Menschen — ein Vergleich (Gütersloh 1938, 2. Aufl. 1951). Vorbildlich ist die exegetische Gewissenhaftigkeit und Objektivität, mit der A. die Unterschiede zwischen der paulinischen und der lutherischen Anthropologie und Hamartiologie herausstellt. Während doch früher die Exegeten vielfach den biblischen Text mißbrauchten, indem sie ihre eigene Theologie in ihn hineinlegten und ihn dadurch oft genug gefangen setzten — auch K. Barth spricht von dieser Gefahr (a. a. O. S. 108) —, wirkt es geradezu b e f r e i e n d , mit welcher Unvoreingenommenheit ein so bewußter Lutheraner wie Althaus auf das Zeugnis des Paulus hört und mit welcher kompromißlosen Prägnanz er den erkannten exegetischen Tatbestand selbst da feststellt, wo dieser klar seiner eigenen lutherischen Theologie widerspricht. Folgen kann ich dem Verfasser nur im letzten Abschnitt seines Buches nicht, wo er als Dogmatiker auf Grund des vorhandenen Unterschiedes zwischen Paulus und Luther in der Lehre vom Christenmenschen die Entscheidungsfrage stellt: Paulus oder Luther? Da bezeichnet A. Luthers Umdeutung von Röm 7 auf den Christen zwar als „exegetisch unmöglich", sagt aber doch: „obwohl sie Paulus Gewalt antut, hat sie theologisches Recht" (S. 86.). So meint A., bei der Frage nach der Sünde im Christenleben erst bei Luther den vollen Ausdruck der Wahrheit zu finden und sich deshalb in diesem Punkt gegen Paulus entscheiden zu müssen; und zwar gelangt er zu diesem Ergebnis auf Grund des „Maßstabes der Erfahrung" (S. 87). Aber gerade dieser Maßstab erscheint mir für die Beurteilung theologischer Fragen bedenklich, wenn anders der unaufgebbare reformatorische Grundsatz *„sola scriptura"* in der lutherischen Kirche noch Geltung behalten soll. — Ich möchte aber nochmals darauf hinweisen, daß ohne Zweifel **die von Althaus dargebotenen exegetischen Ergebnisse für unsere gesamte Verkündigung von so entscheidender Bedeutung sind, daß kein ehrlich forschender Theologe daran wird vorübergehen können.** Denn sollte es nicht auch uns ein Anliegen sein, daß wir nach Althaus' Vorbild der Hl. Schrift „ein unbe-

fangenes Ohr zuwenden und sie nicht sofort mit der vorhandenen Tradition ver-
mengen, sondern unsere eigenen Gedanken mit entschlossenem Gehorsam auf die
Seite stellen, um ihre Aussage zu vernehmen"? (A. Schlatter.) Wird doch unser
Bibelstudium **nur dann eine Verheißung haben,** wenn wir v o r u r t e i l s f r e i
an die Schrift herantreten, d. h. aber in der Erwartung, N e u e s aus ihr zu
lernen, und **in der Bereitschaft, unsere überlieferten eigenen Anschauungen durch
sie korrigieren zu lassen.** Denn wie ein B a n n wirkt sich die bei uns eingebürgerte
Gewohnheit aus, das Wort von vornherein immer nur „**durch die Brille Luthers**"
(Strathmann) zu betrachten.

⁵ Vgl. dazu S c h n i e w i n d , a. a. O., S. 53: „Mit Jesus sind die Kräfte des
kommenden Aeon schon Gegenwart geworden; **nun kann das Gesetz w i r k l i c h
erfüllt werden.**" — Anders äußert sich L u t h e r dazu: „Im Streit darüber, ob wir
Gottes Gebote wahrhaft zu erfüllen vermögen, oder ob Gott für uns Unmögliches
geboten habe, stellt Luther den Satz auf: Alle Gebote Gottes werden erfüllt nicht
dadurch, daß wir sie vollkommen tun, sondern indem Gottes Gnade reichlich vergibt." (K ö s t l i n , a. a. O., S. 346.) Zu einer solchen Lösung gibt uns das Neue
Testament keinen Anhaltspunkt. „Nach Paulus kann der Christ in dem Kampf mit
dem Fleische ständig siegen; er muß nicht mehr sündigen. Nach Luther sündigt
auch der Christ täglich und bedarf täglich der Vergebung. Hierzu, zu dem Worte
von der täglichen Sünde und der täglichen Vergebung, findet sich bei Paulus keine
Entsprechung. — Besonders deutlich wird die Abweichung in dem Verständnis der
,V o l l k o m m e n h e i t ' des Christen. Paulus erbittet für seine Gemeinde einen
Fortgang ihrer Heiligung durch Gott, der sie »untadelig« und »unanstößig«...
für den Tag der Ankunft Jesu Christi machen soll (1 Thess 3,13; 5,23; 1 Kor 1,8;
Phil 1,10). Das ist sittliche Vollkommenheit. Paulus wünscht und erbittet sie in der
Gewißheit, daß sie unter der Wirkung der Gnade erreicht werden kann. Er spricht
nicht von einem unerreichbaren Ideal, sondern von einem Ziel, zu dem Gottes
Gnade die Christen im Ernste für den Tag Jesu führen will... Bei Paulus hat der
Christ in der Vollkommenheit die Sünde ganz hinter sich gelassen; bei Luther steht
er inmitten der bis zum Tode unentrinnbaren Sünde doch jenseits ihrer in buß-
fertigem, nach dem Tode verlangendem Glauben. Bei Paulus schafft die er-
neuernde Macht Christi die Untadeligkeit des Christen in diesem seinem irdischen
Leben diesseits des Todes, diesseits der Wiederkunft Christi, f ü r den Tag des
Gerichts. Bei Luther ist das Mittel Gottes, den Christen von der Sünde ganz los zu
machen, gerade erst der Tod; die Vollkommenheit als sittliche liegt jenseits des
Todes." (A l t h a u s , Paulus und Luther..., S. 69 f.) — Wenn wir angesichts dieses
eindeutigen Tatbestandes, klargelegt durch einen der ersten Lutherkenner der
Gegenwart, weiter so tun wollen, als ob Luther selbstverständlich mit Paulus über-
einstimmen würde, dann trifft uns mit Recht der Vorwurf theologischer Ober-
flächlichkeit oder aber bewußter Verleugnung der Wahrheit. Damit soll Martin
Luthers Bedeutung gewiß nicht geschmälert werden.

⁶ „Der n e u e Bund, den Christus begründet, hat zur Grundlage die Nähe
Gottes, die unmittelbare Gemeinschaft zwischen Gott und Mensch und die daraus
stammende überquellende Freiwilligkeit und Leichtigkeit im Tun des göttlichen
Willens. **Im neuen Bund kommt es zur neuen S c h ö p f u n g , so daß des
Menschen innerste Art dem Gesetz Gottes entspricht** (Jer 31,33). Es bedarf daher
keines Zwanges mehr. Wo man aus übervollem Herzen dient und liebt, wo man
selig ist in seinem Tun, da ist NT. Wo man sich das Gute mühsam abringen muß,
da ist AT." (R. L u t h e r , Stichwort „Neues Testament".) — So ist unser heutiges

Christentum in Kirchen und Gemeinschaften weithin a l t testamentlich! Aber
wenn sich uns nach der Schrift die Sünde (auch der Christen!) in anderer Gefähr-
lichkeit und Folgenschwere, dazu Gottes Anspruch auf den Menschen in anderer
Tiefenwirkung, vor allem aber die uns schon für dieses Leben zugedachte Erlösung
weit umfassender darstellt, als es dem Reformator in seiner Situation zu sehen gegeben war, dann muß es um der Wahrheit willen bezeugt werden, **weil nun einmal
nach dem Bekenntnis unserer Kirche die Heilige Schrift die a l l e i n i g e Richt-
schnur** — *„iudex, norma et regula"!* (**F. C.**) **— für alle kirchliche Lehre sein soll.**
Auch W. d e B o o r spricht es aus: „Es sind heute Dinge in der Schrift gesehen und
gehört, die Luther und Calvin so noch nicht sehen und hören konnten, **die aber
heute nicht mehr übersehen und überhört werden dürfen.**" (Grundlinien der Volksmission heute. Berlin 1948. S. 8.) — Ich nehme deshalb auch für mich in Anspruch,
mich als besserer Lutheraner und treuerer Schüler der Reformation zu erweisen im
Vergleich zu denjenigen, die in ganz unevangelischer Weise immer wieder Luther
gegen die ihnen unerwünschte Wahrheit der Schrift ausspielen und ihn dadurch
zum protestantischen Papst erheben. Luther hat zeitlebens darum gekämpft, die
Mauern der Tradition, womit die römische Kirche sich gegen die Offenbarung des
lebendigen Wortes abkapselte, einzureißen; wir aber haben sie wieder aufgerichtet
— und das Material dazu mußten Luthers eigene Werke liefern! „Sollte Luther . . .
die Mauern, mit denen sich die ‚Romanisten' umgeben, umsonst gestürmt haben?
Das Zeugnis der Hl. Schrift ist in sich klar genug, um sich gegen vorkommende
Mißdeutung selbst immer wieder durchzusetzen bei allen, die ‚mit gläubigem Verstand' auf sie hören. Wohin wären die Reformatoren geraten, wenn sie sich auf
irgend etwas anderes gestützt hätten, als auf den in sich deutlichen Wortlaut der
Hl. Schrift? Kirchliche Stellen, welche die richtige Auslegung maßgeblich fest-
setzen, mag es anderwärts geben, auf dem Boden der evang. Kirche sind sie unmöglich. Dieses Verfahren, biblische Kritik unschädlich zu machen, der Bibel die
Zähne auszubrechen, ist zu durchsichtig, um anwendbar zu sein." (H. S t r a t h -
m a n n, Die Selbstüberschätzung der Kirche. Bielefeld 1947, S. 15) — Vgl. auch
Bischof D. S t ä h l i n : **„Wer . . . die Unbußfertigkeit des geschichtlich gewordenen
Protestantismus als das e n t l a r v t , was sie ist, nämlich als die S e l b s t -
h e r r l i c h k e i t   d e r   m e n s c h l i c h e n   T r a d i t i o n , der kämpft mit der
Reformation gegen eine gefährliche und kirchenzerstörende Krankheit.**" (Was sind
katholizierende Tendenzen? Gesetz- und Verordnungsblatt für die Evang.-Luth.
Kirche in Oldenburg, Nr. 4, 1946.) — So schreibt auch Harmannus O b e n d i e k :
„Hat die Formel — und diese Worte drohen zur Formel zu werden! — ‚Schrift und
Bekenntnis' uns nicht weithin verleitet, das Bekenntnis der Kirche entgegen seinem
eigenen Selbstverständnis ernster als die Schrift zu nehmen oder doch der Schrift
gleich zu ordnen?" (D. Paul Humburg / Der Zeuge — Die Botschaft. Wuppertal
1947. S. 83) — Sehr bedeutsam ist auch, was Hans A s m u s s e n in seinem Buch
„Warum noch lutherische Kirche?" (Stuttgart 1949) zu diesem Punkt sagt: „Es darf
also nicht bei der theoretischen Versicherung bleiben, daß die CA der Schrift unter-
steht. Es muß in jeder Generation eine ernste und nachhaltige P r ü f u n g des Bekenntnisses vorgenommen werden, die mit ganzer Offenheit zu geschehen hat . . ."
(S. 8) — „Ist es doch die heilige Verpflichtung, die uns von unserem Bekenntnis auferlegt wird, unser Bekenntnis am Worte Gottes zu prüfen." (S. 169) — „Deshalb
bedarf die Kirche der theologischen Arbeit, die v o n   i n n e n   h e r die Druckfestig-
keit der kirchlichen Bekenntnisse prüft und sie dementsprechend an der Schrift
mißt. Sonst ist das Bekenntnis keine Unterstreichung, sondern eine E i n -
s c h n ü r u n g der biblischen Botschaft." (S. 16) — „Denn nur der kann die
Augustana als letztes Wort mißverstehen, der sie vergötzt." (S. 22) Die Bekenner

von Augsburg „hatten nicht vor, eine biblische Theologie zu entwickeln und darzulegen. Dies ist ihnen später mit Unrecht unterlegt worden. Darum kann es aber noch bis in unsere Tage vorkommen, daß zu vollem Unrecht biblische Tatbestände im Namen der CA einfach u n t e r s c h l a g e n werden..." (S. 28)

⁷ „Der christliche Zeuge bezeugt demnach die Taten Gottes, die er selbst e r - l e b t hat, für die er also selbst einstehen kann. Das hat der Pietismus ganz richtig gesehen..." (A s m u s s e n , Die Lehre vom Gottesdienst, München 1937. S. 60) — „Die orthodoxe Verkündigung wiederholt die hohen Aussagen des Neuen Testaments und der späteren Lehrbildung über Jesus, ohne daß das göttliche Heilshandeln in der Geschichte Jesu sich den Gewissen als Wahrheit bezeugt. Vielmehr erscheinen die unvergleichlichen Wertungen, die an dies Stück irdischen Geschehens herangebracht werden, den Hörern vielfach als leere Formeln... Dem entsprechen völlig korrekte Urteile über die vorgeschriebenen Wirkungen einer rechten Verkündigung, nur daß die orthodoxe Verkündigung selber nicht als ein berufendes Heilshandeln Gottes an den Einzelnen erfahren wird. Desgleichen werden die Glaubensurteile, die sich auf das Lehrstück von der Kirche beziehen, unbedenklich aus dem Urchristentum und den Bekenntnisschriften übernommen. Nur bleibt die Einheit des Leibes Christi eine lehrhafte Behauptung statt einer lebensvollen Wirklichkeit; an ihre Stelle tritt der in Predigtbetrieb und Sakramentsverwaltung tadellos funktionierende Apparat der Institution, die man mit Betonung Kirche nennt..." (Otto S c h m i t z , Die Vorbildlichkeit der urchristlichen Gemeinden, S. 20 f.)

⁸ Es ist ein Unterschied, ob ich nur korrekte theologische Erkenntnis ü b e r Jesus habe, oder ob ich Ihn persönlich kenne. „Wo im NT. davon die Rede ist, daß Menschen Gott erkennen, wird dabei zunächst nicht gedacht an sachlich gedankliche Erkenntnis, sondern an ein persönliches Kennenlernen... Gemeint ist hier eben nicht ein Kennen vom Hörensagen, sondern ein Erkennen i n f o l g e e i n e r B e g e g n u n g ... — Das ist der Schlüssel der Erkenntnis, von dem Jesus sagt, die Theologen hätten ihn dem Volk weggenommen (Lk 11,52). Sie hatten es so hingestellt, als wären s i e diejenigen, durch deren Forschung das Licht der Gotteserkenntnis entsteht... Die Theologen selbst aber mit ihrer Forschungsarbeit fanden auch keinen Eingang in die Tür, die sie den anderen verschlossen hatten. Ihnen war die Offenbarung ein G e g e n s t a n d der Forschung. In Wirklichkeit ist sie die V o r a u s s e t z u n g aller Forschung. Wenn der Allmächtige persönlich nahe ist, wenn Seine Gegenwart sich mächtig dartut, dann ist es so leicht, Ihn zu erkennen, daß es dem schlichtesten Manne keine Schwierigkeiten bereitet. Wenn der Vater im Himmel Seine Gegenwart entzieht, wenn Er die Wahrheit verbirgt (Mt 11,25), zerarbeiten sich die Gelehrten in der Menge ihrer Methoden, in der Unzahl ihrer Bücher und kommen doch über eine unfruchtbare Problematik nicht hinaus..." (R. L u t h e r , Stichwort „Erkennen") — **„Ohne daß der Allmächtige aus seiner Verborgenheit heraustritt, kann niemand ihn erkennen.** Das ist eine der Grundwahrheiten des NT. Sie wird mit solchem Nachdruck hervorgehoben, daß man im Sinne des NT. sagen muß: die ‚Offenbarung Gottes' öffnet noch nicht die Augen, sondern nur das »Sich-Offenbaren« Gottes. Das gilt nämlich da, wo man unter Offenbarung nur das versteht, was Gott in früheren Zeiten offenbart h a t . Daß es aber Denkmäler oder Dokumente früherer Offenbarungen gibt, ist noch gar keine Gewähr dafür, daß Gott heute offenbar i s t . Wenn Gott spricht, ... kann man es nicht in Lehrsätze, Glaubensbekenntnisse oder Systeme fassen. Oder wenn man das tut, kann es einem leicht so gehen, daß man die ihres Sinnes entleerten

bloßen Hülsen der Gotteswahrheit in Händen behält. Nicht dadurch schon wird Gott erkannt, daß man ein Buch aufschlagen kann und sagen: so s p r a c h Gott. Immer nur da ist wahre Erkenntnis aufgeleuchtet, wo wieder gesagt werden konnte: so s p r i c h t der Herr. Dann erst werden die sonst toten S c h r i f t worte zu lebendigen G o t t e s worten. Die Schriftkundigen und frommen Zeitgenossen Jesu haben wohl das Bibelwort, haben die Propheten und die ganze ‚Offenbarung‘. Und doch sagt Jesus von ihnen ausdrücklich, daß die Wahrheit ihnen nicht offenbart ist. Im Gegenteil: Gott hat sie (absichtlich) vor ihnen v e r b o r g e n (Mt 11,25). Niemand kennt den Vater als nur der Sohn und wem es der Sohn o f f e n b a r e n will (Präsens! Mt 11,27). **Alles früher Geoffenbarte bleibt verhüllt, wenn Christus es nicht heute enthüllt.** Die größten Forscher, die berühmtesten Theologen tappen im Dunkeln, wenn der Geist es ihnen nicht offenbart (1 Kor 2,7-10). Die eigentlichen Theologen werden von Christus g e s a n d t (Mt 23,34). Sie sind nicht bloß Schriftgelehrte, sondern auch Geistgelehrte." (Ders., Art. „Offenbaren". Hervorhebung im Original.) — „Auch das Bibelwort a l s s o l c h e s vermag keine Gotteserkenntnis zu wirken; es entfaltet seine Leuchtkraft erst, wenn es vom Geist beseelt ist. Paulus sagt: **das Studium des bloßen geschriebenen Bibelwortes tötet** (2 Kor 3,6). Menschen, die nur die Bibel haben, aber keinen Geist, verlieren immer mehr deren ursprüngliche Lebenskräfte und den ursprünglichen Sinn dafür, was göttlich ist. **Aber der Geist macht lebendig.** Wo durch den Geist unmittelbare Berührung mit dem Schöpfer gegeben ist, da bekommt das Bibelwort Sinn und Kraft und wirkt n u n belebend. **Die Atmosphäre des Neuen Bundes ist der Geist Gottes.** Wo Gott dem Menschen begegnet, daß er Ihn unmittelbar kennenlernen kann, da ist NT. Wo man b l o ß Lehrvorträge hört und die Bibel studiert, da ist AT." (Ders., Art. „Neues Testament". Hervorhebungen im Original.)

[9] „Die Botschaft des Evangeliums k a n n letztlich gar nicht wahrhaft ausgerichtet werden ohne das persönliche Beteiligtsein, ohne daß der Schlag des eigenen Herzens und die ganze Kraft des persönlichen Lebens darin zu spüren ist." (Erich S c h i c k , Heiliger Dienst, Ein Buch von evangelischer Wortverkündigung und Seelsorge. Berlin 1935. S. 25) — „So sei die Predigt weder Wiederholung eines dogmatischen Kompendiums noch Aufguß neuester Entdeckungen, sondern ein schlichtes Z e u g n i s von dem, der uns zuerst geliebt hat; dies ständige Bekenntnis und Geheiß: *Gaudeo, gaudete!*" (H. B e z z e l, a.a.O. S. 41)

[10] Gen.-Superintendent D. B ü c h s e l : „Die Rechtgläubigkeit läßt sich lernen, wie jedes andere System, aber die lebendige, fruchtbringende Predigt ist nur bei denen zu finden, die in der Zucht des Heiligen Geistes stehen und die heilsame Gnade an ihrem eigenen Herzen als eine Kraft Gottes e r f a h r e n haben. Wenn auch die Worte dieselben zu sein scheinen, so hört die Gemeinde doch leicht durch, ob die Zunge vom Kopf oder vom Herzen regiert wird. Gewöhnlich sind solche Zungenchristen sehr mit sich selbst zufrieden, meinen, vollständig getan zu haben, was ihnen befohlen ist..." (a.a.O., S. 174) — „Weil sie selbst das Land der Verheißung nur aus Reisebeschreibungen kennen, aber selbst nicht ihre Heimat darin gefunden haben, so reden sie wie ein Blinder von den Farben... Weil ihr eigenes Herz noch ganz ungebrochen ist, darum ist ihre Predigt k a l t ..." (S. 175) — „Das fühlen und merken die Leute sehr bald, ob der Pastor ein in der Liebe brennendes Herz hat, oder ob er bloß in legaler Weise sein Amt verwaltet." (S. 211) — Vgl. dazu auch S c h n e p e l (bei Dannenbaum, Christus lebt, S. 334): „Auch im Pfarrerstand sind die immer s e l t e n , denen Christus auf ihrem Lebensweg wirk-

lich begegnete und die in schlichter, aber tatsächlicher Weise Ihn in ihr Leben aufnahmen und sich Ihm zu eigen gaben. Und doch hungern ungezählte Pfarrer unbewußt danach, obwohl sie es selbst nicht wissen. Sie entbehren etwas in ihrem Amt, in ihrem Dienst, in ihrem Zusammenleben mit den anderen Pfarrern, in ihrer Gemeinde, in ihrer Kirche. Viele tragen schwer an allen diesen Größen als an einer schweren Last. Sie ahnen nicht, wo das Geheimnis liegt, durch das alles verändert werden könnte. Wüßten sie um dies Geheimnis, so wären sie schon mitten in ihm darin. Es weiß keiner um Jesus, bevor er bei Ihm ist. Er kennt Ihn wohl vom Hörensagen, er weiß von Ihm aus der Theologie; er kennt Ihn aus der Bibel, er weiß viel von Ihm zu sagen und über Ihn zu predigen. Aber Ihn selbst kennt er erst von da an, wo Jesus selbst sich ihm zu erkennen gegeben hat und in seinen Lebensweg getreten ist..." — Auch Generalsuperintendent D. B l a u betont es mit Nachdruck: „Die Kirche erziehe ihre Prediger so, daß sie wirklich l e b e n d i g e Z e u g e n der Wahrheit werden. Sie lehre sie, daß alle theologische Bildung w e r t l o s ist, wenn nicht hinter ihr die christliche Persönlichkeit des J ü n g e r s steht, der von der Rettung durch Jesus Christus zeugen kann als ein selbst Geretteter." (*Ecclesiola in ecclesia*, Leitsätze zur Verständigung, in: *Credo ecclesiam*, Gütersloh 1930. Satz 42.)

[11] Vgl. auch, was D. Paul H u m b u r g zu Apg 20,17ff schreibt: „Es ist bezeichnend für ihn (Paulus) und ein wichtiger Wink für uns alle, daß er zunächst von sich selbst und seinem Wandel unter den Gemeinde spricht. Der Apostel weiß, wieviel darauf ankommt, daß der Bote des Evangeliums unsträflich wandelt nach Gottes Wort. Das muß auch uns zunächst mit ganzem Ernst erfassen. A u f d e n M a n n k o m m t v i e l a n , d e r d i e B o t s c h a f t b r i n g t. — Im Dienst an der Gemeinde ist das Vorbild des Zeugen Jesu Christi von großer Bedeutung. Das, was du tust, spricht so laut, daß ich gar nicht hören kann, was du sagst. Dies Wort mag wohl manchmal in den Herzen aufklingen, wenn sie bei uns, die wir die herrliche Botschaft verkündigen, oft so jämmerliche Menschlichkeit und so böse Fehler beobachten. So wollen wir nicht zuerst auf die theologische Ausrüstung den Hauptton legen. Wichtiger ist, daß wir Menschen Gottes sind, und daß Christus eine Gestalt in uns gewinne (Gal 4,19). — So überraschend wie die Tatsache, daß Paulus zunächst auf den Wandel hinweist, ist uns vielleicht auch die zweite Beobachtung, daß er als das erste, worauf er Gewicht legt, die D e m u t nennt: »Ich habe dem Herrn gedient mit aller Demut« (V. 19). Auch hier müssen wir sagen, daß der Apostel den Finger auf das Wichtigste legt, was gesagt werden kann..." (Jesus und Seine Jünger. Neukirchen 1937. S. 98. Sperrungen im Original.) — Ernst und anschaulich warnt S p u r g e o n vor der Gefahr des Hochmuts, wenn er sagt: „Der Hochmut ist eine Todsünde, die wächst, auch ohne daß man den städtischen Wasserwagen entlehnt, um sie zu begießen. Vergiß Worte, die deine Eitelkeit nähren, und wenn du dich doch über dem Kauen des schädlichen Bissens ertappst, so bekenne die Sünde mit tiefer Zerknirschung. Ich weiß etwas von den geheimen Züchtigungen, die unser guter Vater seinen Dienern erteilt, wenn er merkt, daß sie ungebührlich gelobt werden; darum möchte ich euch aufs ernstlichste warnen, auch auf das Lob eurer besten Freunde nicht zu hören, denn es tut dem Fleische zu wohl. Hütet euch vor solch unverständigen Freunden!" (Ratschläge..., S 241 f.) — Über die Demut aber sagt A. M u r r a y im Anschluß an Phil 2.3-8: „Wir müssen Jesus in Seiner Selbstentäußerung und Selbsterniedrigung ähnlich werden... Erwartet Paulus, ja erwartet G o t t dieses in der Tat von uns? Warum nicht? Ja vielmehr, wie könnte etwas anderes von uns erwartet werden? Paulus kennt die furchtbare Macht des Stolzes in unserer Natur. Aber er weiß auch, daß Jesus uns nicht

bloß vom Fluch, sondern auch von der Macht der Sünde erlöst hat, und daß Er uns Sein Auferstehungsleben mitteilt, damit wir auf Erden wandeln können nach Seinem Bilde. Er sagt uns, daß Jesus nicht nur unser Bürge, sondern auch unser Vorbild ist, so daß wir nicht nur d u r c h Ihn, sondern auch g l e i c h Ihm leben können; ferner sagt er uns, daß Jesus nicht allein unser Vorbild, sondern auch unser Haupt ist, der in uns das Leben fortsetzt, das Er einst auf Erden führte. Da wir einen solchen Heiland haben, kann es denn anders sein, als daß der Nachfolger Jesu gesinnt sei, wie Jesus war, daß er hauptsächlich in der Demut Ihm ähnlich sein muß? — Das Beispiel Jesu lehrt uns, daß nicht Sünde uns demütigen muß. Viele Christen haben zwar diese Ansicht; sie meinen, tägliches Sündigen sei notwendig, um uns demütig zu erhalten. Dem ist aber nicht so. Wohl gibt es eine Demut, die, als Anfang eines neuen Lebens, sehr wertvoll ist, und die in der Erkenntnis der Sünden und Mängel besteht. Aber es gibt noch eine himmlischere, Jesus ähnliche Demut, die, wenn wir durch Gnade vor dem Sündigen bewahrt werden, uns in der Selbsterniedrigung erhält, daß wir nur staunen können, daß Gott uns segnet, und uns freuen, gar nichts zu sein vor Ihm, dem wir alles verdanken. G n a d e brauchen wir, n i c h t Sünde, um demütig zu werden und zu bleiben. Die mit Früchten am schwersten behangenen Zweige beugen sich am tiefsten..." (Nach Jesu Bild — Betrachtungen über das selige Leben der Umgestaltung in das Ebenbild des Sohnes Gottes, Achte deutsche Auflage, Marburg 1975, S. 153—155)

[12] „Wir wirken nicht so sehr durch das, was wir predigen, als durch das, was wir s i n d." (Dannenbaum-Schnepel, a. a. O., S. 28)

[13] Sie r e d e n nicht nur vom Licht, sondern strahlen auch selbst Licht aus; sie s i n d ein „Licht in dem HErrn". (Eph 5,8; Mt 5,14) Vgl. auch R. L u t h e r: „Licht heißt der vom Schöpfer ausgehende Glanz, der es ermöglicht, sich auszukennen, zu unterscheiden, sich zurechtzufinden ... Durch das L e b e n Jesu wurde Seine Lehre erst richtig ins Licht gestellt und wurde sie zur Leuchte ... Wie es war, so i s t es. Die L e h r e Christi hat n u r d a n n Leuchtkraft, wenn Er s e l b s t nahe ist, wenn Sein Leben ins Menschenleben hineinragt, wenn es von Seiner Person auf Seine Diener überspringt, s o d a ß S e i n e A r t i n i h n e n l e i b t u n d l e b t. Dann leuchten Seine Worte wieder mächtig auf, dann fährt die Predigt wie ein Donnerschlag unter die Leute. Fehlt die persönliche Nähe Christi, so mag man Hunderttausende von Bibeln verbreiten und millionenmal predigen, man mag noch so lauter und rein lehren, die Welt bleibt deswegen doch so heillos finster wie zuvor...» I c h bin das Licht« (Joh 8,12). Die P e r s o n ist der Lichtträger. **Damit ist gesagt, daß man das göttliche Licht nicht auf Vorrat haben kann. Man kann es nicht auf Lehrsätze ziehen.** Man kann es nicht in kirchliche Einrichtungen, Anstalten, gottesdienstliche Ordnungen einfangen. **Es weicht rettungslos aus alledem, wenn einmal die Berührung mit Christus aufhört...** " (Stichwort „Licht".)

[14] „Weh' uns, wenn wir durch unsere Sünde dem Worte Gottes wehren, sich einen leuchtenden und zündenden Brennpunkt in unserer eigenen Seele zu schaffen! Was wir an unserer Seele versäumen, schadet den Tausenden, die durch uns lebendig gemacht werden sollen." (Generalsuperintendent D. B r a u n , Die Bekehrung der Pastoren und deren Bedeutung für die Amtswirksamkeit. Leipzig 1910. S. 34.)

[15] Stanley J o n e s berichtet: „Ein Freund von mir predigte in einem Bazar in

Nordindien, als ein Hindu zu ihm trat und sagte: ‚Ich möchte Sie gern etwas fragen, aber nicht aus Kritiklust, sondern weil ich mich gern belehren lassen·möchte. Ich habe das Neue Testament gelesen und habe einen besonders starken Eindruck von der Apostelgeschichte erhalten. Diese Männer scheinen eine wundervolle Kraft und einen wirklichen Reichtum geistlichen Lebens gehabt zu haben. Nun, haben Sie gefunden, was jene hatten?' Mein Freund war sprachlos. Obwohl er auf einer Universität promoviert hatte und ein Missionar war, wußte er doch in der tiefsten Tiefe seines Ichs, daß er n i c h t besaß, was die ersten Jünger gefunden zu haben schienen. Er ging heim, fiel auf seine Knie, ergab sich völlig Christus und — fand! Sein Leben wurde eins von den reichsten und schönsten, das ich jemals habe sehen dürfen... — Indien liest die Bibel und möchte wissen, ob unser Christentum ihr entsprechend ist oder nicht." (Der Christus der indischen Landstraße — Jesu Nachfolge in Indien. Zwölfte Auflage. Berlin. S. 128) — Vgl. dazu auch W. de B o o r : „Woher kommt dieser groteske Abstand bei uns Pastoren: mit und ohne Talar, auf und unter der Kanzel? ... Wie steht es für u n s mit der Wirklichkeit der Dinge, von denen wir reden? Sind sie für uns die unser Leben beherrschende Wirklichkeit? ... Weht nicht auch um 'uns selber die Luft der Unwirklichkeit? Die Menschen stehen uns instinktiv in der Haltung gegenüber: Der gute Mann meint es nicht so ernst. Unsere ganze Lebenshaltung dokumentiert diese Unwirklichkeit, besonders, wenn man uns zusammen sieht. Stellt euch vor: Ein ernsthaft nach Gott fragender Mensch gerät in einen Pfarrkonvent! Kommt es bei uns noch vor, was Paulus 1 Kor 14,24.25 ganz selbstverständlich annimmt, daß den Ungläubigen ein geistliches Gewitter umzuckt, so daß er ausrufen muß:»Der heilige, lebendige Gott ist in eurer Mitte!«?" (Aus einem Aufsatz: Die Unwirklichkeit in der Kirche und ihre Überwindung, 1959.)

¹⁶ Gen.-Sup. D. B r a u n : „Das einzige, was die Welt außer Fassung bringt, ist der Eindruck, daß wir **von uns selbst erlöst** sind. Diesen Eindruck müssen wir machen, oder wir sind g e s c h l a g e n e Leute, ehe wir überhaupt den Krieg beginnen." (a.a.O., S. 3l) — Vgl. dazu das ernste Wort des vorm. Bischofs von Mecklenburg, Prof. D. Heinrich R e n d t o r f f : „Wie — wenn unser Zeugnis mit dem Wort durch unser Leben, durch unseren Wandel Lügen gestraft wird? Gerade, wenn wir in dem Wort des Evangeliums die einzige Rettung für die Welt sehen, ... dann muß uns die Sorge begleiten: daß nur nicht unser Leben unserem Wort widerspricht. Daß nur nicht der dem Wort widerstrebende Mensch willkommenen Vorwand für seinen Widerspruch, für seine Ablehnung an unserem Leben findet. Daß nur nicht dem Menschen, der sich aus Not und Zweifel nach der Wahrheit sehnt, durch unser liebloses und zuchtloses Leben der Weg zum Worte erschwert oder verbaut wird! ... Unser Leben ist uns als Haushaltern anvertraut, daß wir es im Dienste Gottes gebrauchen, daß in ihm das Wort Gottes Früchte reifen lasse. Was aber bekommt die Welt zu sehen? Hier verschwindet völlig der Unterschied zwischen Pastoren und Laien. Hier wird der Pastor gefragt, ob er mitsamt seinem Hause ein guter Haushalter ist, an dessen Leben man etwas s e h e n kann von der Kraft und der Liebe und der Zucht eines Hauses unter Christus, — oder ob er seiner Predigt dadurch die Vollmacht raubt, daß er den Leuten das Recht gibt, zu sagen: er lebt ja selber nicht danach. Hier wird die Gemeinde gefragt, ob sie das Wort, das von der Kanzel ihrer Kirche verkündet wird, dadurch unglaubhaft macht für die Welt, daß ihre Glieder genau so leben wie die Menschen ohne Gottes Wort, genau so selbstsüchtig und lieblos und hart und unrein. Haben die Pastoren schon begriffen, daß ihr ganzes Leben, auch gerade ihr Leben in den weltlichen Dingen und Geschäften mithineingehört in ihr Amt, das sie als Haus-

halter über die mancherlei Gnade Gottes zu führen haben?" (Aus: Als die guten Haushalter, 1952.)

[17] „Gott hat allen Grund, sich zu beklagen, wenn diejenigen, die Er sich als Zeugen erwählt hat, geradezu g e g e n Ihn zeugen und durch ihren Wandel den Eindruck erwecken, daß das Evangelium nicht auf Wahrheit beruht. Der Himmel möchte weinen bei diesem Anblick und die Hölle jubilieren. Oh, w e l c h e S c h u l d ! Über und über bedeckt mit dem Blute der Sünder, auf die ihr einen schlimmen Einfluß ausgeübt habt, geht ihr dem Tage des Gerichts entgegen. Vielleicht werden im Gericht Hunderte von Seelen vortreten und euch verfluchen — wenn ihnen erlaubt ist zu sprechen —, weil ihr an ihrer Verdammnis schuld seid, und zwar dadurch, **daß ihr mit eurem Wandel die Wahrheit verleugnet habt.**" (Ch. G. F i n n e y, 24 Reden über religiöse Erweckungen, Erste Hälfte, Düsseldorf 1903, S. 198.)

[18] „Wir entschuldigen unseren leichtsinnigen fleischlichen Wandel sehr häufig mit der edlen Lehre von der christlichen Freiheit. Wir achten nicht darauf, daß … unser Verhalten ganz einfach, nicht dogmatisch, sondern aus den vorhandenen sittlichen Gründen erklärt werden sollte. Wir würden es verdammen und uns bekehren, wenn wir das täten. **So aber betrügen wir uns selbst und lassen uns im Selbstbetrug durch die Menge derjenigen stärken, die es ebenso machen und beschönigen.** Das heilige Amt fruchtet nicht, weil die Pfarrer und ihre Familien der Welt und ihren Freuden frönen, die Bestrafung der Gemeinden wird verlacht, weil die Prediger sich selbst und die Ihren nicht strafen, und zwischen ihresgleichen und dem Volk einen bösen Unterschied machen. **Der Fluch und Unsegen, der uns deshalb verfolgt, ist unermeßlich.**" (Wilhelm L ö h e, Im Dienst der Kirche. Neuendettelsau 1933. S. 15 f.)

[19] „Die biblischen Wunderheilungen hängen unmittelbar mit der Versöhnung des Gewissens zusammen. Jakobus 5,14 ff folgt auf die Aufforderung, dem Kranken durch das Gebet des Glaubens zu helfen, die andere: Bekenne einer dem andern seine Sünde und bittet füreinander, daß ihr gesund werdet. Die körperliche Krankheit weicht, wenn die innere Heilung erfolgt ist." (Karl H e i m, Leben aus dem Glauben. Berlin 1934. S. 165) — Die Heilung bleibt aber auch vielfach nur solange, als der Betreffende im Glauben und Gehorsam am Herrn bleibt (Joh 5,14; 1 Kor 11,30).

[20] „Evangelium bedeutet im Neuen Testament n i e m a l s L e h r e, Belehrung, Unterweisung über das Reich Gottes, sondern i m m e r die B o t s c h a f t (Mitteilung) vom nahe bevorstehenden oder schon erfolgten Kommen des Reiches. — Jesus hat a u c h g e l e h r t (Mt 4,23). Lehre sind alle seine Gleichnisse vom Reiche Gottes; die Bergpredigt wird ausdrücklich als Lehre bezeichnet; nicht umsonst wird er Rabbi genannt. Deutlich unterschieden von seiner L e h r tätigkeit wird aber sein H e r o l d s d i e n s t im Ausrufen der Botschaft (Mt 4,23) … Jesus ruft die Nachricht vom Kommen des Reiches aus — das heißt: Er teilt mit, daß die Mächte des Himmels da sind, um mit der Macht der Finsternis aufzuräumen. Gott selbst hat das Regiment in die Hand genommen und stellt Seine göttliche Ordnung wieder her. — **Wird solch eine Nachricht ausgerufen, so muß man auch prüfen können, ob sie zutrifft. Die hereinbrechende göttliche Macht muß doch irgendwie feststellbar sein. So ist es auch: Jesus ruft die Botschaft aus u n d heilt gleichzeitig alle Krankheiten im Volk.** (Mt 4,23) … — Diese Botschaft vom statt-

gehabten Herrschaftswechsel zusammen mit den sie begleitenden göttlichen Machterweisen ist so in sich selbst verständlich, daß sie auch von den Armen (d. h. den an der höheren geistigen Bildung und theologischer Erkenntnis nicht Teilhabenden) mit Leichtigkeit verstanden werden kann (Mt 11,5; Lk 4,18). Die L e h r e kann zur Streitsache der T h e o l o g e n werden, die B o t s c h a f t ist Trost und Erfüllung für den M e n s c h e n ." (R. L u t h e r, Stichwort „Evangelium".)

[21] Jesus hat bekanntlich niemals einen Kranken weggeschickt mit dem Bescheid, er müsse seine Krankheit als Gottes Willen erdulden; vielmehr sah Er in jeder Krankheit die Macht des F e i n d e s, die zu brechen Er gekommen war (1 Joh 3,8 b). „Deshalb hat er n i e einen Kranken... ohne volle und ganze Hilfe entlassen." (F. Z ü n d e l, Jesus. München 1923. S. 194.) — „Die Wunder Jesu an den Kranken sind also nicht eine Durchbrechung der Natur, sondern ein ‚B i n d e n d e s S t a r k e n', ein Sieg über die Willensmächte, die hinter dem Leid der Menschen stehen, über den »Geist der Krankheit«... Er ringt mit Einsatz seiner Person mit einer G e g e n macht." (K. H e i m, Die neue Welt Gottes. Berlin 1928. S. 28.)

[22] „So sollten nach dem ursprünglichen Plan Christi Seine Boten auch Träger der himmlischen Gaben und Kräfte sein, weswegen die Apostel mit b e i d e m, mit der Gabe, zu predigen und zu heilen, gleichmäßig ausgerüstet wurden. Hiervon aber weiß unsere heutige Christenheit rein nichts mehr. Daher die Desparation bei so vielem Elend, daher die Nebenwege, die so viele sich erwählen (Heilungen durch Zauberei! v. B.), daher auch die Bedrängnis, in welcher die Arzneikunde sich befindet, die mit ihrer Kunst das ersetzen soll, was die Träger des Evangeliums für die Gemeinde haben s o l l t e n, aber längst verscherzt haben und bis heute gar keine Miene machen, wieder sich erwerben zu wollen... **O arme Christenheit, die Christum mit Seiner durch Sein Blut uns erworbenen Kraft also v o n s i c h g e w i e s e n hat!**" (Joh. Chr. B l u m h a r d t, zitiert bei Zündel, S. 210.) — Vgl. dazu auch Walter K ü n n e t h, Der große Abfall (Hamburg 1947): „Das säkularisierte Christentum, eine durch den Liberalismus zersetzte Theologie, ein bloß traditionelles, verbürgerlichtes Scheinchristentum und ein harmloses, unverbindliches Namenchristentum haben längst ihre Ohnmacht offenbart, sie sind o h n e V o l l m a c h t und o h n e V e r h e i ß u n g. Nur durch Ausscheiden der säkularistischen Elemente ist eine Rückgewinnung des biblischen Realismus zu erreichen, wie ihn Luther neu entdeckte und wie er in der Urchristenheit eine Wirklichkeit darstellte... Es geht hier um die Realität der erlösenden und erneuernden Christustatsache, und zwar nicht in der verblaßten Übermalung durch ein rationalistisches Denken, sondern jener ursprünglichen Lebendigkeit dessen, ‚was die Evangelien berichten: Jesus predigt ja nicht nur, sondern Er treibt Dämonen aus, Er macht Blinde sehend, Taube hörend, Er h e i l t: Er schafft also eine Revolution innerhalb der Wirklichkeit. Er wendet das menschliche Sein um. In diesen Tatbeständen blitzt gleichnishaft etwas von dem ursprünglichen Auftrag der Kirche' (Hans Jürgen Baden, Die geistliche Lage der Kirche, S. 43)... Wo aber dieses Christusreich auch in aller Verborgenheit anhebt, da werden auch die »Dynamis« und »Energie« der göttlichen Kraftwirkungen spürbar, die stärker sind als die Gewalten der Dämonen. In diesem Zusammenhang gewinnt die Gestalt Christoph B l u m h a r d t s eine symbolhafte Bedeutung, da in seinem Leben und Wirken immer wieder jene Christusdynamik der neuen, unsichtbar gegenwärtigen Gotteswelt hindurchbricht." (S. 314 f.)

[23] Vgl. dazu S c h n i e w i n d , Das Evangelium nach Markus, Göttingen 1935: „Jesus selbst hat nicht nur in den Dämonenheilungen, sondern in all Seinen Heilungen das Zeichen der anbrechenden Gotteszeit gesehen: Die Macht Gottes umspannt zugleich Äußeres und Inneres, Krankheit und Schuld. So treffen allgemeine Schilderungen wie Markus 1,32 ff wirklich den Charakter der Jesus-Geschichte; neben dem Wort steht das Wunder. — Jesus »bedroht« das Fieber; damit wird die Krankheit wie ein Dämon beschrieben; ebenso die Lähmung in Luk. 13,11. 16. Blindheit und Stummheit in Matth. 12,22. **J e d e Krankheit erscheint also als g o t t f e i n d l i c h e M a c h t.**" (S. 52). — „Es geht Jesus nicht nur um die »Seele«, sondern Ihn bewegt die Not des ganzen Menschen; Äußeres und Inneres sind untrennbar verbunden." (S. 94) — „Die Herrschaft Gottes, die Er verkündet, bedeutet den neuen Zustand aller Dinge... Darum faßt Er selbst Wunder und Frohbotschaft zusammen, wenn Er das Anbrechen der messianischen Zeit beschreibt." (S. 56) — „Und wieder klingt ebenso, was die Apostelgeschichte durchweg berichtet, was Paulus und der Hebr.-Brief sagen... **Die Zeichen sind kein Vorrecht der Apostel,** sondern sie sind noch in der Gemeinde lebendig." (S. 197 f.) — Viele bilden sich ein, fürs Reich Gottes zu arbeiten, ohne daß ihr frommer Betrieb auch nur das geringste mit der Realität der Herrschaft Gottes zu tun hat. Vgl. dazu Ralf L u t h e r : „Das Reich Gottes ist da, wo Gott h e r r s c h t und wo a l l e s g ö t t l i c h z u g e h t ... Gottes Herrschaft ist nur da, wo G o t t persönlich gegenwärtig ist, wo Sein Geist unmittelbar schafft und gestaltet... — Gott steht gewiß über allem auch da, wo Menschen eigenwillig wirken und planen, wo sie fern von Gott, mit oder ohne Anwendung göttlicher Grundsätze ihre Ziele verfolgen. Aber davon spricht das NT. nie als vom Reich Gottes. Ist der Allmächtige nicht u n m i t t e l b a r am Werk, so ist es ein g r o b e r U n f u g , ein kirchliches Tun, und wäre es noch so fromm, als Bau des Reiches Gottes zu bezeichnen. ‚Gottes Reich ist nicht da, wo Menschen Gott in ihr Werk zu ziehen suchen, sondern wo Gott Menschen in Sein Werk zieht' (Kroeker). W o r a n ist es zu erkennen, daß die Gottesherrschaft d a ist? Ein großer Herrscher wirkt schöpferisch; Dinge, die nicht waren und ohne ihn nie wären, ruft er ins Dasein. **Daß das Reich Gottes kommt, bedeutet, daß die L e b e n s f ü l l e des Allmächtigen wieder durchbricht in erstarrte Zustände.** Das geschieht nicht bloß in geistiger unsichtbarer Weise. Die neue Schöpfung, die die Gottesherrschaft bringt, tritt d e u t l i c h zutage auch im ‚äußeren' l e i b l i c h e n Leben:»Die Blinden sehen, die Lahmen gehen, die Aussätzigen werden rein, die Toten stehen auf« (Matth 11,5)... Diese göttlichen Machtwirkungen an den Kranken sind für Jesus ein ganz wesentliches Stück Seines Tuns... Es gehört u n v e r ä u ß e r l i c h zum Kommen der Gottesherrschaft, daß die göttliche Ordnung von oben her wieder zur Geltung gebracht wird a u c h auf dem Gebiet des leiblichen Lebens. Die K r a n k e n h e i l u n g e n sind für Jesus k e i n B e i w e r k ; sie sind ein ganz grundlegendes Stück Gottesherrschaft. Die gottlose Ansicht, als wäre das Reich Gottes eine lediglich ‚religiöse' Größe, als brächte es nur dem i n n e r e n Menschen eine Gotteshilfe, ist dem ganzen NT. fremd. Die Gottesherrschaft, wenn sie kommt, greift ein ins g a n z e Menschenleben, in die gesamte Schöpfung. Sie ist kein bloßes Gedankending, sie ist d i e n e u e S c h ö p f u n g auf der ganzen L i n i e " (Art. „Reich Gottes".) — „K e i n e s w e g s sind die Machtwirkungen Jesu als b l o ß e Beglaubigung Seiner Sendung anzusehen, **als etwas, was einmal notwendig war und später, nachdem die Kirche entstanden, u n nötig geworden wäre.** Die Wunder gehören ganz organisch zu der hereinbrechenden Gottesherrschaft... **In der Gottesherrschaft kann es einfach nicht geduldet werden, daß gottentstammte Wesen von Dämonen zur Unkenntlichkeit entstellt werden; die Finsternismächte**

müssen das Feld räumen. Ebenso ist es mit den Krankheiten. — Wir finden im NT. nirgends eine Spur von der g e i s t l i c h e n U n n a t u r, die jede Krankheit... von vornherein als Segen ansehen will... — Alles in allem: Die Wunder, namentlich die Krankenheilungen und Dämonenaustreibungen, stehen im NT. n i c h t da als etwas U n n o r m a l e s, s o n d e r n als etwas ganz N o r m a l e s..." (Stichwort „Wunder".) — Vgl. dazu auch W. d e B o o r in „So ist Jesus" (3. Aufl., Wuppertal 1975), S. 87: Wir finden „im ganzen Neuen Testament nicht ein einziges Wort vom ‚Segen der Krankheit'. Nicht ein einziges Mal hat Jesus selber einem Kranken gesagt: ‚Bleibe du nur krank, es ist für dich ein Segen, daß mein Vater dir diese Krankheit gesendet hat.' Auch aus Apostelmund hören wir nie ein ähnliches Wort. Wenn es bei uns anders ist,... machen wir hier nicht aus der Not einfach eine Tugend? Weil wir ohnmächtig vor der Krankheit kapitulieren, trösten wir uns schnell damit, sie sei etwas Gutes und Nützliches für uns. Die Unwahrheit in dieser unserer Haltung wird daran sehr deutlich sichtbar, daß wir zugleich alles aufbieten, diesen ‚Segen' möglichst schnell loszuwerden!..."

[24] Vgl. Edmund S c h l i n k z. St.: **„Man rede sich gegenüber der Verheißung und dem Anspruch dieses Wortes nicht damit heraus, daß man seine Gültigkeit in eigenmächtiger Bescheidenheit beschränkt auf die Apostel und die urchristliche Gemeinde... Nein, die Verheißung ist o h n e G r e n z e gegeben.** Jesus hat a l l - g e m e i n, nicht nur den Aposteln zugesagt: **»Wer an Mich glaubt, der wird die Werke auch tun, die Ich tue, und wird größere denn diese tun.«** (Joh 14,12) — Man leugne diese Verheißung auch nicht dadurch, daß man sie vergeistigt... Der leiblich auferstandene Herr gibt Seine Verheißung auch für die Leiblichkeit. — Weder die Angst vor dem Außergewöhnlichen noch die Erkenntnis der eigenen Glaubensschwäche darf hindern, in der Gemeinde h e u t e mit diesen Zeichen und Wundern zu rechnen." (a. a. O., S. 55 f.)

[25] S c h n i e w i n d z. St.: **„Das sind Weisungen, vor denen es kein Zurückweichen gibt"** (in einem unveröffentlichten Vortrag über die Vollmacht nach dem Neuen Testament). — Vgl. dazu auch: A. M u r r a y, Jesus heilt die Kranken — Heilung nach dem Worte Gottes (7. Aufl., Basel o. J.). — Bernhard M a r t i n, Die Heilung der Kranken als Dienst der Kirche (Basel 1954). — Georg B e n n e t, Heilung brauchen wir alle — Wegweisung für den biblischen Dienst am Kranken (Metzingen 1974). — Ders., Das Wunder von Crowhurst oder Der Heilungsauftrag Jesu (Wuppertal 1972).

[26] Vgl. auch D. P. H u m b u r g zu Mt 15,21—28: „...Es war ein wunderbarer Glaube in dieser Frau... S i e b a t I h n u m d a s G a n z e: n i c h t n u r um Erleichterung für die Tochter, sondern um deren H e i l u n g. Mit weniger war ihr nicht geholfen; wenn der Teufel nicht ganz ausgetrieben wurde — mit solcher nur halben Hilfe kam sie nicht aus. Wie können wir von dieser Frau lernen, königlich von unserem Heiland zu denken und Ihn nicht nur um ein wenig, sondern um viel, um große Gnade zu bitten." (Die hart Gebundenen macht Er frei. Neukirchen 1935. S. 58 f.)

[27] Gott schenke uns gegenüber dem, was Sein Geist auch an den leiblich Kranken tun will, eine „harmlose O f f e n h e i t", damit Er nicht durch u n s gehindert wird! „Mangelnde Offenheit vertreibt offenbar den Geist und dämpft Ihn." (H. A s m u s s e n, Die Seelsorge, München 1934. S. 216)

[28] Denn wer da zweifelt, „soll sich nur nicht einbilden, daß er etwas vom Herrn empfange" (Jak 1,7). Jakobus weiß, daß Jesus „Seine Heilandsmacht nicht dem Unglauben dienstbar macht." (A. S c h l a t t e r z. St.)

IV. Der Zweck ihres Dienstes

1. Die Errettung der Sünder

Erste Voraussetzung für ein ersprießliches Wirken ist unbedingte N ü c h t e r n h e i t: der klare Blick für die Situation[1] der Zuhörer, die eben (auch in kirchentreuen Gemeinden) trotz aller äußerlichen Frömmigkeit doch in den Augen Gottes — man mag dies zugeben oder nicht — meist noch „t o t in Übertretungen und Sünden", „Söhne des Ungehorsams" sind, auf denen der Zorn Gottes liegt (Eph 2,1—3).[2] Da die Menschen sich aber in der Regel — auch innerhalb der sogenannten Christenheit — ihres verlorenen Zustandes nicht bewußt sind, sondern in Unwissenheit ahnungslos dahinträumen, gilt es zunächst, die Schlafenden aufzuwecken (Eph 5,14; Röm 13,11), indem ihnen zugerufen wird: „Laßt euch e r r e t t e n aus diesem verkehrten Geschlecht!" (Apg 2,40.)

Wenn es in der Reformationszeit eine wichtige Aufgabe gewesen sein mag, die durch das Joch der mittelalterlichen Bußvorschriften gequälten und angefochtenen Gewissen zu trösten, so verkennen wir völlig unsere heutige Situation und verfehlen unseren heutigen Verkündigungsauftrag, wenn wir meinen, wir hätten wie vor 450 Jahren in erster Linie beunruhigte Herzen zu trösten. Die Masse der heutigen „Christen" ist leider in gar keiner Weise über ihre Sünde und Verlorenheit beunruhigt, sondern im Gegenteil selbstsicher, selbstzufrieden, selbstgerecht, oberflächlich und zum Teil verhärtet.[3] Sie sind daher zunächst nicht zu trösten, sondern aufzuwecken,[4] damit sie sich erretten lassen und dadurch befähigt werden, ihren Sendungsauftrag an die Welt zu empfangen und auszuführen.[5]

Da ist aber zunächst die entscheidende Frage zu klären: **Wie wird man errettet?** Jedenfalls n i c h t schon durch den in unseren Gemeinden eingebürgerten sog. „Glauben" im Sinne der nur verstandesmäßigen Anerkennung der drei Glaubensartikel.[6] Ebensowenig durch die übliche sog. „Buße" im Sinne des billigen Eingeständnisses, daß wir „allzumal Sünder" sind![7] Das allein kann keinesfalls genügen! Weder durch solchen vermeintlichen Glauben noch durch solche angebliche Buße, weder durch die *in corona* abgegebene Zustimmung zu einer summarischen Beichtformel noch durch die Entgegennahme einer an die Masse der anwesenden Kirchenbesucher gerichteten Absolutionszeremonie, weder durch gewissenhaften Kirchgang noch durch den Empfang des Abendmahls, weder durch die Wassertaufe allein noch durch die Konfirmation wird jemals einem Menschen ohne weiteres die Vergebung seiner Sünden zuteil werden.[8] Das wäre verschleuderte Vergebung![9]

Es ist für unsere Kirche ein Verhängnis geworden, daß ihr Jahrhunderte lang weithin diese billige Gnade gepredigt wurde, sie sich infolgedessen mit der traditionellen Scheinfrömmigkeit begnügte und die vermeintlich „Gläubigen" lediglich pastorisiert wurden.[10] Man hat auf diese Weise dem Kirchenvolk den Eingang ins Reich Gottes leichter machen wollen, es ihnen aber in Wirklichkeit zugeschlossen (Mt 23,13). Indem man aus der engen Pforte, durch die nur w e n i g e eingehen (Mt 7,14)[10.1], eine weite gemacht hat, damit die Masse der Getauften einströmen konnte, kam es dahin, daß diese Pforte eben nicht mehr zum Leben, sondern zum inneren T o d e führte.

So wurde der biblisch-missionarischen Botschaft, d. h. aber dem Schwert des Geistes, die Spitze abgebrochen. Gegenüber einer solchen Verwässerung und Entleerung des Wortes Gottes, dessen scheidende Wirkung dadurch geradezu sabotiert wird, muß mit Nachdruck hervorgehoben werden, daß Gott der HErr unerbittlich e i n e Bedingung stellt, an der in Zeit und Ewigkeit niemand vorbeikommt und ohne deren Erfüllung Er keinen gerecht spricht, — und diese lautet: „K e h r t u m!" (Mt 3,2; 4,17; 18,3; Apg 2, 38 etc.).

Es ist unbegreiflich und ein geglückter Schachzug des Feindes, daß diese Zentralforderung des Neuen Testaments[11] so weit aus der Verkündigung der Kirche verschwinden konnte.[12] Wie unentbehrlich die Umkehr für den Empfang der Vergebung ist, erhellt aus vielen Stellen der Schrift. Schon Johannes der Täufer »proklamierte eine Taufe der U m k e h r zur Vergebung der Sünden« (Mk 1,4), und Petrus ruft dem in der Halle Salomos zusammengeströmten Volke zu: „So ändert nun euren Sinn und kehrt um, damit eure Sünden vergeben werden!" (Apg 3,19.) Vor allem aber betont der Auferstandene selbst als Programm für Seine Herolde, daß in Seinem Namen eben dies bei allen Völkern verkündigt werden soll: „U m k e h r zur Vergebung der Sünden" (Lk 24,47).

Demgegenüber ist niemand berechtigt, sich hier auf Paulus zu berufen, als ob bei ihm für die Rechtfertigung keine Umkehr, sondern „nur Glaube" nötig sei. Eine schlimmere Ver-

kennung der Botschaft des Apostels wäre gar nicht möglich! Was
wir heute in der Kirche gemeinhein „Glauben" nennen, würde
Paulus niemals so bezeichnet haben.[13] Nein; Paulus kannte keinen
Glauben ohne den eben nur aus echter Umkehr erwachsenden
tätigen Gehorsam. Man vergleiche hierzu den gerade im
Römerbrief zweimal — am Anfang (1,5) und am Schluß (16,26) —
vorkommenden bezeichnenden Ausdruck „G l a u b e n s g e h o r -
s a m" (s. auch 15,18 und 6,16 f!) oder Stellen wie 1 Thess 1,9 und
Tit 1,16: da straft der Apostel gerade diejenigen, die sich auf ihren
vermeintlichen Glauben berufen, ohne die Umkehr vollzogen zu
haben: »Sie behaupten zwar, Gott zu kennen (d. h. zu glauben),
aber mit ihren Werken verleugnen sie Ihn; sie sind Ihm ein
G r e u e l, denn — sie g e h o r c h e n Ihm nicht...«
    Sehr deutlich spricht Paulus sein Anliegen auch in der Ab-
schiedsrede an die Ältesten von Ephesus aus: »Ihr wißt, wie ich
euch nichts vorenthalten habe von dem, was euch förderlich sein
konnte..., indem ich sowohl den Juden wie den Griechen die
U m k e h r zu Gott u n d das V e r t r a u e n [14] auf unseren Herrn
Jesus nahelegte« (Apg 20,20 f). Vgl. dazu auch Apg 14,15 c; 15,3 b;
17,30; 26,20!
    So bleibt kein Zweifel: auch für Paulus gilt nur derjenige
Glaube, der eine entschlossene U m k e h r in sich schließt
und sich im Gehorsam, im neuen Wandel, kurz: »in der L i e b e
wirksam zeigt« (Gal 5,6). Wie könnte auch der Apostel anders
lehren, nachdem der erhöhte HErr Seinen Auftrag an ihn vor
Damaskus ausdrücklich in die Worte gefaßt hat: »...Ich sende
dich, um ihnen die Augen zu öffnen, damit sie u m k e h r e n [15] von
der Finsternis zum Licht und von der Gewalt Satans zu Gott, um
Vergebung der Sünden zu empfangen..."! (Apg 26,18.)
    Erst recht wird die Auffassung des Apostels deutlich, wenn wir
uns fragen: Was heißt denn nun „Umkehr"? Umkehren heißt: Vor
dem Angesicht des lebendigen Gottes ein für allemal (Lk 15,17 ff.)
den heiligen Entschluß fassen, »hinfort nicht mehr sich selber zu
leben, sondern Dem, Der für uns gestorben und auferstanden ist«
(2 Kor 5,15). Unter aufrichtiger Beugung über mein bisheriges ver-
fehltes Leben des Ungehorsams gegen Gott kehre ich zurück und
heim zum Vater, indem ich die Grundrichtung meines Willens und
Weges veränderte und mich mit meiner ganzen Sündenschuld wie
überhaupt mit allem, was ich bin und habe, meinem Retter Jesus
für immer ausliefere und anvertraue. Damit aber gebe ich mein
altes sündiges Leben in den T o d, den es verdient. So willige ich
ein in die Mitkreuzigung meines Ich (Gal 2,19; 5,24; Röm 6, 4—6;

Mt 16,24; Lk 14,33) und ziehe den alten Menschen aus (Kol 3,9 f; Eph 4,24). Das ist zunächst ein einmaliger und grundlegender Entschluß, den Paulus bei den Empfängern seiner Briefe als in der Vergangenheit liegend voraussetzt. Daraus aber ergibt sich für die Gegenwart angesichts der immer neuen Versuchungen folgender Aufruf, der überaus wichtig ist, aber so wenig ernst genommen und noch weniger praktiziert wird: »R e c h n e t   d a m i t, daß ihr zwar für die Sünde t o t seid, aber lebt für Gott...!« (Röm 6,11)

Solche Umkehr aber, deren Echtheit sich in der Bereitschaft zu wirklicher B e i c h t e[16] (Jak 5,16; Mt 3,6 b; Apg 19,18) und auch zur Wiedergutmachung (Lk 19,8) zeigt[17], b e a n t w o r t e t Gott vom Himmel herab verheißungsgemäß mit der Vergebung der Sünden und dem Geschenk Seines Heiligen Geistes (Apg 2,38). Wenn Gott nun Sünder rettet, so tut Er es allerdings nicht um ihres löblichen Entschlusses willen, sondern allein auf Grund Seiner Barmherzigkeit im Hinblick auf das Sühneopfer des Gekreuzigten. Denn wie könnten wir auch als bisherige Feinde Gottes überhaupt zu Ihm zurückkehren, wenn Er uns nicht von sich aus in Seinem Sohn die Versöhnung angeboten hätte? (Röm 5, 8.10 a; 2 Kor 5,19; Joh 15,16 a; 1 Joh 4,19 g.) Und wer wäre imstande, die Umkehr zu vollziehen und Jesus als seinen Retter und Herrn aufzunehmen, wenn es ihm nicht vom Vater geschenkt wird und dessen Liebe ihn zieht (Joh 6,44.65)? „Nicht i h r habt Mich erwählt", spricht der HErr, „sondern Ich, Ich habe euch erwählt..." (Joh 15,16 a). „Ohne Mich könnt ihr überhaupt nichts tun" (V 5).

So ist auch die Umkehr nicht eine Leistung des Menschen, sondern ausschließlich Gnade: Gott selbst ist es ja, der die Umkehr zum Leben   s c h e n k t! (Apg 11,18 c) So bleibt dem Menschen nicht das geringste Verdienst, keinerlei Grund zum Rühmen. „Wer sich rühmt, der rühme sich des HErrn!" (1 Kor 1,31) Um so sicherer ist aber auch der Grund seines Heils. Ruht seine Errettung doch nicht auf irgend einer menschlichen Tat und Entscheidung, sondern allein auf Gottes gnadenvollem Eingreifen. Nur durch Gottes Gnade ist er das geworden, was er ist (1 Kor 15,10): e i n   n e u e r   M e n s c h. Durch den Empfang des Heiligen Geistes vollzieht sich die Geburt von oben, ohne die niemand die Gottesherrschaft sehen wird (Joh 3, 3.5): die Wiedergeburt und Erneuerung des Lebens (Tit 3,5).[18] Deshalb gilt: „Ist jemand im Messias, — das bedeutet Neuschöpfung (der Persönlichkeit).[18.1] Das Alte ist vergangen; siehe, Neues ist geworden!" (2 Kor 5,17.) So nur kann der einzelne überhaupt erst aus dem

bisherigen geistlichen Tod herausgerissen werden und zum wahren
Leben gelangen (Joh 5,24; 1 Joh 3,14).

Deshalb wird den geistlich Toten durchs Evangelium der
R u f des Sohnes Gottes übermittelt, damit sie auf ihn hören und
dadurch aus Seiner Hand das „Leben" im eigentlichen und ursprünglichen Sinn des Wortes[19] empfangen können (Joh 5,25;
1 Joh 5,12). So erweist Er sich als „Bahnbrecher zum Leben"
(Apg 3,15 a). Seine Boten aber werden denen, die sich retten
lassen, zu Mithelfern ihrer Freude (2 Kor 1,24; vgl. auch
Apg 2,46 a; 8,8.29 c; 13,52; 16,34 u. ö.!): Das ist Jesu eigene
Freude, ja vollkommene Freude (Joh 15,11; 16,24 b).[19.1]

Sie haben jedoch mit ihrem Dienst noch ein weiteres Ziel.

2. Die Zurüstung der Erlösten.

Er selbst als das Haupt der Gemeinde setzt Seine Bevollmächtigten ein, um durch ihre Wirksamkeit alle Geretteten als
die berufenen Heiligen z u z u r ü s t e n , damit sie — statt sich,
wie es üblich ist, in Konsumentenhaltung immer nur geistlich bedienen, um nicht zu sagen: fromm berieseln zu lassen — den ihnen
selber aufgetragenen D i e n s t möglichst freudig, glaubwürdig
und vollmächtig ausrichten können, wodurch dann der ganze
Christusleib aufgebaut wird (Eph 4, 11.12!). So sollen die Heiligen
im einzelnen und die Ekklesia im ganzen geheiligt werden, um
bereit zu sein und zur Vollendung zu gelangen für den „Tag des
Messias" (Phil 1,6; Eph 5,27). Das ist Gottes klares Ziel.

Dabei bleibt kein Raum für die bequeme Anschauung, als ob es
auf die Heiligung gar nicht ankäme, sondern nur auf die Rechtfertigung im Sinne der bloßen Nichtanrechnung unserer Verfehlungen. Denn die hierfür gegebene Begründung, daß ja das
Sündigen doch unvermeidlich sei und deshalb eine wirkliche, d. h.
völlige Heiligung auf der Grundlage einer radikalen Erneuerung
des sittlichen Lebens erst für das J e n s e i t s in Frage komme, ist
keineswegs stichhaltig.[20] Wer sich jedoch der uns dogmatisch ein-
geimpften Hoffnung (lies: Illusion!) hingibt, als könnte der Christ
einst durch den T o d von der Sünde frei werden, wird hierfür in
der ganzen Bibel nirgends eine Verheißung finden.[21] Nicht der
Tod, sondern allein das Blut Jesu reinigt uns von aller Sünde!

(1 Joh 1,7 b.) Und zwar soll diese Reinigung auf jeden Fall hier schon in diesem Leben geschehen. Ist doch die Gnade Gottes Heil bringend nicht d a z u allen Menschen erschienen, daß sie umso beruhigter bis zum Tode weiter sündigen können (Röm 6,1). Vielmehr will sie uns dazu erziehen, „daß wir nach der Absage an das gottlose Wesen und die weltlichen Begierden schon im j e t z i g e n Aeon besonnen und gerecht... leben" (Tit 2,11 f!), u n t a d e l i g und lauter (Phil 2,15), nachdem Gott uns dazu auserwählt hat, „daß wir heilig und unsträflich vor Ihm seien" (Eph 1,4).[22] Es wird uns also die Heiligkeit und Gerechtigkeit nicht nur im Urteil Gottes z u g e r e c h n e t,[23] sondern sie soll uns e f f e k t i v zuteil werden,[24] wie geschrieben steht: „**Gemäß dem Heiligen, der euch berufen hat, sollt auch ihr h e i l i g sein in eurem gesamten W a n d e l...**" (1 Petr 1,15 f). Ja: heilig im W a n d e l! Das kann nicht mißverstanden werden![25] Und daß dies wirklich hier schon möglich ist, sehen wir z. B. an Paulus,[26] der von sich schreiben kann: „Unser Ruhm ist der: das Zeugnis unseres Gewissens, daß wir in H e i l i g k e i t[27] ... in der Kraft der Gnade wandelten..." (2 Kor 1,12)

Dieses Leben „in Heiligkeit" auf Grund des Befreitseins von Macht der Sünde ist jedoch nicht nur m ö g l i c h, sondern — so bezeugt es uns die Schrift — durchaus n o t w e n d i g, wenn wir nicht das Ziel des Heils verfehlen wollen.[28] **Denn ohne Heiligung wird niemand den Herrn sehen!** (Hebr 12,14 b) „Wenn ihr nämlich nach dem Fleische lebt", schreibt Paulus den gerechtfertigten Gläubigen in Rom, „dann werdet ihr sterben" (Röm 8,13), d. h. dann wird euch — trotz eurer empfangenen „Rechtfertigung"! — der andere Tod sicher sein. Die Werke des Fleisches sind aber durchaus nicht nur die sog. groben Sünden wie Unzucht, Ausschweifung, Götzendienst, Trunkenheit, Völlerei, Diebstahl, Lästerung, sondern ebenso auch: geheime Ichsucht, Eigenwille, Zweifel, Unglauben, Mißtrauen und Murren gegen Gott, Streit, Eifersucht, Groll, Zänkerei, Entzweiung, Neid, Mißgunst, Habgier. K e i n e r, — hören wir den ganzen Ernst! — der in solchen Sünden lebt, „wird an der Königsherrschaft des Messias und Gottes ein Erbteil haben. **Es soll euch hierin nur ja niemand mit nichtigen Worten verführen!**" (Eph 5,5 f mit Gal 5,19 ff![29])

Auf die Christen, die von der Knechtschaft der Sünde nicht losgekommen sind, wartet also n i c h t die Seligkeit, sondern der Z o r n G o t t e s.[30] Als „Söhne des Ungehorsams" trösten sie sich daher v e r g e b l i c h ihrer eingebildeten Rechtfertigung (Eph 5,6 b). „Oder solltet ihr etwa nicht wissen, daß Ungerechte Gottes

Königsreich niemals ererben werden?! **Irrt euch nur nicht!**
Weder Unzüchtige[31] noch Götzendiener noch Ehebrecher[31] noch
Giftmischer noch Homosexuelle noch Diebe noch Geldgierige
noch Trunkenbolde noch Lästerer noch Räuber werden die
Königsherrschaft Gottes ererben" (1 Kor 6,9 f).[32]

So haben wir nicht den Trost billiger Vergebung dort zu bringen,
wo das Neue Testament n i c h t tröstet, sondern warnt, wo der
HErr n i c h t vergibt, sondern verurteilt.[32.1] Denn so bezeugt Er
uns: „Wenn eure Gerechtigkeit[33] nicht weit besser ist als die der
Schriftgelehrten und Pharisäer, so werdet ihr keinesfalls in die
Königsherrschaft der Himmel eingehen" (Mt 5,20). Der Heilige in
Israel ist eben n i c h t zufrieden mit unserem unvollkommenen
Tun und schaut n i c h t hinweg über unsere Sünden.[34] Ob wir
dabei zu den Frommen zählen oder nicht, spielt für Ihn durchaus
keine Rolle; denn vor Ihm gibt es kein Ansehen der Person. Siehe
Röm 2,6—11![35] Ob wir nun Juden oder Griechen, Christen oder
Heiden sind, so ist grundsätzlich halber Gehorsam in Seinen
Augen immer ganzer U n gehorsam! (Jak 2,10.)[36]

Jesus hat Seinen Jüngern deutlich zu verstehen gegeben, daß Er
sich nicht genügen läßt an äußerer Frömmigkeit: „Nicht jeder, der
zu Mir sagt: »Herr, Herr«, wird in die Königsherrschaft der
Himmel eingehen, sondern n u r derjenige, der den Willen Meines
Vaters in den Himmeln wirklich erfüllt" (Mt 7,21). Wer sind wir,
daß wir demgegenüber zu behaupten wagen, diese tatsächliche Erfüllung des göttlichen Willens sei auf Erden nicht möglich?[37] Be-
stand der Zweck der Sendung des Sohnes Gottes denn nicht
gerade darin, daß nunmehr durch Seine Erlösung **„die Rechtsforderung des Gesetzes (tatsächlich) erfüllt wird in uns, die wir
nicht (mehr) nach dem Fleische wandeln, sondern nach dem
Geist"?** (Röm 8,3 f)[38]

Wir dürfen einfach nicht länger vorübergehen an der Tatsache,
daß Jesus — nicht als Idealist[39] oder gar Schwärmer, sondern als
der Gesalbte des HErrn! — Seinen Jüngern für ihr Leben hier auf
der Erde dieses Ziel[40] gesteckt hat: „Ihr sollt v o l l k o m m e n sein,
wie euer himmlischer Vater vollkommen ist" (Mt 5,48).[41] So hat
uns der heilige und lebendige Gott mit hinreichender Eindeutigkeit
wissen lassen, daß Er weit davon entfernt ist, die Sünde bei den
Christen leichter zu nehmen, geschweige denn, sie überhaupt nicht
zu rechnen. Ganz im Gegenteil: Er, der ein verzehrendes Feuer ist
(Hebr 12,29), nimmt die Sünden der Frommen noch viel ernster
und rechnet sie noch viel schwerwiegender an als bei den Gottlosen. Denn j e d e m, dem die Sünde seiner Vergangenheit in

Gnaden vergeben worden ist, gilt für die Zukunft seines Lebens das unmißverständlich klare Wort unseres Herrn: „**V o n j e t z t a b sündige n i c h t m e h r !**" (Joh 8,11)[42] Damit wird uns jeder, auch der letzte Ausweg zu frommer und theologischer Entschuldigung unseres Ungehorsams, wie sie uns durch eine gewisse Dialektik[43] ermöglicht worden ist, endgültig abgeschnitten. „Es soll euch hier nur niemand verführen!" (1 Joh 3,7 a; dazu 6—10!)[44]

Nun ist es eine große Tragik, daß fast in der gesamten Christenheit seit langem die Heiligung rein **alttestamentlich-gesetzlich als S e l b s t heiligung** gelehrt wird, etwa in dem Sinn, als ob zwar die Rechtfertigung nur als Geschenk[45] im Glauben empfangen werden könne, aber die Heiligung durch eigene, menschlich-natürliche Anstrengungen, nämlich durch krampfhaftes Ankämpfen gegen die Macht der Sünde mühsam errungen werden müsse.[46] Welch ein Gegensatz zur neutestamentlichen Heiligung! Sie beruht nämlich auf der Tatsache: wir s i n d bereits geheiligt dadurch, daß Jesus als Messias sich leibhaftig für uns zum Opfer dargebracht hat, und zwar ein für alle Mal (Hebr 10,10). Und eben mit diesem Seinem „einzigen Opfer hat Er für immer diejenigen zur Vollendung gebracht, die sich heiligen lassen" (Hebr 10, 14).

Heiligung nach dem NT. heißt also n i c h t , daß man unter Aufbietung aller natürlichen Kraft den alten Menschen dämpft,[47] um mühsam eine allmähliche „Besserung"[48] zu erreichen.[49] Wer es auf diese Weise versucht, der muß allerdings mit solchen Unternehmungen zuschanden werden. An unserem alten Menschen ist nämlich absolut nichts zu verbessern! Mag man ihn auch „unterdrücken" und „dämpfen",[50] soviel man will, so ist und bleibt er doch verderbt und verurteilt und steht unter dem F l u c h . Seine Gesinnung bedeutet — auch im frömmsten Gewande! — letztlich immer und unbedingt F e i n d s c h a f t gegen Gott (Röm 8, 6). Das Fleisch ist eben unfähig und hat, ob fromm oder gottlos, unweigerlich das Mißfallen Gottes (Joh 6,63; Röm 7,18 a; 8,8!). Deshalb scheiden für die Überwindung der Sünde jegliche — auch die frommen[50,1] — Bemühungen des Fleisches von vornherein und für immer aus (Joh 3,6 a), auf daß sich j a das Fleisch nicht rühme! **Was aber unter dem Gesetz u n möglich war, das tat Gott** (Röm 8,3). So ist die Heiligung im Neuen Testament nicht weniger G o t t e s Werk und Geschenk wie die Rechtfertigung, niemals aber eine Leistung des frommen Menschen. Dabei liegt in diesem Begriff immer ein doppelter Sinn: Heiligung ist sowohl ein einmaliger Akt, ein grundlegendes Faktum, nämlich *das Geheiligtworden-Sein,* als auch ein fortlaufender Vorgang, ein wachstümliches Geschehen, nämlich *das Geheiligt-Werden.* So ist Heiligung im Neuen Testament immer b e i d e s : einerseits ein *einmaliges* göttliches Handeln in der *Vergangenheit,* d. h. Gott h a t jeden, der sein Leben Ihm geweiht hat, „geheiligt" = für sich beschlagnahmt, in Seinen Dienst genommen, zu Seinem Eigentum erklärt. Andrerseits ist Heiligung ein *ständiges* göttliches Handeln in der *Gegenwart,* d. h. Er selbst, der Gott des Friedens, will das Leben derer, die Ihm gehören und sich von Ihm heiligen lassen, im täglichen Vollzug ihres Denkens, Redens und Tuns „durch und durch heiligen" (1 Thess 5.23 a) = mehr und mehr reinigen, erneuern und ins Bild Seines Sohnes hinein verwandeln, Zum um Zug: „von Herrlichkeit zu Herrlichkeit" (2 Kor 3,18; Röm 8,29; Gal 4,19). In letzterem Sinn heißt es in Röm 12,2: „Laßt euch umgestalten durch die Erneuerung eurer Gesinnung!"

Wegen des beschriebenen Zusammenhangs können einerseits alle Glieder der neutestamentlichen Gemeinden schon als „Heilige" angeredet werden (z. B. 2 Kor 1,1 oder Eph 1,1) und die Zusage empfangen: „ihr s e i d geheiligt..." (1 Kor 6,11), — andrerseits aber ist die Aufforderung nötig: „Jagt nach der Heiligung...!" (Hebr 12,14).

Wie aber läßt sich nun das ständige Geheiligtwerden realisieren? Wie können wir uns im Alltag heiligen lassen? Die Antwort kann im Sinn von Röm 6,11 nur lauten: indem wir damit r e c h n e n,[51] daß wir der Sünde gegenüber tot sind,[52] tot auf Grund der tatsächlichen Mitkreuzigung unseres alten Menschen, durch die der Leib der Sünde außer Wirksamkeit gesetzt wurde, so daß wir der Sünde nicht mehr sklavisch zu dienen brauchen (Röm 6,6).[53] So darf die Sünde nicht mehr herrschen über uns, denn wir stehen nicht mehr unter dem Gesetz, sondern unter der Gnade (Röm 6,14).[54] In dieser Haltung brauchen wir dem Fleische nicht mehr nachzugeben, denn seine Herrschaft ist g e - b r o c h e n. Auf Grund dieser neuen Lage können wir seine Regungen abwehren, seine Machenschaften im Tode halten (Röm 8,13 b), so daß wir „die Begierde des Fleisches keinesfalls zur Tat werden lassen" (Gal 5,16 b), stattdessen aber fähig sind, als Befreite uns selber unserem Gott zur Verfügung zu stellen „zur Heiligung" (Röm 6,12—22!). Das Befreitsein spricht Paulus den Römern nicht nur in 6,18 und 22 zu, sondern ebenso in 7,5—6 und dann ganz persönlich — "...hat d i c h freigemacht..." — in 8,2.[55] Denn wenn wir erst einmal teilhaftig geworden sind des Abbildes Seines Todes, dann werden wir auch wirklich teilhaben an den Auswirkungen Seiner Auferstehung: indem der Heilige Geist in uns Wohnung nimmt,[56] empfangen wir die Neuheit des Lebens, nämlich S e i n Leben (Röm 6,4.5).[57]

Nun verstehen wir, warum Paulus so stark betont, daß Gott uns Seinen Messias nicht nur zur Gerechtigkeit = Rechtfertigung hat werden lassen, sondern auch zur Heiligung (1 Kor 1,30). — **Wo bleibt da das Rühmen unseres frommen Tuns?**[58] **Es ist ausgeschlossen!** (Röm 3, 27; Eph 2,9.) Das ist die Heiligung aus Gnaden allein[59] durch den Glauben.

Also brauchen wir nun nicht mehr auf unsere eigenen Heiligungsbemühungen zu bauen, sondern — wie die Schrift sagt — : „Als solche, die nüchtern sind, setzt eure Hoffnung g a n z auf die G n a d e...!" (1 Petr 1,13 b) Denn nach realisierter Mitkreuzigung kommt es dann ja nur darauf an, sich unter der Deckung des Blutes Jesu vor jedem Straucheln b e w a h r e n zu lassen (2 Thess 3,3; Jud 24 u. ö.). Denn **„wer in Ihm b l e i b t, sündigt nicht"**[60] (1 Joh 3,6). Daß es auf dieses Bleiben ankommt, sagt der HErr selbst: „ **B l e i b t in Mir,** so bleibe Ich in euch"[61], wobei Er das Bleiben geradezu als die unerläßliche Voraussetzung bezeichnet, unter der allein Seine Jünger überhaupt Frucht bringen können! (Joh 15,4) Und der Weg dazu ist das Befolgen Seiner Weisungen: **„Wenn Ihr auf Meine Weisungen achtet, werdet ihr in Meiner Liebe genau so bleiben, w i e I c h Meines Vaters Aufträge beachtet habe und so in Seiner Liebe bleibe."** (Joh 15,10)[62]

Damit sagt uns der HErr klar und deutlich, daß unser Bleiben in Ihm, unsere Lebensgemeinschaft mit Ihm eine so völlige, ununterbrochene, dauernde sein soll u n d kann, wie Er selbst sie während Seines Erdenlebens mit dem Vater hatte; dabei ist der v o l l k o m m e n e G e h o r s a m der Vergleichspunkt. Wenn Jesus das aber sagt, dann ist es mitnichten als eine Theorie gemeint, die sich im praktischen Leben inmitten all unserer Versuchungen und Anfechtungen leider doch nicht verwirklichen läßt, sondern durchaus als erfahrbare Realität. „Und eben daran merken wir, daß wir Ihn (wirklich) kennengelernt haben: wir achten auf (oder: befolgen genau) Seine Weisungen.[63] Wer behauptet: ‚Ich habe Ihn kennengelernt' und doch auf Seine Weisungen nicht achtet, — ein Lügner ist er!,[64] und in einem solchen wohnt die Wahrheit nicht.[65] Wer aber auf Sein Wort achtet, — wahrhaftig: in ihm ist die Liebe Gottes ans Ziel gelangt (oder: zur Vollendung gekommen). D a r a n (d. h. also: am völligen Gehorsam und an der völligen Liebe) merken wir, daß wir in Ihm sind. Wer da sagt, er (sei und) bleibe in Ihm, der verpflichtet, wie E r — Jesus — gelebt hat, auch selber ebenso zu leben." (1 Joh 2,3—5.) Die neue Existenz in

Jesus ist also nicht nur zu glauben, sondern sie tritt auch in Erscheinung und kann festgestellt werden (2 Kor 3, 18; 4, 10 f). Jesus selbst sagt ausdrücklich, daß man den neuen Wandel s e h e n[66] wird (Mt 5,16) und daß Seine Jünger an nichts anderem zu erkennen sind als an ihrem heiligen Wandel, geheiligt nämlich durch die in ihre Herzen ausgegossene heilige Liebe (Joh 13,35; Röm 5,5). Nur auf diese Weise können wir überhaupt unsere Berufung erfüllen, das Salz der Erde und das Licht der Welt zu sein (Mt 5,13 f), indem wir das Wesen unseres HErrn verkörpern (Gal 4,19)[67] und „ohne Tadel", ja „fleckenlose Kinder Gottes" werden, strahlend „wie Sterne im Weltall" (Phil 2,15).[68] Andernfalls betrachtet uns der HErr als fade gewordenes Salz, das — als wertlos — weggeworfen wird.

So erwartet Gott heute von uns Theologen, daß wir auf diesem wichtigen Gebiet der Heiligungslehre wirklich umkehren und bereit sind, uns die überlieferten Anschauungen durch Sein untrügliches Wort radikal korrigieren zu lassen.[69] Wenn wir nämlich auch jetzt noch — unter Berufung auf die kirchliche Lehrtradition sowie auf unsere Erfahrung (!) — die biblische Wahrheit der durch den Geist Gottes sich vollziehenden völligen Heiligung ignorierten und verleugneten, wären wir unentschuldbar. Dann würde uns der HErr Jesus mit schneidender Schärfe zurufen: „**So habt ihr das Wort Gottes außer Kraft gesetzt — um eurer Überlieferung willen!**[70] Ihr Heuchler,[71] treffend hat Jesaja von euch prophezeit, da er sagt: »Dieses Volk ehrt Mich zwar mit den Lippen, aber ihr Herz ist weit entfernt von Mir. V e r g e b l i c h jedoch verehren sie Mich, denn sie tragen Lehren vor, die doch nur m e n s c h l i c h e Vorschriften sind.« ... — Jede Pflanze, die Mein himmlischer Vater nicht gepflanzt hat, wird ausgerissen werden. Laßt sie! Blinde Leiter sind sie der Blinden..." (Mt 15, 6 b—9. 13. 14.) — Und dazu das Wort aus Jer 8,8: „Wie könnt ihr sagen: ‚Weise sind wir und verfügen über das Gesetz des HErrn'? Ja freilich! Aber zur Lüge hat es der Lügengriffel der Schriftgelehrten gemacht!"[72] Nein. Laßt uns doch nicht dem Heiligen Geist widerstehen wie einst Israel (Apg 7,51), wenn Er uns heute überführt! Stattdessen wollen wir uns gehorsam der Autorität des göttlichen Wortes beugen, wenn es uns verwehrt, das Sündigen zu verharmlosen, zu dulden, billig zu entschuldigen, ja als unvermeidbar hinzustellen, und uns gleichzeitig allen Ernstes zumutet, daß wir uns, „nachdem wir schon derartige Verheißungen haben, von j e d e r Befleckung des Fleisches und des Geistes reinigen, **indem wir in der Furcht Gottes** — nicht nur mit der Heiligung „fortfahren" (Luther), denn das wäre viel zu unverbindlich!, sondern — **die Heiligkeit voll-enden**" (2 Kor 7,1).[73]

Wer nun allerdings meint, von sich feststellen zu können, er sündige nicht mehr oder befinde sich sogar in einem Zustand der Sündlosigkeit,[74] so daß sich die fünfte Bitte des HErrngebetes für ihn erübrige, der betrügt sich selbst, und die Wahrheit ist nicht in ihm (1 Joh 1,8). Mit einem derartigen Perfektionismus hat die Botschaft des Neuen Testaments nichts zu tun. Die Erlösten bekommen eben nicht eine sündlose Natur übergestülpt, sondern behalten auch nach der Wiedergeburt den Leib der Sünde, das „Sündenfleisch", dessen Gestalt sogar der Sohn Gottes auf Erden an sich trug (Röm 8,3). Was neu in ihrem Leben geworden ist, haben sie nicht in s i c h , sondern immer nur in J e s u s. Wenn sie sich wohltuend von ihrer Umgebung unterscheiden — und das sollen und dürfen sie, wie wir sahen —, dann sicher nicht durch das, was sie selber sind oder getan haben, sondern einzig und allein durch das, was Jesus in ihnen ist und tut. Dem Fleisch ist durch die Mitkreuzigung zwar sein Lebensrecht grundsätzlich entzogen, aber es ist dadurch nicht verschwunden, sondern wird seinen verlorenen Herrschaftsanspruch immer wieder geltend machen und durchzusetzen versuchen, so daß dieser ihm t ä g l i c h n e u unter Berufung auf das Kreuz verweigert werden muß.

Wir erreichen also k e i n e n s ü n d l o s e n Z u s t a n d , der einer Bedrohung nicht mehr ausgesetzt wäre, sondern die uns durch den Kreuzessieg des HErrn ermöglichte Freiheit gegenüber der Sünde ist eine ständig gefährdete S t e l l u n g , von der das Wort gilt: „Wer da zu stehen meint, der sehe wohl zu, daß er nicht falle!" (1 Kor 10,12.)[75]

So haben gerade auch die Geheiligten nicht nur durch die ihnen widerfahrene Barmherzigkeit, sondern ebenso auch durch das beschämende Bewußtsein, nach wie vor zu jeder Sünde fähig und deshalb immer völlig auf die Gnade angewiesen zu sein, **genug Veranlassung zu s t ä n d i g e r B e u g u n g und zu größter Wachsamkeit.** Wird doch auch der Böse immer wieder versuchen, mit seinen glühenden Pfeilen die Erlösten des Herrn zu verwunden und zu Fall zu bringen. A b e r durch den Schild des Vertrauens sind wir imstande, nicht nur manche, nicht nur viele, sondern — „a l l e seine Pfeile zu löschen" (Eph 6,16), d. h. also: a l l e Versuchungen weit zu überwinden (Röm 8,37). Wohlgemerkt: Das ist von Gott her grundsätzlich möglich, das ist Gottes heiliger Wille für uns. Und wir sollten uns durch unseren Mangel, durch die in unserem Leben erfahrene, so beschämende Wirklichkeit unseres

vielfachen Versagens dieses hohe göttliche Ziel nicht verdunkeln
lassen. Keinesfalls sollten wir das eindeutige Ziel Gottes entsprechend unserer subjektiven Erfahrung heruntersetzen, sondern
im Gegenteil unser Leben nach diesem Ziel hin ausrichten!

Es wird uns freilich der hier verheißene ständige Sieg n i c h t
gelingen, solange wir, wie es leider meistens üblich ist, den
Glauben nicht als Schild, sondern lediglich als Z a n g e verwenden. Anstatt mit dem Glauben als S c h i l d „alle feurigen
Pfeile des Bösen zu löschen", d. h. alle seine Angriffe abzuwehren
und alle Versuchungen sieghaft in Jesus zu überwinden, lassen wir
uns von diesen „Pfeilen" ständig verwunden und sind dann darauf
angewiesen, den Glauben als Zange zu verwenden, um die einge-
drungenen Pfeile wieder herauszuziehen, indem wir uns vergeben
lassen, was wir „täglich viel gesündigt haben in Gedanken, Worten
und Werken". Das meint Paulus allerdings nicht. Wo aber diese
sieghafte Vertrauensstellung, dieses Bleiben in Ihm da ist, kann
Gott die Seinen „d u r c h   u n d   d u r c h heiligen und ihr g a n z e s
Wesen nach Geist, Seele und Leib o h n e   T a d e l[76] bewahren für
die Parusie unseres Herrn" (1 Thess 5,23).

Dabei verschließen wir aber, wie schon betont wurde, unsere
Augen nicht vor der Wirklichkeit der Sünde, die uns das NT.
sogar von den damaligen Gemeinden bezeugt (z. B. 1 Kor; Offb 2
und 3) und die wir auch von uns selbst immer wieder bekennen
müssen: zeitlebens bleiben wir angewiesen auf die immer neue
Vergebung des HErrn (Mt 6,12!) und sind dankbar dafür, daß geschrieben steht: „Und wenn jemand sündigen sollte, so haben wir
einen Fürsprecher beim Vater..." (1 Joh 2,1 b).

So kann sich jedenfalls die Heilsgewißheit — auch bei gereiften
Christen — niemals auf irgend einen tatsächlich oder vermeintlich
erreichten Heiligungsgrad, sondern einzig und allein auf die im
Kreuz vollbrachte Versöhnung gründen. Es bleibt also bei den
Worten Zinzendorfs:

> „Und würd' ich durch des HErrn Verdienst
> auch noch so treu in Seinem Dienst,
> gewönn den Sieg dem Bösen ab
> und sündigte nicht bis ins Grab,
> so will ich, wenn ich zu Ihm komm,
> nicht denken mehr an gut und fromm,
> sondern: da kommt ein S ü n d e r her,
> der gern fürs Lösgeld selig wär."

Wir vergessen auch den Ausruf des Psalmisten nicht: „Wer kann denn überhaupt merken, wie oft er fehlt? Verzeihe mir die verborgenen Fehler!" (Ps 19,13). Je näher der Jünger seinem HErrn kommt, desto mehr wird er über die tiefe Verdorbenheit seines Wesens erschrecken. Gerade weil man in der Nachfolge des Herrn je länger desto mehr zu immer tieferer Sündenerkenntnis geführt wird, wird die Beugung darüber n i e aufhören.

So geht es im Jüngerleben nicht nur aus Glauben in Glauben (Röm 1,17 a), sondern auch immer wieder aus Beugung in Beugung.

Andererseits aber — und das steht zu dem eben Gesagten keineswegs im Gegensatz, sondern vielmehr in einem tiefen, geistlich-organischen Zusammenhang — dürfen wir darüber nie vergessen, worin das Ziel Gottes besteht, nämlich darin, daß „die Herzen gestärkt und u n t a d e l i g erfunden werden in H e i l i g - k e i t vor unserem Gott und Vater bei der Ankunft unseres Herrn Jesus mit allen Seinen Heiligen" (1 Thess 3,13). So will Jesus selbst sich Seine Gemeinde als Seine Braut am Tag Seines Erscheinens „in strahlender Herrlichkeit zuführen, ohne einen Flecken oder eine Runzel oder etwas derartiges, sondern heilig und ohne Makel sollte sie sein" (Eph 5,27).[77]

Und damit kommen wir wieder zu unserem Ausgangspunkt zurück: Der HErr hat Seine Bevollmächtigten in der Gemeinde eingesetzt, damit die Heiligen insgesamt zugerüstet werden für das Werk des ihnen aufgetragenen Dienstes und der Christusleib aufgebaut werde, bis wir alle die Einheit im Glauben und in der Erkenntnis des Gottessohnes erlangen, zu einem vollkommenen Mann werden und das Altersmaß der Fülle = das volle Mannesalter erreichen, das der Messias hat (Eph 4,11—13). So sollen alle Glieder zusamenwachsen zu einer unauflöslichen, organischen Einheit in Ihm, dem Haupte, durch die Gemeinschaft Seiner Liebe und Seines Lebens (Joh 17,21; Eph 4,3 ff. u. ö.). Dabei haben sie sich gegenseitig zu unterstützen und zu ergänzen, damit sich das Wachstum des Leibes vollziehe zu seiner Auferbauung in der L i e b e (Eph 4,16) — denn die L i e b e ist das B a n d d e r V o l l - k o m m e n h e i t ! (Kol 3,14)

Alles aber läuft darauf hinaus, daß der himmlische Bräutigam bei Seinem glorreichen Erscheinen eine durch Seine Liebe geheiligte Gemeinde antreffe,[78] die Sein eigenes Bild widerspiegelt und[79] bereit ist, Ihn zu empfangen (Mt 25,10), und gereift, um zur Mitregierung auf Seinen Thron erhoben zu werden (Offb 3,21). Darum ist es das Anliegen des Heiligen Geistes, das Er einem

Paulus aufs Herz legen konnte und das Er auch uns aufs Herz legen möchte: die herausgerufene Gemeinde, die Er dem Herrn Jesus als dem Einen Manne verlobt hat, nun „als reine Jungfrau dem (kommenden) Messias zuzuführen" (2 Kor 11,2).

So wissen sich die echten Diener am Wort gleichzeitig als **Herolde des kommenden Königs**,[80] die das zwar zeitlich unter keinen Umständen festlegbare, aber gerade deshalb j e d e r zeit zu erwartende Ereignis jenes großen Tages ankündigen, von dem geschrieben steht: „Übergegangen ist die Herrschaft der Welt an unseren Herrn und Seinen Gesalbten" — „Hallelujah! Der HErr, unser Gott, der Allmächtige, hat die Herrschaft angetreten; wir wollen uns freuen und jubeln und Ihm die Ehre geben, denn die Hochzeit des Lammes ist gekommen..." (Offg 11,15; 19,6 f.)

Leider ist es nötig, in diesem Zusammenhang zu betonen, daß die Parusie — entgegen der weithin eingebürgerten Anschauung — zunächst weder den Weltuntergang noch das große Weltgericht heraufführen wird, denn dazwischen liegt noch ein volles Jahrtausend. Vielmehr ist es eine ganz andere Absicht, die Jesus mit Seinem Kommen verfolgt, nämlich zunächst die auf Ihn Wartenden durch das „Versammeltwerden zu Ihm hin" (2 Thess 2,1) oder m. a. W. durch die Entrückung[81] zu Sich zu nehmen, wobei sie Ihm in der Luft begegnen werden (1 Thess 4,16 f). Dann aber wird Er auf der alten Erde Sein schon von den alten Propheten verheißenes Messianisches Reich aufrichten (Jes 2,4; 65, 18—25; Jer 32,37—42; Hes 37,24—28; Am 9,14—15; Mich 2,12—13; Hab 2,14; Zeph 3,14—20; Sach 14,9 u. a. m.), wobei Jerusalem die Residenz des Messias sein (Lk 1,32; Jes 9,6) und Israel als Werkzeug Gottes zur Missionierung der Nationen dienen wird (Sach 8,23; Jes 2,2—3). Für die ganze Zeit dieses kommenden Äons wird Satan im Abgrund gebunden sein, während die Sanftmütigen die Erde besitzen werden (Mt 5,5)[82], um „Priester Gottes und des Messias zu sein und mit Ihm als Könige zu regieren tausend Jahre" (Offb 20,1—6).[83]

Sollte es da nicht den Boten des Königs ein heiliges Anliegen sein, ihre Zeitgenossen hinzuweisen auf das große bevorstehende Ereignis?! Da gilt es, die Ahnungslosen rechtzeitig zu warnen,[84] daß sie nicht dem Schicksal des Geschlechtes Noahs verfallen, von dem es heißt: „Denn wie sie es trieben in den Tagen vor der Flut: sie schmausten und berauschten sich, heirateten und ließen sich heiraten, bis zu dem Tage, da Noah in die Arche ging, u n d   m e r k t e n   n i c h t s, bis die Flut kam und sie alle dahinraffte..." (Mt 24,38.39) Auch heute ahnen viele noch nichts davon, welche Stunde es geschlagen hat an der Weltenuhr unseres Gottes. Gerade in der Christenheit nimmt man weithin jene überlegene, selbstsichere Haltung ein, die durch die Worte gekennzeichnet wird: „Mein Herr kommt noch lange nicht" (Mt 24,48).[85] So werden es sich die wahrhaft treuen Wächter auf Zions Mauern vor allem angelegen sein lassen, mit großem Ernst darauf aufmerksam zu machen, daß viele trotz ihrer Kirchlichkeit und Frömmigkeit wegen mangelnder Bereitschaft in der Gefahr stehen, beschämt von Ihm weg zurückweichen (1 Joh 2,28 b) und auf der Erde zurückbleiben zu müssen, wenn der Herr Jesus so plötzlich und unerwartet wie ein Dieb[86] in den Wolken erscheinen wird. Die klugen Jungfrauen aber werden beim Klang der Fanfare Gottes „hinweggenommen" (Mt 24,40 f),[87] um einzugehen zur himmlischen Hochzeit, weil sie bereit waren (1 Thess 5,6) als solche, die aus den Himmeln „mit Liebe Seine Erscheinung erwartet haben" (2 Tim 4,8 b; Phil 3,20 u. ö.).

Wer Augen hat, der sehe und achte auf die Zeichen der Zeit! Sonst trifft ihn der Vorwurf: „Ihr Heuchler, das Aussehen der Erde und des Himmels versteht ihr zu deuten, diese (von Gott euch geschenkte) Entscheidungszeit[88] aber, wieso könnt ihr sie nicht erkennen?" (Lk 12,56.) — Und wer Ohren hat, der höre den mitternächtlichen Ruf: **„Siehe, der Bräutigam! Zieht aus zur Begegnung mit Ihm!"** (Mt 25,6)[89]

Anmerkungen zu IV.

[1] „Jeder Sünder hat seinen besonderen Schlupfwinkel, in den er sich verschanzt, irgendeine Lieblingslüge, mit der er sein Gewissen beruhigt. Diese muß der Prediger herausfinden und daraus muß er ihn zu vertreiben suchen, sei es öffentlich oder privatim…" (Finney, a.a.O., S. 262.)

[2] „Dagegen **unsere kirchlichen Gottesdienste gehen durchschnittlich von der großen Selbsttäuschung aus, daß es sich um eine gläubige Gemeinde handelt. Die Folge ist, daß die versammelte Gemeinde sowohl durch die Liturgie… wie durch die Predigt über sich selbst getäuscht und statt erweckt zu werden, immer mehr eingeschläfert wird.**" (Pastor Fritz Mund bei L. Thimme, a. a. O., S. 55) — „Immer wieder und immer noch begegnet man der gutgemeinten und doch schlecht zu begründenden Annahme, als ob am Sonntag morgen eine Gemeinde Jesu vor einem säße. Der Prediger tut so, als ob er es mit Christen zu tun habe, als ob er nur das reiche Gedankengut des Neuen Testamentes in feierlicher Form zu entfalten brauche. Die Kultpredigt, die so tut, als ob eine feiernde Gemeinde andächtig in der Predigt ihren eigenen Glaubensinhalt ausspreche, s c h i e ß t v o r b e i. Solche Verkündigung mag in dem kleinen Kreise einer Kerngemeinde ihr Recht haben. In unserer volkskirchlichen Umwelt ist sie sc lechterdings v e r f e h l t, denn sie geht

von einer F a t a   M o r g a n a aus. Auch die lediglich lehrhafte Unterweisung setzt
voraus, daß schon Christen da sind. Die Apostel haben auf ihren Missionsreisen
n i c h t   g e l e h r t, sondern Heroldsrufe getan und Zeugnis abgelegt. Erst in den
durch Wiedergeburt und Bekehrung gewordenen Gemeinden haben sie Lehrer eingesetzt. **Unsere volkskirchliche Situation aber ist der Lage, die Paulus auf seinen
Missionsreisen vorfand, zu vergleichen.**" (D a n n e n b a u m, Christus lebt, S. 115.)
— Vgl. auch S c h n e p e l, Briefe aus dem Berliner Osten, S. 92: „Der Dienst in der
Seelsorge und der öffentliche Dienst am Wort ist von vornherein u n m ö g l i c h,
wenn man nicht z u   u n t e r s c h e i d e n weiß zwischen solchen, die dem HErrn
angehören, und solchen, die Ihm noch nicht angehören. Wie verschiedene Speise
muß dann gereicht werden ... Es gehört zur ernstesten Pflicht eines Seelsorgers,
mit großer Liebe und Sorgfalt in die ihm anvertrauten Menschen hineinzu-
lauschen, um ihnen abzumerken, ob sie zu denen in Christo gehören oder nicht.
Dann kann er ihnen entsprechend ihrem Stand dienen. Ohne diesen Blick wird sein
Dienst ein V e r b r e c h e n an lebendigen Menschenseelen. Nicht pharisäischer
Hochmut, sondern seelsorgliche Liebe nötigt uns, mit großer Sorgfalt z u   u n t e r -
s c h e i d e n zwischen denen, die »nicht fern vom Reich Gottes sind«, wie Jesus
einmal sagt, und denen, die in die Gemeinschaft Jesu eingingen und damit i m
Reich Gottes sind."

[3] „Man will den erschrockenen Gewissen helfen. Es zeigt sich jedoch, daß das
Hauptproblem in den Gemeinden nicht die erschrockenen, sondern die n i c h t
erschrockenen Gewissen sind." (A s m u s s e n, Warum noch lutherische Kirche?
S. 277.) — Das ist in Zeiten der Erweckung anders: „Zu einem Gottesdienst bei
Volkening oder Gustav Knak wanderten Menschen die Nacht durch, um das zu
hören ... Dagegen bei uns: Während die Predigt von großen Dingen handelt, sitzen
die Menschen unbewegt in einem ‚christlichen Dösen' da. K e i n e r   e r s c h r i c k t,
keiner weint, keiner jubelt oder springt. **Man läßt es über sich ergehen.** Hinterher
spricht man allenfalls vom W i e der Predigt, vom W a s nicht mehr mit e i n e m
Wort. Am Montag wissen die Kirchgänger weder Text noch Inhalt der Predigt.
Luft der Unwirklichkeit ..." (Werner de B o o r, Die Unwirklichkeit in der
Kirche ...)

[4] Es ist daher unbarmherzig und außerdem sinnlos, einer schlafenden Gemeinde
immer nur die sittlichen Einzelanweisungen des Neuen Testaments zu predigen, als
ob diese auch für noch nicht Wiedergeborene erfüllbar wären. „Das bloß christia-
nisierte Mischvolk in unseren Volkskirchen ist überfordert, wenn man diese Forderungen (sc. der Bergpredigt) wahllos an alle seine Glieder richtet." (K. B o r n -
h ä u s e r, Die Bergpredigt. Gütersloh 1923. S. 112.) — „Bevor wir christlich
handeln können, müssen wir Christen sein." (A. Schlatter, Christliche Ethik.
Stuttgart 1929. S. 6.) Es muß zuerst einmal der richtige Grund gelegt werden, und
das kann n u r geschehen durch missionarische, d. h. erweckliche Verkündigung.
„Wir sind in Deutschland in der Hauptsache nur pastorisiert, das Missionieren
muß nachgeholt werden." (Martin K ä h l e r.)
Vgl. dazu auch W. de B o o r: „Es geht nicht um die allgemeine Hebung der
Kirchlichkeit, nicht um die Stärkung, Vertiefung und Bereicherung des vorhandenen christlichen oder kirchlichen Lebens. Es geht auch nicht um die »Besserung«
von Menschen, um die Beseitigung sittlich-religiöser Schwierigkeiten und
Mängel ... Es geht vielmehr um B e k e h r u n g und W i e d e r g e b u r t im Sinne
der Bekenntnisschriften. Es geht um den Zusammenbruch aller falschen menschlichen und religiösen Sicherheit, um die Erkenntnis der totalen Verlorenheit und

um das Ergreifen des Heils... — Nicht Pflege, Stärkung, Vertiefung des bereits vorhandenen Glaubens wird hier (sc. in der CA) zum Ziel des Amtes der Kirche gemacht, sondern Hilfe zur E r l a n g u n g des Glaubens. Hier ist der nüchterne und doch so kühne Blick Luthers auf den Sinn des Predigtgottesdienstes aus der »Deutschen Messe« in das lutherische Bekenntnis mit hinübergenommen. Was ist für Luther der Sinn des sonntäglichen Gemeindegottesdienstes? »Eine öffentliche Reizung zum Glauben.« Kann man die Volksmission schöner und knapper definieren als mit diesem Satz? Diese Definition der Volksmission ist aber zugleich Definition des Predigtgottesdienstes! So »volksmissionarisch« ist er bei Luther und in CA V gesehen!... — Was ergeben sich doch hier für Folgerungen für den volksmissionarischen Auftrag der *VELKD* und seine Erfüllung! So wie es in den Bekenntnisschriften kein besonderes Reden über den missionarischen Auftrag der Kirche gibt, weil ihr ganzer Auftrag überhaupt wesentlich missionarisch verstanden sein will, so darf auch die Volksmission der *VELKD* nicht ein in sich abgeschlossener spezieller Arbeitszweig sein, der neben einem Dutzend anderer Fächer steht und von besonderen Spezialisten und besonders interessierten Pastoren auch noch getrieben werden mag, sondern die Volksmission ist Sache der Kirche als ganzer, wie der ganze Dienst der Kirche fort und fort Volksmission ist. — Das bedeutet einmal, daß die Kirche die Volksmission nicht länger der Inneren Mission oder anderen freien Vereinigungen überlassen darf, sondern sie zu ihrer eigensten Sache erklären muß... — Es bedeutet aber vor allem, daß wir gründlich loskommen von der bisherigen Vorstellung, Volksmission bestehe in der Veranstaltung von gelegentlichen Vorträgen und Evangelisationen. Der volksmissionarische Auftrag einer Kirche wird zuerst und entscheidend von den P a s t o r e n der Kirche erfüllt oder nicht erfüllt. Es ist kein Zufall, daß die großen Erweckungsbewegungen des vorigen Jahrhunderts im Osten wie im Westen unseres Vaterlandes eben nicht von Evangelisten getragen worden sind, sondern von Gemeindepastoren. Wenn Gott es der *VELKD* schenkte, daß ihre Pastoren wieder Gesetz und Evangelium m i t V o l l m a c h t predigten wie ein Harms, Knak oder Volkening, und zwar im vollen Wissen um die *infinitima multitudo impiorum in ipsa ecclesia,* in klarem, unerschrockenem Einblick in die wirkliche innere Lage der Gemeindeglieder, dann geschähe eine volksmissionarische Arbeit in der Kirche von einem Ausmaß und von einer Kraft, daß alle bisherige Volksmission dagegen gering würde. Dann und nur dann dürften wir auch wieder auf Erweckungsbewegungen großen Ausmaßes hoffen. — Darum wäre die »Evangelisation der Pastoren«, wie ein Kreis jüngerer Amtsbrüder in Mecklenburg es ausgedrückt hat, das erste Erfordernis zur Erfüllung des volksmissionarischen Auftrags der *VELKD.* Wenn Kirchenleitungen und Pastorenschaften aus dem überwiegend pflegerischen pädagogischen Denken, das von Jahrhunderten her bei uns eingewurzelt ist, h e r a u s k ä m e n zum m i s s i o n a r i s c h e n Denken und Wollen, wie es nach meiner Überzeugung das ganze Reden der Bekenntnisschriften durchdringt, dann begänne eine neue Zeit der Volksmission... — Ich darf in diesem Zusammenhang auf das Wort verweisen, das Prof. Dr. B o d e n s i e c k bei seinem Abschied aus Deutschland gesagt hat: »Die evangelische Kirche in Deutschland sollte, anstatt immerfort ihre Kräfte auf Organisation, Ordnungen, Grundordnungen zu verschwenden, mit ganz anderer Energie v o l k s m i s s i o n a r i s c h tätig sein. In meinem Lande und in meiner Kirche wird von jedem Pastor erwartet, daß er auch Missionar ist. Die Zeit ist reif dafür: die Herzen sind gelockert; viele Menschen warten nur auf das rechte Wort«.“ („Der volksmissionarische Auftrag der *VELKD* und seine Erfüllung“, in: Ev.-luth. Kirchenzeitung, Nr. 7/1950, S. 100 f.)

„Kirche als Volkskirche — und das galt schon für die Reformationszeit — ist ein Haufen von Menschen, die m i s s i o n i e r t werden sollen und denen wahrhaft Gläubige untermischt sind. Solange die Definition der Kirche aus Artikel VII und VIII (der CA) die einzige und wesentliche ist, ist das Todesurteil über die Volkskirche gesprochen. Denn die Volkskirche ist nicht zu begreifen als die Versamlung der Heiligen, denen Heuchler und Böse untermischt sind. Die Heiligen sind in der Volkskirche immer die Minderzahl. Das hat der Pietismus ganz richtig gesehen. Die lutherische Kirche in Europa hat trotzdem an der Volkskirche festgehalten. Sie tat das — das muß man ganz nüchtern sehen — im sachlichen Widerspruch zur Augustana. Wo immer sie die Augustana mit ihrer Wirklichkeit in Einklang zu bringen suchte, wurden Monstren erzeugt. Zu behaupten, daß in der volkskirchlichen Gemeinde den Gläubigen falsche Christen und Heuchler untermischt sind, muß im Amtsleben dazu führen, nur die bürgerlich Ausgestoßenen als zu bekehrende Objekte anzusehen. So lernten wir vor 30 Jahren noch im »Großen Achelis«, die bekehrende Seelsorge beziehe sich auf Verbrecher und gefallene Mädchen. Zu Protest gegen solche monströse Erscheinungen kann man den Pietismus nicht genug ermuntern..." (A s m u s s e n , Warum noch lutherische Kirche?, S. 129.) — In der Betonung der Notwendigkeit persönlicher Umkehr war der Pietismus „sogar in legitimer Nachfolge der Reformation, nicht zuletzt auch der lutherischen" (ders., S. 179.).

[5] „Dies aber kennzeichnet unsere kirchliche Situation, daß wir wohl die Welt zu uns rufen, aber nicht zur Welt hingehen wollen... Die Gemeinde sucht sich denn auch in ihren Gottesdiensten zu bereichern, sie lebt ihren Glauben um ihrer selbst willen, gleicht nicht mehr Schafen, die unter die Wölfe gehen, schon eher Mastgänsen, die sich stopfen lassen. Aber sehen wir zu: die Gemeinde, die in ihrer Kirchlichkeit und Tradition, in ihrer Frömmigkeit und in ihrem Brauchtum sitzen bleibt, ist das Produkt einer falschen Predigt! Einer Predigt und Seelsorge nämlich, die fort und fort T r o s t in die Hälse und Herzen der Hörer stopft. Die Folge davon ist der Christ, der zur Predigt geht, um dort etwas für sich zu holen, der Christ, der frommes Fett ansetzt, weil er fortwährend konsumiert, ohne sich zu bewegen... Der Gottesdienst darf nicht länger zur bloßen Seelenbedienung degradiert werden. Er muß zur S e n d u n g werden, denn die Gemeinde... kommt im Namen des Herrn Jesus zusammen, um eben diesen Namen h i n a u s z u t r a g e n in die Welt." (Rudolf B o h r e n , a.a.O., S. 189f.)

[6] „Jesus will uns m e h r geben als dies dürre, orthodoxe Anerkennen biblischer Dogmen." (Dannenbaum, S. 78.) — Vgl. dazu das außerordentlich wichtige Buch: S c h n e p e l , Der Weg der Gemeinde Jesu in den ersten vier Jahrhunderten (Berlin 1936), besonders den Abschnitt über „die Intellektualisierung des Christentums — der Einbruch des griechischen Denkens"! — „Es ist so viel leichter, intellektuelltheologisch über die Begriffe des verkündeten Wortes Gottes zu disputieren und sie begrifflich zu analysieren, als sich durch den Heiligen Geist im Zentrum der Existenz umbilden zu lassen; und vor allem: mit theologischen Begriffen kann man umgehen, man kann über sie jederzeit verfügen —, über das Wort Gottes nicht... Und endlich: es ist so viel leichter, an eine Glaubensregel, ein Dogma, eine feste Lehre zu glauben, als so zu glauben, daß Glaube und Liebe unzertrennlich eins sind. Vor allem: über das Glaubensgesetz und das Moralgesetz kann man verfügen, man kann sie handhaben, sie lehren und lernen, jenen Glauben aber, der in der Liebe wirksam ist, nicht... Man hatte jetzt Lehre — ohne die Dynamis des geisterfüllten Gotteswortes. Man hatte jetzt Glauben — »richtigen«, orthodoxen

Glauben — ohne die Liebe." (E. B r u n n e r , S. 60 ff.) — Durch solchen „Glauben" an den tötenden Buchstaben, an die von den Theologen formulierte L e h r e der Kirche ist noch kein Mensch gerettet worden. „Es geht den Aposteln n i c h t darum, daß ihre Hörer festhalten an einer L e h r e , sondern darum, daß sie Anschluß finden an eine P e r s o n ; sie sollen nicht an das Kreuz Christi oder an seine Auferstehung glauben, sondern an Ihn, den für sie Gekreuzigten und Auferstandenen. Wenn die Apostel zum Glauben auffordern, so bedeutet das immer, ihre Zeitgenossen sollen die Gelegenheit wahrnehmen, die sich ihnen bietet: in unmittelbare persönliche Berührung mit Christus zu treten und durch Ihn mit Gott. — Dieser Glaube wird n i c h t durch Lehrvorträge gewirkt. Die Apostel lehren wohl auch, aber immer nur, um den Glauben vorzubereiten oder den schon vorhandenen zu fördern. Der Glaube selbst entsteht n u r durch die B o t s c h a f t , d. h. durch die Mitteilung, daß der erhöhte Christus jetzt gegenwärtig und es daher möglich ist, sich an Ihn anzuschließen..." (R. L u t h e r , Art. „Glaube".) — Haben wir noch nicht bemerkt, wie wir mit toten orthodoxen L e h r predigten über die Köpfe hinwegreden und auch unsere Schüler oft nur q u ä l e n mit den alten Lehrformulierungen, anstatt ihre Herzen zu entzünden? „Es ist erschütternd, mit welch ahnungsloser Naivität... mit welch unerschüttert gutem Gewissen... die Theologie die »richtige« Lehre vorträgt, ohne zu bemerken, daß sie dabei vorgeht wie die reine Mathematik, welche ja auch nur auf die innere Geschlossenheit ihrer Formeln zu achten hat, aber nicht darauf, ob die Technik etwas mit den Formeln anfangen kann. Von der Orthodoxie kann eine Überwindung der protestantischen Krise nicht kommen. Im besten Falle kann das erreicht werden, daß die Formelwelt in der Kirche herrscht. Die Kirche würde dann in großer Form sterben, mit spanischem Anstand, in grandiosem Eigensinn; aber sie würde s t e r b e n ." (Ernst S t e i n b a c h , Die Auflösung des Protestantismus. München 1937. S. 189.) — So muß sogar im Hinblick auf das kostbare Gut der reformatorischen Rechtfertigungsbotschaft festgestellt werden, was A s m u s s e n von ihr sagt: „Was aber hat die lutherische Kirche und was haben die anderen evangelischen Kirchen aus dieser Botschaft gemacht? Zunächst vollzog sich eine Entwicklung von der Verkündigung zur Lehre... Alle Lehre zerfällt, sobald sie nicht mehr aus der Verkündigung lebt. Wie oft findet man noch Predigten, die im Wortlaut ganz oder im wesentlichen richtig sind, und es fehlt ihnen doch der z ü n d e n d e F u n k e , der die Eigenständigkeit der Predigt erst gewährleistet! So ist es der lutherischen Bezeugung der Rechtfertigungslehre gegangen. Und jeder lebt in einem Irrtum, der meint, man könne sie irgendwie konservieren. — Unsere Verkündigung hat in 400 Jahren die Spur der galatischen Werkheiligen verloren... Die geistliche Situation unserer Gemeinden i s t nicht so, daß sie in Gefahr sind, Werkheilige im Sinne der katholischen Kirche oder der galatischen Gemeinden zu werden. Sie wollen wieder Heiden werden oder sind es schon... Wir haben das Gesetz, unter welches die Galater und die modernen Heiden sich zu ihrer Verdammnis beugen, noch nicht wieder gefunden. Weil es so ist, darum ist der zentrale Punkt der Augustana als Verkündigung unter uns n i c h t k r ä f t i g . Als zeitlose Lehre wollen wir die Rechtfertigungslehre wohl behalten, aber als Verkündigung haben wir diesen Artikel noch nicht wieder gefunden." (Warum noch lutherische Kirche?, S. 73 f.)

[7] Diese vielgebrauchte Formulierung stammt bekanntlich aus Luthers Fehlübersetzung von Röm 3,23. Hierzu schreibt W. de B o o r , diese Übersetzung sei „leider durch den langen Mißbrauch zu einem Wort *achselzuckenden Leichtsinns* geworden. Es wäre darum gut, wenn diese Übersetzung aus unseren Bibeln v e r -

s c h w ä n d e." (Römerbrief, Wuppertal 1962, S. 98.) — Auch Prof. Friedrich B ü c h s e l weist darauf hin, daß sicher das „b e q u e m e Bekenntnis zur allgemeinen Sündhaftigkeit, das weder zum Suchen der göttlichen Vergebung noch zur Umkehr führt, eine w i d e r w ä r t i g e E n t s t e l l u n g der von Jesus gebotenen Liebe" sei. Nichts sei deshalb heute nötiger, als „vor dem bequemen Bekenntnis zur allgemeinen Sündhaftigkeit z u w a r n e n"! (Das Evangelium nach Johannes, Göttingen 1935, S. 185.) — Vgl. auch B e z z e l, a.a.O., S. 50! — Ebenso gesteht Helmut T h i e l i c k e, daß ihm „das P a u s c h a l b e k e n n t n i s bei der kirchlichen Beichte... nicht recht behagen will. **Das allgemeine »Ja«, mit dem wir uns... zu unserer Schuldverhaftung bekennen, ist a l l z u b i l l i g zu haben."** Vgl. dazu auch: Ders., Fragen des Christentums an die moderne Welt, 1946, S. 257 f. — Mit Recht warnt Thielicke vor der Gefahr des „Zöllner-Hochmuts", wenn er schreibt: „Dieser Zöllner-Hochmut, an dem Gott *keine* Freude hat, ist eine wahre Epidemie, die unter den Frommen grassiert... Alles, was wir tun und denken, kann vom Teufel benutzt werden, und auch die frömmsten Wasser kann er auf seine Mühlen leiten. Man kann auch mit der göttlichen Vergebung Schindluder treiben und sie zum Deckel der Bosheit machen. Man kann zum Beispiel, wenn man Theologe ist — und warum sollte ich meine eigene ‚Branche' hier schonen! — als ungerechtfertigter, hartgesottener Pharisäer mit einem bösen und hochmütigen Orthodoxie-Fanatismus eine korrekte und legitime Rechtfertigungslehre vertreten... Gerade unter uns Theologen ist die Krankheit des Zöllner-Hochmuts verbreitet: Unter uns ist nicht selten... mehr Rechthaberei als Rechtfertigung. — So müssen wir gerade die frommen Augenblicke in unserem Leben beachten. Kein Sündenbekenntnis sichert uns vor dem Hochmut. Auch die Demut ist keine Tugend, die gegenüber dem Teufel immun wäre. Im Gegenteil: Gerade in solche Nester legt er am liebsten die Kuckuckseier des Hochmuts und freut sich dann königlich, wenn sie ausgerechnet von den Frommen ausgebrütet werden." (Das Bilderbuch Gottes — Reden über die Gleichnisse Jesu. Stuttgart 1957. S. 182.) — B o n h o e f f e r hat schon recht: Absolution ohne persönliche Beichte konkreter Sünden ist zu billige Gnade! Denn „mit allgemeinen Sündenbekenntnissen pflegen sich die Menschen selbst zu rechtfertigen." (a.a.O., S. 81.) Wir sind gefragt: Wer gibt uns das Recht, nach der oberflächlichen Pauschalbeichte der Masse der Selbstgerechten nun ebenso pauschal die Absolution zu erteilen?! Niemand! Am allerwenigsten Der, auf Dessen hochheiligen Namen wir uns dabei berufen. Denn so spricht der HErr: **„Sie bestärken nur die Sünder in ihrem Tun, so daß schließlich überhaupt keiner mehr von seiner Bosheit umkehrt."** (Jer 23,14) **„Hört nicht auf ihre Worte! Sie wiegen euch in eitlen Wahn; Selbsterdachtes verkündigen sie euch, und zwar ohne jeden Auftrag des Herrn.** Sie sagen dauernd zu denen, die Mich verachten: »Der Herr hat verheißen: Friede sei mit euch«, und zu jedem, der in der Verstocktheit seines Herzens dahinwandelt, sagen sie: »Es wird euch kein Unheil widerfahren« (*alias:* Gott wird euch gnädig sein und euch eure Sünden reichlich vergeben)..." (S. 16 f) — Vgl. dazu auch Gen.-Sup. D. B r a u n, Die Bekehrung der Pastoren, S. 28: Der Teufel gibt denen, die gar nicht daran denken umzukehren, den Trost des Evangeliums und bestärkt sie dadurch in ihrer Selbstgerechtigkeit. Durch seinen Betrug machen es viele Prediger ebenso. Sie trösten den Sünder in der Sicherheit seines Sündenschlafes.

[8] Nach dem Neuen Testament sind die heiligen Handlungen der Taufe und des Brotbrechens nur für diejenigen eingesetzt, die bereits Jünger geworden sind, sie haben aber nicht den Zweck, Ungläubige zu erwecken; die Erweckung zum Glauben erfolgt durch missionarische Verkündigung des Wortes vom Kreuz. Im

Widerspruch dazu lehrt die Augustana in Artikel XIII, der Zweck der Sakramente bestehe darin, „unseren Glauben z u e r w e c k e n ...".

[9] Vgl. Dietrich B o n h o e f f e r , Nachfolge (München 1937): „**Billige Gnade ist der Todfeind unserer Kirche** ... **Billige Gnade heißt Gnade als Schleuderware, verschleuderte Vergebung, verschleuderter Trost** ..." Durch eine solche Gnadenlehre „findet die Welt billige Verdeckung ihrer Sünden, die sie nicht bereut und von denen frei zu werden sie erst recht nicht wünscht". (S. 1.) Diese billige Gnadenlehre der Lutheraner wurde „das Ende und die Vernichtung der Reformation"! (S. 7.) „So bleibt der Sieger der Reformationsgeschichte nicht Luthers Erkenntnis von der reinen, teuren Gnade, sondern der wachsame religiöse Instinkt des Menschen für den Ort, an dem die Gnade am billigsten zu haben ist." (S. 6.) — „Wie die Raben haben wir uns um den Leichnam der billigen Gnade gesammelt, von ihr empfingen wir das Gift, an dem die Nachfolge Jesu unter uns starb. Die Lehre von der reinen Gnade erfuhr zwar eine Apotheose ohnegleichen, die reine Lehre von der Gnade wurde Gott selbst, die Gnade selbst. Überall Luthers Worte und doch aus der Wahrheit in Selbstbetrug verkehrt. Hat unsere Kirche nur die Lehre von der Rechtfertigung, dann ist sie gewiß auch eine gerechtfertigte Kirche! so hieß es. Darin sollte als das rechte Erbe Luthers erkennbar werden, daß man die Gnade so billig wie möglich machte. Das sollte lutherisch heißen, daß man die Nachfolge Jesu den Gesetzlichen, den Reformierten oder den Schwärmern überließ, alles um der Gnade willen; daß man die Welt rechtfertigte und die Christen in der Nachfolge zu Ketzern machte. Ein Volk war christlich, war lutherisch geworden, aber auf Kosten der Nachfolge, zu einem allzubilligen Preis. Die billige Gnade hatte gesiegt. — Aber wissen wir auch, daß diese billige Gnade im höchsten Maße unbarmherzig gegen uns gewesen ist? Ist der Preis, den wir heute mit dem Zusammenbruch der organisierten Kirchen zu zahlen haben, etwas anderes als eine notwendige Folge der zu billig erworbenen Gnade? Man gab die Verkündigung und die Sakramente billig, man taufte, man konfirmierte, man absolvierte ein ganzes Volk, ungefragt und bedingungslos, man gab das Heiligtum aus menschlicher Liebe den Spöttern und Ungläubigen, man spendete Gnadenströme ohne Ende, aber der Ruf in die strenge Nachfolge Christi wurde seltener gehört. Wo blieben die Erkenntnisse der alten Kirche, die im Taufkatechumenat so sorgsam über der Grenze zwischen Kirche und Welt, über der teuren Gnade wachte? Wo blieben die Warnungen Luthers vor einer Verkündigung des Evangeliums, die die Menschen sicher machte in ihrem gottlosen Leben? Wann wurde die Welt grauenvoller und heilloser christianisiert als hier? Was sind die 3000 von Karl dem Großen am Leibe getöteten Sachsen gegenüber den Millionen getöteter Seelen heute? Es ist an uns wahr geworden, daß die Sünde der Väter an den Kindern heimgesucht wird bis ins dritte und vierte Glied. Die billige Gnade war unserer evangelischen Kirche sehr unbarmherzig. — Unbarmherzig ist die billige Gnade gewiß auch den meisten von uns ganz persönlich gewesen. Sie hat uns den Weg zu Christus nicht geöffnet, sondern verschlossen. Sie hat uns nicht in die Nachfolge gerufen, sondern im Ungehorsam hart gemacht ...". (S. 10 f.)

[10] „Es war eine entscheidungsvolle Stunde, als Caspar von S c h w e n k f e l d t mit dem Wittenberger Reformator von dem Zustand der Kirche sprach: Da die Kirchgemeinden meist keine gläubigen Mitglieder hätten, so wäre die Aufgabe an ihnen nicht Pastorierung, sondern Evangelisation. **Luther sah das selbst, zog aber n i c h t die Folgerung. So wurde den meisten deutschen Stämmen das evangelische Bekenntnis n u r ü b e r g e s t ü l p t.**" (P. Karl I m m e r bei Thimme, S. 184.) — Es

ist für uns heute frappierend nachzulesen, mit welch nüchternem Blick damals Caspar v. S c h w e n c k f e l d als Reformator Schlesiens die Fehler der vulgären Predigtpraxis im beginnenden Luthertum durchschaute, in seinen Schriften beim Namen nannte, deren verhängnisvolle Auswirkungen ins Licht stellte und somit rechtzeitig seine warnende Stimme erhob. Nach seiner Erfahrung wurde z. B. viel Unheil angerichtet durch den unverstandenen Artikel: „daß wir keinen freien Willen haben". So entschuldigen die Leute — das ist seine Klage — ihr Verharren im Ungehorsam mit der frommen Begründung: „Haben wir doch keinen freien Willen, was können wir denn tun? Bin ich auserwählt, so werde ich selig; Gott wird es schon schicken; wir wollen warten, bis der Heilige Geist kommt." Ebenso erregt der Mißbrauch der Formel: „daß wir Gottes Gebot nicht halten können" seine ernste Sorge. So schreibt er: „Wenn sie beschuldigt werden wegen ihres Ärgernis erregenden, bösen Lebens, sprechen sie: ‚Oh, wer kann denn Gottes Gebot halten? Wir sind ja alle Sünder...'" (Karl Ecke, Fortsetzung der Reformation. Memmingen 1965. S. 19 f.) — Und weiter schreibt er: „Da sie es auf den großen Haufen abgesehen haben (woran weder Christus noch Paulus gedacht hat) und nur darum besorgt sind, die Kirchen würden ihnen zerrinnen", haben die Reformatoren sich an die Obrigkeit gewandt, denn „wie könnten sie auch sonst den ganzen allgemeinen Pöbel bei ihrer Kirche erhalten?" Daß aber der wahren, zur Gemeindebildung befähigten Jünger „nur ein kleines Häuflein sei, bedarf keines weiteren Beweises, da es Christus oftmals im Evangelium selbst gesagt hat". Um aber die große Masse der Kirchgänger nicht zu verlieren, müssen die Prediger den Haufen derer, die an eine Umkehr gar nicht denken, so behandeln, „als ob sie Kinder Gottes wären", und zwar nicht nur in der Predigt, durch die sie „jedermann in den Himmel heben", sondern ganz besonders beim Abendmahlsgang, wo durch versäumte Unterscheidung zwischen den wirklich Geretteten und den bloßen Mitläufern „eine falsche Sicherheit der Gewissen aufgerichtet wird, wodurch man die Leute von der wahren Umkehr w e g führt, denn sie lehren, es sei hier lauter Ablaß, Gnade, Abwaschung der Sünden und Seligkeit zu holen, obwohl von alledem doch keinem etwas zuteil wird, wie klar vor Augen liegt". Die biblische Beschränkung der Feier auf diejenigen, die wirklich mit Jesus in Lebensgemeinschaft stehen, „verwerfen und unterdrücken sie..., nur damit sie recht viele Kommunikanten bekommen". Diesen rufen sie zu: „Stehet fröhlich auf wie Maria Magdalena!" Sie pflegen „alle für gute Christen zu halten, die ihrer Predigt glauben, das Abendmahl mit ihnen gebrauchen und ihr Tun für recht halten und der Sache nicht weiter nachforschen, mögen sie auch sonst leben, wie sie wollen". Kein Wunder, daß sich unter ihrer Predigt niemand veranlaßt sieht, ein neues Leben anzufangen, wenn die Wiedergeburt und die Heiligung durch den Geist von ihnen dermaßen „verdunkelt" wird. „Verschiedene Prediger sind oft gebeten worden, sie doch nur wenigstens zwei oder drei Menschen bezeichnen sollten, die durch ihren Dienst zur Umkehr geführt worden seien, damit man ihnen ihre angemaßte Sendung bestätigen könnte. Aber da ist niemand daheim!" Gegenüber der entschiedenen biblischen Forderung einer radikalen Lösung vom Bösen ist „für und für" ihre Ausflucht, man müsse doch „auf die Schwachheit der Menschen aus Liebe Rücksicht nehmen; so haben sie immer die Sorge, sie könnten dem Fleisch mit der Umkehr zu viel zumuten und es zu sehr erschrecken, reden dauernd von Schwachgläubigen, die doch meistens noch nie sich wirklich Christus ausgeliefert haben." So kommt es, daß „nachgerade jedermann, der nur leiblich getauft ist, ein Christ sein will, ohne aber danach zu fragen, was eigentlich zu einem Christen gehört. Ein Christ aber ist ein Gesalbter des Herrn, und wer den Geist des Christus nicht hat, der gehört auch nicht zu ihm, sagt Paulus Röm 8. In solchen Rips-Raps-Versammlungen, deren es heute leider viele gibt, wo nicht nur keine Absonderung noch Unterscheidung durchgeführt wird, sondern — was noch schlimmer ist — die Böcke für die Schafe, die Bösen für die Guten, die Gleißner für die Rechtgläubigen und faule Fische für gute Fische ausgegeben, aufgenommen und geehrt werden, wo die Hunde für Lämmer, die Schweine für Edelsteine und die Wölfe für Schafe gehalten werden: und das sind in heutiger Zeit Kirchen, die alle umfassen, so zum Nachtmahl gehen, denen man das Heiligtum vorwirft und ihnen von viel Gnade und Ablaß predigt — in solchen Versammlungen wird Gottes Wort, Jesus Christus, gelästert und die heiligen Sakramente profaniert..." (a. a. O., S. 63 f.)

[10.1] Vgl. Ralf L u t h e r z. St.: „Es herrscht fast allgemein die Vorstellung, als bedeutete der b r e i t e Weg ein offenbar l e i c h t s i n n i g e s, lasterhaftes Leben, der s c h m a l e dagegen ein Leben in Tugend und e r n s t e r F r ö m m i g k e i t. Als hieße: auf dem schmalen Wege gehen: kirchlich sein; noch besser: einer ernsten kirchlichen oder außerkirchlichen Gruppe angehören, die ein ganz bestimmtes Programm mit allem Nachdruck als biblisch vertritt. Der breite Weg wäre dann der Weg der Unkirchlichen oder Entkirchlichen oder der ‚bloß Kirchlichen'. — Das ist im ersten Augenblick einleuchtend. Bei näherer Betrachtung erweist es sich aber, daß die Bergpredigt in ganz anderer Weise unterscheidet zwischen dem breiten und dem schmalen Wege. Unter dem b r e i t e n Weg kann Jesus nicht den des Lasters oder offenbaren Leichtsinns meinen. Er spricht hier doch von Wegen, die überhaupt als W e g e z u G o t t angesehen werden können. Die offenbare Bosheit, die nackte Liederlichkeit, der erklärte Atheismus kam aber für keinen seiner Hörer als W e g in Betracht: weder für die damaligen Frommen noch auch für die ‚Zöllner und Sünder', denn auch diese wußten es genau, daß das völlige Chaos kein Weg zu Gott ist. — Andrerseits: unter dem s c h m a l e n Weg kann Jesus nicht die herrschende Moral, die kirchliche Frömmigkeit mit ihren Einrichtungen oder das besonders ernste Programm der Pharisäer meinen. Er sagt ja: es sind w e n i g e, die den schmalen Weg überhaupt finden; der Weg der kirchlich Frommen oder der Extra-Frommen (Pharisäer) lag aber für jedermann offen da. Es waren auch n i c h t w e n i g e, die den Weg der überlieferten Religion gingen, den Tempel besuchten, ihre Opfer brachten, zur vorgeschriebenen Zeit fasteten, den Zehnten gaben, die kirchlichen Feste feierten, an den Versammlungen der Synagogen teilnahmen. Es waren damals — und sind fast immer — die m e i s t e n, die sich in irgendeiner Weise an die überlieferten Sitten und Einrichtungen halten. Jesus weist hier darauf hin, daß gerade da, wo Menschen mit mehr oder weniger Eifer festhalten an kirchlichen Ordnungen, frommen Bräuchen, guten Grundsätzen, immer noch ein breiter und weiter Raum übrig bleibt für Willkür, Ungehorsam, Unglauben, Lieblosigkeit und alles Böse. **Der Weg des Gesetzes, der eng zu sein scheint, ist dennoch sehr breit...** Jesus meint vor allem die e r n s t l i c h F r o m m e n, ... die grundsätzlich und konsequent ihr Leben ‚biblisch' führten. Er zeigt auch ihnen, daß ihr Weg, so schmal er zu sein scheint, ein sehr breiter ist. Auch sie sind in dem, worauf es ankommt, ganz eigenmächtig und rebellisch. Sie halten lange Gebete und geben gebetsweise Gott die höchste Ehre — und sind doch im Leben ganz und gar verliebt in ihre eigene Ehre... Sie besuchen regelmäßig alle Versammlungen und sind zu Hause ein Kreuz für die Ihren. Sie sind bis in die Fingerspitzen korrekt im Festhalten an den kirchlichen Traditionen — und sind dennoch Geizhälse, Leuteaussauger, hartherzige Prinzipalinnen, unordentliche Hausfrauen. Sie halten täglich ihre Morgenandacht — und gehen im nächsten Augenblick blind und stumpfsinnig an der schreienden Not eines Bruders vorüber... Man hält sich an eine Straße, **aber es ist doch zuletzt eine recht**

breite und bequeme Straße. Es ist Raum genug da für die Betätigung des lieben Ich, für allerlei bürgerliche Behäbigkeit und kirchliche Selbstzufriedenheit. Es ist ein Kompromiß zwischen Glauben und Atheismus, zwischen Gottesdienst und Mammonsdienst, zwischen Wahrheit und Lüge, zwischen Selbstverleugnung und Selbstsucht. **Gesetze, Regeln sind immer dehnbar.** Man kann sie so oder so anwenden... Man kann alle Worte von der Freiheit eines Christenmenschen auf die schändlichste Weise mißbrauchen... — Die e n g e P f o r t e ist der große Ernstfall im Menschenleben, wo es von oben her über ihn kommt, daß er jetzt am längsten sein eigener Herr gewesen ist. Wo mit einem Schlage alle bürgerlichen und kirchlichen Sicherheiten dahin sind, weil man mobilisiert ist. Wo man sich zur Verfügung zu stellen hat ohne allen Rest und Vorbehalt. Durch die enge Pforte gehen heißt: **ein für allemal die Bestimmung über sich aufgeben, auf alle Sicherungen einer gesetzlichen Ordnung verzichten** und statt dessen das verwegene und abenteuerliche Leben eines Dieners Jesu beginnen. Und auf dem schmalen Wege gehen heißt: **ganz unbedingt und ausnahmslos unter der Leitung Jesu stehen.** Nicht mehr zerfließen in frommer Vielgeschäftigkeit, sondern mit gerafftem Willen jedesmal eines tun... Auch nicht einen Schritt tun ohne gewiß zu sein, daß Er es so will. Weiß einer das, dann bricht er auch unaufhaltsam durch alle Hindernisse, damit der hohe Wille seines Auftraggebers geschieht." (Art. „Die zwei Wege der Bergpredigt". Hervorhebungen im Original.)

[11] „**Es ist nicht zu leugnen: J e s u g a n z e P r e d i g t i s t R u f z u r U m -
k e h r.**" (S c h n i e w i n d in seinem Beitrag „Was verstand Jesus unter Umkehr?" zu Asmussens Sammelwerk: Rechtgläubigkeit und Frömmigkeit. II. Berlin 1938. S. 75. Sperrung im Original.) — Was die Übersetzung von „metanoia" anlangt, schreibt S c h n i e w i n d zu Mk 1,4 (a. a. O., S. 43.): „Er ‚verkündet eine Taufe der Umkehr...' Durch ‚Umkehr' geben wir das gewöhnlich mit ‚Buße' übersetzte Wort wieder. Der Ausdruck Buße ist m i ß v e r s t ä n d l i c h. Die scheinbar wörtliche Übersetzung ‚Sinnesänderung' **führt ebenfalls irre,** weil sie von der Bedeutung des griechischen Wortes (Meta-noia) ausgeht. Aber Johannes und Jesus haben *aramäisch* gesprochen, und es ist deutlich, was von da aus gemeint ist: die U m k e h r zu G o t t. Immer wieder sprechen die alten Propheten davon (Luther: ‚Bekehrung', ‚sich bekehren'). Diese Umkehr schließt, wie den innersten ‚Sinn' (‚das Herz'), so das äußere ganze Verhalten in sich; sie ist eine Wandlung der G o t t e s - beziehung, nicht zunächst eine Wandlung des Menschen in sich." — Auch Prof. Karl B o r n h ä u s e r betont, daß der Ausdruck „Buße" hier i r r e f ü h r e n d sei, zumal er bis heute im allgemeinen profanen Sprachgebrauch so viel wie S t r a f e bedeutet (vgl. nur den Begriff „Bußkatalog" = *Strafen*katalog!); er umschreibt den Ruf „Kehrt um!" überaus hilfreich und treffend folgendermaßen: „Kommt heim zu Gott! Ihr dürft heimkommen!" (Studien zum Sondergut des Lukas. Gütersloh 1934. S. 1 f) — **Jedenfalls muß das Wort „Buße" unbedingt vermieden, d. h. aus dem theologischen Wortschatz gestrichen werden,** um nicht von vornherein falsche Vorstellungen zu erwecken. „Der Begriff leidet darunter, daß er von Luther aus der katholischen Bußpraxis übernommen und auf eine Sache übertragen wurde, die im Grunde etwas g a n z a n d e r e s ist." (Kons.-Rat Lic. H. P o h l m a n n, Die *Metanoia* als Zentralbegriff der christlichen Frömmigkeit. — Eine systematische Untersuchung zum *ordo salutis* auf biblisch-theologischer Grundlage. Leipzig 1938. S. 38.) — Wer den dahinter stehenden Begriff aus der Vulgata — „*poenitentia*" — ins Auge faßt (den die Reformatoren leider auch beibehalten haben), dem muß vollends deutlich werden, welch greller Widerspruch zum Geist des Neuen Bundes hier zutage tritt: auf dem Boden der Gnade gibt es nämlich k e i n e *poenitentia*! —

Es ist auch offensichtlich, daß Luther in seiner ersten These dem Ruf Jesu („*poenitentiam agite!*") eine vom aramäischen Grundwort aus exegetisch nicht haltbare Sinndeutung gibt. (Wir sollen uns nämlich nicht dauernd um uns selber drehen.) Was im NT. unter „Umkehr" gemeint ist, steht also in krassem Gegensatz zu jeglicher *poenitentia* (Buße) sowohl im Sinne des mittelalterlichen Katholizismus wie auch im Sinne der Reformation. Im Mittelalter war mit *poenitentia* die Vorstellung verbunden, daß der Sünder durch Kasteiungen, Wallfahrten, Gebete und andere Bußleistungen seine Schuld abzubüßen habe, während das NT. mit *metanoia* genau das Gegenteil meint: Weil Jesus für uns stellvertretend am Kreuz unser aller Sünde vollgültig abgebüßt h a t , brauchen wir nicht mehr dafür zu büßen, sondern dürfen heimkehren zu Gott und werden um Jesu willen freigesprochen. Das war Luthers reformatorische Entdeckung. Tragischerweise aber hat er den belasteten und irreführenden Begriff der *poenitentia* bzw. *Buße* trotzdem beibehalten und die Behauptung aufgestellt, es sei damit gemeint, daß das ganze Leben der Gläubigen eine stete Buße sei (so in der ersten seiner 95 Thesen von 1517). Wiederum war der ursprüngliche Sinn von *metanoia* ins Gegenteil verkehrt, denn im NT. ist damit der einmalige und endgültige Akt der Abkehr von Selbstsucht, Eigenwillen und Sünde sowie der Hinkehr und Rückkehr zu Gott gemeint. Die verhängnisvolle Folge dieser Fehlübersetzung und Fehldeutung von *metanoia* durch über vier Jahrhunderte hindurch haben wir alle vor Augen: das Gros der Protestanten lehnt die Umkehr ab und hat dabei sogar noch ein gutes Gewissen, weil man ja in der (imaginären) „täglichen Reue und Buße" lebt. — Ebenso in die Augen fallend ist der Unterschied, der zwischen dem neutestamentlichen Begriff der „Umkehr" und jener Erklärung besteht, die die *Augustana* in Art. XII mit den Worten gibt: „Nun ist die wahre rechte Buße eigentlich nichts anderes denn Reue und Leid oder Schrecken haben über die Sünde und doch daneben glauben an das Evangelium und Absolution... Darnach soll auch Besserung (sic!) folgen, und daß man von Sünden lasse..." So hören es die Selbstgerechten gerne; denn solange lediglich Reue und Besserung erwartet wird, sind auch die Verstockten leicht einverstanden, — wenn nur keine Umkehr nötig ist! „Wie g r o ß ist doch der U n t e r s c h i e d zwischen Bekehrung und Besserung!" (Gen.-Sup. Büchsel.) — **„Wir stehen eben mit all unserem guten Willen doch nur im Wege, weil unser guter Wille B e s s e r u n g sagt, wo Jesus U m k e h r meint, Entwicklung, wo Er von Wiedergeburt spricht, Leben, wo Er Sterben fordert!"** (M. N i e m ö l l e r , ...daß wir an Ihm bleiben! Sechzehn Dahlemer Predigten. Berlin 1935. S. 38.) — „Jesus hat seine Forderung verkündet als Bußprediger. Buße bedeutet Ihm n i c h t Besserung, sondern U m k e h r als gänzliche Umgestaltung von Lebensführung und Grundeinstellung." (F. B ü c h s e l , Theologie des Neuen Testaments, Gütersloh 1937, S. 27.) — Man will sich ja bessern — wozu dann Umkehr? S o läßt der Feind diejenigen argumentieren, die sich vor dem alle Selbstgerechtigkeit vernichtenden Urteil Gottes nicht beugen wollen. Deshalb ist der Ruf zur Umkehr gerade den Frommen, auch den frommen Schriftgelehrten zu allen Zeiten so unerwünscht, anstößig und verhaßt gewesen, wie S c h n i e w i n d schreibt: „Gegen diesen Ruf der Umkehr haben sich die Frommen verschlossen. Daß es so schlimm um sie bestellt sein sollte, konnten sie nicht glauben. (Matth 21,32) Dem Todesurteil Gottes recht zu geben (Luk 7, 29. 30), war ihnen nicht möglich." (Bei Asmussen, a. a. O., S. 74.) Und doch gilt eben die Forderung der Umkehr unausweichlich für a l l e ! „Nicht nur Zöllner und Huren, Schächer und Verbrecher, sondern a u c h Fromme und Religiöse, Kirchengänger und Pastoren müssen sich bekehren, wenn sie vollwertige Glieder am Leibe Jesu werden wollen." (Dannenbaum, S. 78.)

[12] Vgl. dazu Prof. Helmut S c h r e i n e r, Geist und Gestalt — Vom Ringen um eine neue Verkündigung, S. 221: „Diese heilige Einseitigkeit, die der Ruf zur Umkehr atmet, kann durch keine andere Form unserer Verkündigung ersetzt werden, wenn man nicht den unerbittlichen Ernst des Evangeliums verdunkeln will. **Der Angriff auf Herz und Gewissen ... ist es, der in unserer heutigen Verkündigung weithin f e h l t .** Wir scheuen die Beunruhigung; aber ist sie nicht ein Grundelement der biblischen Verkündigung? ... Sich vor Gott gestellt sehen, heißt: sich mit seinem ganzen Leben in Frage gestellt sehen, sich auf einem Irrweg entdecken, sich vor der Notwendigkeit der U m k e h r zu wissen. **Eine Verkündigung, die das verhüllt, v e r h ü l l t d a s E v a n g e l i u m und bleibt w i r k u n g s l o s .**" — Vgl. auch M. N i e m ö l l e r , Alles und in allem Christus, Berlin 1935, S. 88 f: „**Daß Jesus t r o t z aller ernsten, rechtschaffenen Frömmigkeit zur U m k e h r ruft, ... das war das große Ärgernis**" — und ist es auch heute noch. Ein Evangelium aber ohne dieses Ärgernis „ist wie eine Biene ohne Stachel; sie bringt auch keinen Honig. Sie ist eine Drohne, die ohne Frucht bleibt" (Elias Schrenk). — Vgl. dazu auch Präses D. H u m b u r g : „In dem Wort unseres Gottes steht mit heller Klarheit immer wieder als Grundforderung an jeden Menschen: »Bekehret euch zu dem Herrn«. Mag man dies Wort schelten, man mag Gründe anführen, warum man es heute vielleicht besser vermeidet, man mag mit anderen Worten dasselbe zu sagen versuchen; uns soll jeder Weg recht sein, der zum selben Ziele führt, aber das Ziel lassen wir uns nicht verrücken. Es kommt für jeden Menschen auf e i n e k l a r e E n t s c h e i d u n g an. Halbheit ist Armut. Von Gott her ist das die eine Forderung an die gefallenen Menschen: Bekehret euch! Und in dem Wort liegt der Aufruf zu einem klaren Entschluß." **„Gott enthält den Frieden vor, wo ein Mensch Ihm nicht g a n z** ausgeliefert ist. Nur wer vor der engen Pforte alles zurückgelassen und alles aufgeben hat, was Gott nicht gefällt, nur der kann hindurchziehen und empfängt das Lied Gottes. »G o t t k r ö n t k e i n g e t e i l t e s H e r z .« (»Da fing an der Gesang des Herrn«, 2 Chron 29,27). Vielleicht willst du einen Schlüssel Ihm nicht ausliefern, den Schlüssel zu einem Geheimfach deiner Zukunftspläne, deiner Lieblingswünsche; vielleicht willst du eine Sünde festhalten, eine liebe, süße Sünde. So wirst du nie zum Frieden kommen. Es ist eine heilig ernste Sache um eine wahre Bekehrung. **Da gilt es einen ganzen Bruch und eine völlige Hingabe.** Gott gibt Seinen Geist denen, die Ihm gehorchen (Apg 5,32)." (Zitiert bei H. Obendiek, a. a. O., S. 96 f) — Daß allerdings nicht jeder Verkündiger dazu legitimiert ist, zur Umkehr aufzurufen, muß auch betont werden, wie es Ralf L u t h e r tut: „Die Grundvoraussetzung dafür, daß Menschen sich Gott zuwenden, ist, d a ß G o t t n a h e i s t , daß seine Gegenwart unmittelbar hereinragt in die Zeit. D a n n ist mit allem Nachdruck zur Bekehrung aufzurufen. Bringt der Prediger aber seinen Hörern die Gegenwart Gottes nicht, fehlt seiner Verkündigung der Beweis des Geistes und der Kraft, so begeht er einen großen Unfug, wenn er Bekehrung fordert. Das heißt dann, eine Last auflegen, die man selbst nicht angerührt hat (Mt 23,4), und ist das genaue Gegenteil von der neutestamentlichen Bekehrungspredigt." (Art. „Bekehren".)

[13] „Das Verständnis des Glaubens, wie wir es überkommen haben, ist v e r k ü r z t ..." (A s m u s s e n , Das Priestertum aller Gläubigen. Stuttgart 1946. S. 26.) — Auch Bischof D. I h m e l s will es „ernstlich betont" wissen, daß es ohne wirkliche Umkehr zu Gott keinen evangelischen Glauben im Vollsinn gibt. (Als die Diener Gottes — Sechs Kapitel Pastoraltheologie. Dresden-Leipzig 1938. S. 25.) — „Jesus lehnt es mit gewaltigen Worten ab, eine rein innerlich religiöse Haltung, die das praktische Leben an der Wurzel unverändert läßt, als G l a u b e n anzuerkennen.

Er läßt sich mit Andachtsübungen oder korrekter dogmatischer Anerkennung Seiner Person **n i c h t   a b f i n d e n**. Zu denen, die nicht den Willen Seines Vaters taten, wird Er sagen: »Ich habe euch noch nie gekannt«" (R. L u t h e r , Stichwort „Glaube").

[14] Das gleiche Nebeneinander von *metanoia* und *pistis* finden wir in dem Ruf Jesu: „Kehrt um und trauet auf die Freudenbotschaft!" (Mk 1,15) Beides ist eben e i n s , d. h. aber: wo nur einer der beiden Begriffe allein gebraucht wird, ist der andere mit darin enthalten.

[15] „Des Apostels Wort vom Christenstande trägt... die Züge einer M i s s i o n s - o d e r   B e k e h r u n g s t h e o l o g i e . Nicht nur seine Seelsorge, sondern auch seine Theologie ist durch die Lage von... Bekehrten bestimmt. Luthers Theologie dagegen ist auf das innerchristliche Problem der Sünde gerichtet. Sie hat es **nicht mit Bekehrung** und Bekehrten zu tun. **Hier fehlt die große Entscheidungsstunde, der Wendepunkt, der Gegensatz von Einst und Jetzt**... An Stelle der Sukzession von Einst und Jetzt steht das Simultaneum, das *simul* von Sünde und Gerechtigkeit... Die Sünde liegt nicht im Schatten der großen Wendung, sondern im Lichte der immer neuen Erfahrung eines Lebens, das von Anfang an Christenleben ist (?!) und jene Wendung als einmaliges, grundlegendes Geschehen nicht kennt... Der entscheidende Kairos in bezug auf die Sünde liegt für Paulus h i n t e r ihm, in der Bekehrung und Taufe, für Luther v o r ihm, in Tod und Auferstehung. — Den U n t e r s c h i e d zwischen der missionarischen und volkskirchlichen Lage und Erfahrung, zwischen einer Theologie der Missionstaufe und einer Theologie der Kindertaufe kann man sich nicht gründlich genug klarmachen. Wo man ihn verkennt oder vergißt, **drohen verhängnisvolle Fehler des theologischen Denkens und des kirchlichen Handelns**." (A l t h a u s , Paulus und Luther, S. 75 f)

[16] Die evangelische Einzelbeichte ist jedoch kein Gesetz, kein allen aufgelegtes Joch, sondern sie ist ein Angebot göttlicher Hilfe für den nach Frieden verlangenden Sünder. Vgl. dazu B o n h o e f f e r , Gemeinsames Leben: „Die Beichte steht in der Freiheit des Christen. **Aber wer wird eine Hilfe, die Gott anzubieten für nötig gehalten hat, ohne Schaden ausschlagen?**" (S. 82.) — „Sünde will unerkannt bleiben. Sie scheut das Licht. Im Dunkel des Unausgesprochenen vergiftet sie das ganze Wesen des Menschen. Das kann mitten in der frommen Gemeinschaft geschehen. In der Beichte bricht das Licht des Evangeliums in die Finsternis und Verschlossenheit des Herzens hinein. Die Sünde muß ans Licht. Das Unausgesprochene wird offen gesagt und bekannt. Alles Heimliche und Verborgene kommt nun an den Tag. Es ist ein harter Kampf, bis die Sünde im Geständnis über die Lippen kommt. Aber Gott zerbricht eherne Türen und eiserne Riegel (Ps 107,16). Indem das Sündenbekenntnis im Angesicht des Bruders geschieht, wird die letzte Festung der Selbstrechtfertigung preisgegeben. Der Sünder liefert sich aus, er gibt all sein Böses hin, er gibt sein Herz Gott, und er findet die Vergebung aller seiner Sünden in der Gemeinschaft Jesu Christi und des Bruders. Die ausgesprochene, bekannte Sünde hat alle Macht verloren." (S. 77 f.) — „In der Beichte geschieht der Durchbruch z u m   K r e u z . Die Wurzel aller Sünde ist der Hochmut, die s u p e r b i a ... Die Beichte vor dem Bruder ist tiefste Demütigung, sie tut weh, sie macht gering, sie schlägt den Hochmut furchtbar nieder. Vor dem Bruder als Sünder dazustehen, ist kaum zu ertragende Schmach. Im Bekenntnis konkreter Sünden stirbt der alte Mensch unter Schmerzen einen schmachvollen Tod vor den Augen des Bruders. **Weil diese Demütigung so schwer ist, meinen wir immer**

wieder, der Beichte vor dem Bruder ausweichen zu können. Unsere Augen sind so verblendet, daß sie die Verheißung und die Herrlichkeit solcher Erniedrigung nicht mehr sehen." (S. 78 f.) — „In der Beichte geschieht der Durchbruch z u m   n e u e n   L e b e n. Wo Sünde gehaßt, bekannt und vergeben ist, dort ist der Bruch mit der Vergangenheit vollzogen. »Das Alte ist vergangen. Siehe, es ist alles neu geworden.« (2 Kor 5,17)... **In der Beichte fängt der Christ an, seine Sünde zu lassen. Ihre Herrschaft ist gebrochen. Von nun an erficht der Christ S i e g um Sieg."** (S. 79.) — „In der Beichte geschieht der Durchbruch z u r   G e w i ß h e i t. Woran liegt es, daß uns oft das Sündenbekenntnis vor Gott leichter wird als vor dem Bruder?... So müssen wir uns fragen, ob wir uns mit unserem Sündenbekenntnis vor Gott nicht oftmals selbst getäuscht haben, ob wir nicht vielmehr uns selbst unsere Sünden bekannten und sie uns auch selbst vergaben? Und ... hat nicht die Kraftlosigkeit unseres christlichen Gehorsams vielleicht eben darin ihren Grund, daß wir aus einer S e l b s t vergebung und nicht aus der wirklichen Vergebung unserer Sünde leben? Selbstvergebung kann niemals zum Bruch der Sünde führen.... Verschafft uns hier Gewißheit, daß wir es im Bekenntnis und in der Vergebung nicht mit uns selbst zu tun haben, sondern mit dem lebendigen Gott? Die Gewißheit schenkt uns Gott durch den Bruder. Der Bruder zerreißt den Kreis der Selbsttäuschung. Wer vor dem Bruder seine Sünde bekennt, der weiß, daß er hier nicht mehr bei sich selbst ist, der erfährt in der Wirklichkeit des andern die Gegenwart Gottes. Solange ich im Bekenntnis meiner Sünden bei mir selbst bin, bleibt alles im Dunkeln, dem Bruder gegenüber muß die Sünde ans Tageslicht. Weil aber die Sünde einmal doch ans Licht muß, darum ist es besser, es geschieht heute zwischen mir und dem Bruder, als daß es am letzten Tag in der Helle des jüngsten Gerichtes geschehen muß. Es ist Gnade, daß wir dem Bruder unsere Sünden bekennen dürfen. Es ist Verschonung vor den Schrecken des letzten Gerichtes..." (S. 80.) — Was für eine unheimliche, geradezu diabolische Perversion in der weitverbreiteten Selbstvergebung liegt, darauf hat übrigens schon ein Jahrhundert früher Claus H a r m s in seinen „95 Thesen zum Reformationsjubiläum 1817" wie folgt hingewiesen: „Die Vergebung der Sünden kostete doch Geld im 16. Jahrhundert, im 19. hat man sie ganz umsonst, denn man bedient sich selbst damit." (These 21, zitiert bei: Hans Joachim Schoeps, Ungeflügelte Worte. Was nicht im Büchmann stehen kann. Wiesbaden o. J., S. 18.)

Erwähnt sei auch, was Wilhelm L ö h e über die Beichte sagt: „Die Privatbeichte ist für den einzelnen weder ein göttliches, noch ein Kirchengebot, sondern eine Erlaubnis und ein seliges Recht. In der römischen Kirche ist die Aufzählung der Sünden geboten, bei uns ist sie dem Ermessen des einzelnen anheimgegeben, die Kirche aber sorgt durch Belehrung und Ermahnung dafür, daß dieses herrliche Förderungsmittel alles geistlichen Lebens nicht ungebraucht bleibe, sondern allezeit gesucht, benützt und der große Segen, der in ihm liegt, mit Freude und Dank hingenommen werde... Jede Art von Beichte, mit Ausnahme derjenigen, welche zunächst nur Seelenrates bedarf, soll nicht eine Z u s t a n d s b e i c h t e, sondern eine Beichte vollbrachter Sünden sein. Man kann über sündige Zustände Jahrzehnte klagen und beichten, ohne ihrer los zu werden, wenn man nicht die einzelnen Früchte und Werke benennt, die aus solchen Zuständen hervorwachsen. Auch liegt in der Beichte von Zuständen sehr oft gar nichts Demütigendes, weil der Beichtvater selber und andere Leute oft genug die Antwort zu geben haben: »Das geht auch mir so, das geht vielen, das geht allen gerade so«. Da ist am Ende nicht gebeichtet, aber es trifft auch kein Trost, daher die Zustandsbeichten oft so geringen Nutzen schaffen, und eine so weinerliche, wimmernde und winselnde Sache zu sein pflegen. Wer recht beichten will, der beichte Werksünden, nenne sie beim

Namen, bezeichne die Umstände genau, soweit es sein kann, ohne anderer Leute Geheimnis zu offenbaren. Damit tritt er dem alten Menschen am meisten entgegen und setzt den Beichtvater am besten in den Stand, sein Amt zu tun."

Vgl. auch, was Kirchenrat W. G e y e r auf der Bayreuther Tagung der Bayer. Landessynode 1947 über die „Beichte, die *absolutio privata,* wie sie in der Augsburgischen Konfession genannt ist, die Einzelbeichte" gesagt hat: „Es ist in der Synode mehrmals darüber Klage geführt worden, daß unsere Kirche s o w e n i g w e r b e n d e K r a f t habe. Unsere Kirche hat zwar tatsächlich eine gewisse Fähigkeit, das zu bewahren, was da ist. Sie hat aber wenig Fähigkeit, einen Anstoß zu neuem Leben zu geben... Das wäre nicht so, wenn die S e e l s o r g e in unserer Kirche eine andere Stellung einnähme... Im letzten Sinn geschieht Seelsorge da, wo die Menschen ihr Inneres und die Last ihrer Schuld einmal hergeben und auf ihren Kopf zu persönlich die *absolutio privata* empfangen, die Zusage der Vergebung Auge in Auge. Wir werden hier weder katholisch noch sonst etwas, sondern wir bleiben hier lutherisch. Wir wissen, daß im Leben Luthers selbst die *absolutio privata* eine hohe Bedeutung gehabt hat. Wir wissen, daß im Artikel 11 der Augustana klar und deutlich zu lesen ist, daß man an der *absolutio privata* halten und sie nicht fallen lassen soll. Wir haben das alles tapfer und treu durch die Jahrhunderte konserviert, **aber p r a k t i z i e r t haben wir es seit anderthalb Jahrhunderten n i c h t m e h r. Das ist eine große Unterlassungssünde der Kirche.** Es ist ernsthaft zu fordern, daß wir an diesem Punkt zur Praxis des kleinen Katechismus und zur Augustana zurückkehren. Nicht konservieren, sondern praktizieren müssen wir!... Die Kirche hat keine werbende Kraft. Ein Arzt, der den Leuten die Hilfe nicht gibt, die sie brauchen, hat auch keine werbende Kraft. Der Mangel der Kirche hängt zu einem ganzen Stück daran, daß sie hier in der Seelsorge den Dienst versäumt, den sie tun sollte und dürfte, daß sie wohl Wissenschaftler, Prediger und Liturgen erzieht, aber viel zu wenig Seelsorger. D a m i t r ü h r e i c h a n d a s H e r z s t ü c k u n s e r e s B e k e n n t n i s s e s. Das ist die Rechtfertigung allein aus Gnade... Wir haben die Rechtfertigungslehre als Kirche in unserem Schatz aufbewahrt, konserviert in unserem Bekenntnis, auch durch die Stürme hindurchgetragen »wie in einer verschlossenen Truhe«... Wir müssen diese Truhe aufsperren, sonst fallen wir unter die Kaufleute, die anreichern und dem verlangenden Volk die Sachen nicht herausgeben. Wo aber geben wir sie heraus, wenn nicht dort, wo wir Augustana 11 wieder praktizieren und wo wir den Katechismus wiederherstellen, in dem den Menschen der Weg zur Privatbeichte gewiesen wird... Unser Bekenntnis w i l l das, und unser lieber Martin Luther hat uns das geschenkt in den Stücken, die man hernach aus seinem Katechismus weggelassen hat... Zwei Dinge können jetzt geschehen: wir können den Katechismus in diesem wichtigen Punkt wiederherstellen, und wir können das Ziel erkennen und ernstlich wollen, das uns hier gesetzt ist: indem wir das tun, bekennen wir vor der Welt, daß wir uns trennen von einer Orthodoxie, die das Bekenntnis nur konservierte, und daß wir uns bekennen zu einem lebendigen Luthertum, das das Bekenntnis praktiziert." (Auszugsweise abgedruckt in: Nachrichten für die evang.-luth. Geistlichen in Bayern, 3. Jahrg., Nr. 2/3, S. 20 f.) — Dasselbe betont Hans A s m u s s e n (Warum noch lutherische Kirche?): „Vor allem aber muß der Lutheraner angesichts dieses Artikels (CA XI) mit Scham feststellen, daß er verloren hat, was seine Väter hatten. Mir ist keine lutherische Kirche bekannt, welche diesen Artikel bekennen kann, ohne sich dessen zu schämen, daß so viel verlorengehen konnte. Die private Absolution ist faktisch auf ganz seltene Fälle beschränkt..." (S. 157.). „Der tiefere Grund unserer evangelischen Agonie ist... die Tatsache, daß unsere Pfarrer nicht priesterlich Beichte hören können — und es teilweise auch nicht wollen." (S. 157.) Asmussen sieht den letzten Grund für das Abhandenkommen der Einzelbeichte im lutherischen Bekenntnis selbst, und zwar im Artikel XXV der Augustana, wo die Beichte mit einem V e r h ö r im Sinne einer Katechismusprüfung verbunden wird: An dieser Verbindung sei das Beichtinstitut der lutherischen Reformation gescheitert (S. 278). — So war es seinerzeit auch für B l u m h a r d t eine ganz neue und einschneidende Erfahrung, als ihm zum ersten Mal gebeichtet worden war und er sich daraufhin ein Herz fassen mußte, um die Vergebung zu erteilen. Hören wir ihn selbst darüber: „Den Eindruck aber, den die Absolution auf mich und den Mann machte, kann ich nicht vergessen. Eine unaussprechliche Freude leuchtete aus dem Angesicht des Mannes, und mir war's, als ob ich in eine ganz neue, mir völlig unbekannte Sphäre hineingezogen würde, in welcher heilige Geisteskräfte r e g e würden. Ich wußte mir's nicht zu deuten..." Das aber wurde der Anfang der Erweckung in Möttlingen: „Bald kam wieder einer und so fort!" (Zitiert bei: Friedrich Z ü n d e l , Johann Christoph Blumhardt — Ein Lebensbild. 13. Auflage, Gießen-Basel 1936. S. 130.) Und weiter schreibt Zündel: „Freitag, den 26. Januar (1844), an einem monatlichen Bußtage, predigte Blumhardt — von diesen Erlebnissen ergriffen — über die Tageslosung: ‚Die rechte Hand des Höchsten kann alles ändern' (Ps 77.11). »Das war — erzählt er — das Signal zum allgemeinen Durchbruch; und der Drang der Leute war so stark, daß ich von 7 Uhr morgens bis 11 Uhr abends unaufhörlich zu tun hatte, und Männer, denen man zuvor auch nicht das mindeste zutrauen konnte, oft stundenlang in sich gekehrt in der Wohnstube saßen, bis die Reihe an sie kam... In F. s. Hause ist schon jeden Abend Männerversammlung von lauter jung Erweckten... Es wogt und gärt immer stärker.«" (S. 130.)

[17] Vgl. dazu A s m u s s e n , S. 167 f.: „Unser Artikel (CA XII) hat nur negative Worte für die Wiedergutmachung... Sie hat aber in einem bestimmten Sinn in der Bibel Raum. So belanglos das, was wir tun, in allen Fällen sein mag, so kann doch daran mehr als einmal unsere Seligkeit hängen. Es ist das Schicksal des Zachäus nicht auszudenken, wenn er es unterlassen haben sollte, zurückzugeben, was er unrechtmäßig besaß... Unsere Ethik leidet einfach darunter, daß wir an Vergebung ohne Wiedergutmachung glauben... Eine solche Wiedergutmachung ist vor Menschen. Aber sie ist doch mehr als das. Sie ist ein Zeichen, aber ein Zeichen in dem Sinn, daß sie enthält, was es bezeichnet. Dies Zeichen ist so wichtig, daß dem, der es nicht hat — wo er es haben könnte — a l l e V e r d i e n s t e C h r i s t i n i c h t s h e l f e n . Dies Zeichen aufzurichten ist ein wesentliches Stück der B u ß e ..." — „Der Begriff »Genugtuung« ist uns in evangelischen Kreisen völlig fremd geworden. Das ist kein Vorteil. Denn das Wiedergutmachen eines durch Sünde angerichteten Schadens ist ein echtes seelsorgliches Problem, über welches die evangelische Theologie leider nicht genug zu sagen weiß." (S. 337.) „Es muß als großer Mangel unserer Ausbildung angesehen werden, daß wir darüber nicht orientiert werden, ehe wir ins Amt kommen." (S. 168.)

[18] Daß aber diese Wiedergeburt einem Säugling durch die Taufe zuteil werden kann, wie es weithin gelehrt wird, ist im Licht des Neuen Testaments ganz unmöglich. Gott gibt nämlich Seinen Heiligen Geist, der ja die Wiedergeburt bewirkt, nur denen, die Ihm g e h o r c h e n (Apg 5,32 b), indem sie dem Ruf zur U m k e h r Folge leisten (Apg 2,38). Mit Recht sagt d e B o o r : „An der Feuernatur des Geistes kann man nichts ändern, und Feuer will und muß brennen. Verkennt man das, so erhält man jenen »Heiligen Geist«, dessen Dasein nur noch dogmatisch behauptet, von der Gemeinde aber nicht mehr lebendig und unwiderleglich erfahren wird. Ein typisches Beispiel dafür ist die Lehre vom

Geistempfang bei der Säuglingstaufe. Von irgendeinem Brennen ist in dem getauften Kind nichts zu merken. Flamme, Licht und Kraft ist n i c h t da. Aber nach bestimmten Schriftworten ‚muß' der Geist durch die Taufe da sein, also ist das ‚Feuer' da, auch wenn nichts brennt. — ... Geistesfeuer muß brennen und seine Flammen senden, sonst haben wir nur noch e r s t a r r t e Lava, aus der Theologen ihre Lehrstücke fertigen." (W. Stb., Thessalonicherbriefe, S. 106 f.) — Und in seiner Untersuchung „Der Pietismus im lutherischen Bekenntnis" (Berlin 1954) weist d e B o o r noch auf folgenden Zusammenhang hin: „Die übliche Lehre von der Taufwiedergeburt erneuert das typisch r ö m i s c h e Denken von der Wirksamkeit des Sakraments. Dieses Denken kennt die ‚*gratia infusa*', d. h. die eingegossene Gnade. Die Gnade, der Heilige Geist, das neue Leben kann hiernach einem Menschen ‚*eingegossen*' oder **übergestülpt werden ohne seine eigene Beteiligung**. Das Sakrament wirkt daher ‚*ex opere operato*', d. h. durch seinen bloßen Vollzug an einem Menschen. Meinen wir also, ein kleines Kind werde durch die an ihm geschehene Taufe ein wiedergeborenes Gotteskind und bekomme den Heiligen Geist und ein neues Leben, **dann folgen wir diesem römischen Denken.** Dagegen aber wenden sich unsere Bekenntnisschriften mit aller Entschiedenheit: ‚*Die Widersacher haben nichts Gewisses, können nirgends recht sagen oder verständlich davon reden, wie der Heilige Geist gegeben wird. Sie erdichten ihnen eigene Träume, daß durch leibliches Empfangen und Gebrauchen der Sakramente ex opere operato die Leute Gnade erlangen und den Heiligen Geist empfangen, obwohl das Herz gar nicht dabei ist; gleich als sei das Licht des Heiligen Geistes so ein schlecht, schwach, nichtig Ding*' (Apologie M. 98). In der Tat: das Licht des Heiligen Geistes wäre ein schlecht, schwach, nichtig Ding, wenn der Empfang des Heiligen Geistes bei der Taufwiedergeburt nichts anderes zustande brächte als das, was wir bei der großen Masse der Getauften mit erschreckender Deutlichkeit vor Augen haben!" (S. 13 f.) — Die Auswirkungen dieser falschen Tauflehre aber sind, wie die Erfahrung seit Schwenckfelds Tagen bis heute zeigt, weittragend und verhängnisvoll. Die Vorstellung, bereits durch die Säuglingstaufe wiedergeboren zu sein, gibt dem kirchenfrommen Sünder ein willkommenes Ruhepolster zum Weiterschlafen und eine bewährte Waffe gegen jeden Ruf zur Umkehr. Wie vielschichtig im übrigen die Frage „Heiliger Geist und Taufe" ist und w i e radikal wir uns dabei von unseren überlieferten Vorstellungen trennen müssen, wird erst recht deutlich, wenn wir Ralf L u t h e r dazu hören: „Die Taufe ist nur in soweit Geistesmitteilung, als die Gemeinde selbst den Geist hat. Nur insofern kann die Gemeinde durch die Taufe Menschen in Berührung mit Jesus bringen, als ihr eigenes Leben sich mit Jesus berührt. Wo die Gemeinde selbst auf der ganzen Linie die Nähe Jesu verloren hat, kann sie auch nicht mehr in den Namen Jesu taufen (d. h. in persönlichen Kontakt mit Jesus bringen); und die Worte: ‚Ich taufe dich in den Namen...' werden zur l e e r e n F o r m e l. Wenn von der Predigt und dem ganzen übrigen Wirken der Gemeinde kein Geist ausgeht, kann auch von der Taufe keiner ausgehen. **Gottes Geist läßt sich nicht einfangen in kirchliche Handlungen,** die nach dem Gesetz der Beharrung durch die Jahrhunderte fortgesetzt werden. Und gerade die T a u f e, sowohl die Johannestaufe als die der Apostel, bedeutet **das endgültige Begraben der Vorstellung, als könnte irgendeine kirchliche Einrichtung als solche die Gegenwart Gottes bei der Gemeinde festhalten.** »Gott kann sich so aus seinem Wort und Sakrament herausschälen, daß ihr nur die Hülsen nachbehaltet« (Luther). Es ist weder mit Dogmen noch mit Grundsätzen auszumachen, was die Taufe gibt. Die Taufe gibt gerade so viel, wie Christus überhaupt der Gemeinde gibt, d. h. wieviel er einer bestimmten Gemeinde oder einem bestimmten Hause zu einer bestimmten Zeit gibt." (Art. „Taufe".) — Vgl.

dazu auch Emil B r u n n e r , Römerbrief, S. 148: „Völlig und deutlich
a u s g e s c h l o s s e n ist bei ihm (Paulus) das in der späteren Kirche
aufgekommene m a g i s c h e Verständnis der Taufe, wo kraft einer äußeren
Handlung, die ein Priester vollzieht, dem getauften Säugling der Heilige Geist
eingeflößt und dadurch, ohne daß der Glaube hier eine Rolle spielte, die Sünde
abgewaschen und das neue Leben verliehen würde." — Auch unsere
Bekenntnisschriften reden, wie d e B o o r nachgewiesen hat, vom Getauften als
von einem Menschen, „der noch nicht zu Gott bekehrt und wiedergeboren ist" (SD
II 53 S. 892.). Und weiter stellt d e B o o r in seinem schon erwähnten Aufsatz (Der
volksmissionarische Auftrag der VELKD.) fest: „Die Wiedergeburt ist nicht
einfach ein Prozeß, der in der Taufe grundmäßig begonnen hat und nun bruchlos
entfaltet werden könnte, sondern die Wiedergeburt ist in den Bekenntnisschriften
zugleich Bekehrung und erfolgt in und mit der Bekehrung... Diese Bekehrung
wird auch ausdrücklich als b e s o n d e r e s E r e i g n i s von der nachfolgenden täglichen Buße u n t e r s c h i e d e n , was vielen Lutheranern als pietistische Meinung
gilt, in der FC aber klar ausgesprochen ist: »Wie aber Gott in der B e k e h r u n g
aus Widerspenstigen und Unwilligen durch das Ziehen des Heiligen Geistes Willige
machet und daß nach solcher Bekehrung des Menschen wiedergeborener Wille in
t ä g l i c h e r Übung der B u ß e nicht müßig gehe, sondern in allen Werken des
Heiligen Geistes, die Er durch uns tut, a u c h m i t w i r k e , ist da oben genugsam
erklärt worden.« (SD II 88 S. 909.)" (S. 99.)

[18.1] „Durch die ‚Einsetzung in die Sohnschaft' wird der Mensch **in den verborgenen Urgründen seines Wesens göttlich erneuert; er wird eine neue Schöpfung.** Es
wir das wiederhergestellt, wozu der Mensch anfänglich erschaffen und bestimmt
war: ein Bild Gottes zu sein; er hat seine Lebensantriebe aus dem Geiste Gottes
(Röm 8,14 u. Gal 4,6)..." (R. L u t h e r , Art, „Gotteskinder, Gottes Söhne".)

[19] Vgl. dazu O. S. v. Bibra in: Religion und Wirklichkeit, Die biblische Botschaft vom dreieinigen Gott, Gladbeck 1976, S. 20, 22, 37—42.

[19.1] Mit diesen Worten geht der Herr Jesus nach Luthers Urteil z u w e i t : „Die
Möglichkeit einer vollkommenen Freude des Christen in diesem Leben (Joh 16,24)
wird von Luther ausdrücklich bestritten... (W 46, 91, 2603ff, 33 f.)." (W. v.
L o e w e n i c h , Luther und das Johanneische Christentum. München 1935. S. 68.)
— Und diese Kritik an den Worten des HErrn hängt ursächlich zusammen mit
Luthers unbiblischem Postulat, daß auch die Christen unentrinnbar zeitlebens in
Sünden bleiben müßten. Siehe 1 Joh 3,21 f: **„Geliebte, w e n n unser Herz
uns n i c h t verklagt, dann haben wir Freimütigkeit zu Gott; und was
wir irgend bitten, erlangen wir von Ihm, w e i l wir genau auf Seine
Weisungen achten und das vor Seinen Augen Wohlgefällige tun."** — Vgl.
dazu auch J. S c h n i e w i n d : „Der Gekreuzigte, Auferstandene aber schenkt
seiner Gemeinde, die ‚in Ihm' lebt, die ewige, vollkommene, allzeit währende
Freude. — Wir müssen das Neue Testament beim Wort nehmen. Immer wieder
klingt das Wort von der ‚vollkommenen' Freude nach; immer wieder klingt die
Mahnung zur Freude ‚allewege', ‚allzeit', ohne Unterlaß. **Dies bedeutet doch, daß
das S c h w a n k e n a u f h ö r t ...**" (Nachgelassene Reden und Aufsätze.
Berlin 1952. S. 78.)

[20] Treffend nennt Sup. D. Dr. C. G. S c h w e i t z e r diese Einstellung „**die Resignation unserer Verkündigung in Bezug auf die Verwandlungskraft des Evangeliums**" und sieht mit uns an dieser Stelle „**d e n entscheidenden K r e b s - s c h a d e n unserer Kirchen**" (in einem Briefe). — Vgl. auch T h u r n e y ß e n (a. a. O., S. 240.): „Man hat in der Kirche nicht mehr gewußt, daß **Rechtfertigung ohne Heiligung nichts ist.** So vermochte sich eine Vergebungs- predigt auszubreiten, der **der Ernst... fehlt.**"

[21] Vgl. auch A l t h a u s, a. a. O., S. 71: „Bezeichnend ist es, wie C a l v i n die Worte des Paulus von der Unsträflichkeit der Christen am Tage Jesu u m - d e u t e t... Bei 1 Kor 1,8... betont Calvin... mit dem Leibe des Todes legen wir allen Schmutz der Sünde ab. — Das ist der gleiche Gedanke wie bei Luther... **Davon weiß Paulus nichts.** Dem leiblichen Tode legt e r k e i n e Bedeutung für die Vollendung der Heiligung bei." — So haben sich von den Reformatoren her bei uns ganz unbiblische Vorstellungen festgesetzt, und man hat völlig aus dem Auge verloren, daß der Heilige Geist die Aufgabe hat, die Untadeligkeit der Erlösten schon in diesem ihrem irdischen Leben zu bewirken, also diesseits des Todes, dies- seits der Parusie, f ü r den Tag des Messias, wie etwa Paulus schreibt: „... damit ihr lauter und unanstößig seid auf den Tag des Messias" (Phil 1,10). Vgl. W. d e B o o r z. d. St.: „Damit hängt wohl auch zusammen, daß uns das, was Paulus über den Zustand der Gemeinde angesichts des Tages Jesu sagt, **so fremd und erschreckend** vorkommt. Es widerspricht unserem ganzen gewohnten Denken in der Kirche... Nicht ‚lauter und unanstößig und erfüllt mit Frucht', sondern ‚befleckt, bettelarm, leer' stehen nach unserer Meinung Gemeinde und Christen an jenem Tage da. Auch der erlöste Mensch bleibt der elende Sünder, dessen Wesen und Leben bestenfalls ein unentwirrbares Gemisch von Gutem und Bösem ist, immer ‚*simul iustus et peccator*' (zugleich gerecht und Sünder)... Wir müssen sehen, daß Paulus eine g a n z a n d e r e Vorstellung hat. Er erbittet und erwartet, daß die Philipper ‚**lauter und unanstößig sind auf den Tag des Christus, erfüllt mit Frucht der Gerechtig- keit'**... Zu diesem Ziel gelangt die Gemeinde... nicht etwa durch eine zauberhafte Verwandlung, die mit dem Tode oder nach ihm eintritt, sondern durch das immer reichere Wachstum der Liebe j e t z t u n d h i e r. Wir mögen das von unserer Dogmatik aus ganz falsch finden, wir mögen ‚Hochmut' und ‚Perfektionismus' fürchten — wir müssen aber l e s e n, was Paulus hier schrieb. Und wir werden uns fragen müssen, ob wir uns — von Paulus aus gesehen — mit unserer Dogmatik und mit unserer ‚Demut' nicht in ein gefährlich bequemes und trügerisches Christentum geflüchtet haben." (W. Stb., Philipperbrief, Wuppertal 1957, S. 48.)

[22] Vgl. J. T. B e c k zu dieser Stelle: „*hagious kai amomous* kann nicht die sogen. zugerechnete Gerechtigkeit sein, die in der Sündenvergebung·besteht. Ausdrück- lich spricht ja hier V. 4 der Apostel von der uns zukommenden Bestimmung, wie sie vor Grundlegung der Welt gefaßt ist, also auch v o r Eintritt der Sünde... Also eine gottähnliche Heiligkeit, Heiligkeit in wesenhafter Realität ist das von Ewigkeit her bestimmte Endziel der Erwählung, und dementsprechend auch die Erwählung, wie sie im Fleisch gewordenen Christus sich realisiert gegenüber der Sünde, indem sie eine Heiligung mit sich führt, die auf Grund der Sündenvergebung die Sünde wieder zur totalen Ausscheidung bringt, eine Geist, Seele und Leib vollständig durchdringende Heiligung wird..." (Erklärung des Epheserbriefes, Güters- loh 1891. S. 49 ff.).

[23] „Im Neuen Testament ist unter Rechtfertigung n i e m a l s e i n e b l o ß e Er-
k l ä r u n g zu verstehen derart, daß der Mensch gerecht g e s p r o c h e n werde,
ohne es aber in Wirklichkeit zu sein... Wen Gott gerecht s p r i c h t, den m a c h t
Er auch gerecht... Er g i b t i h m A n t e i l a n S e i n e r H e i l i g k e i t und
H o h e i t. Mit anderen Worten: Gott macht ihn wieder zu einem normalen
(rechten) Menschen. So versteht a u c h P a u l u s auf der ganzen Linie die Rechtfertigung... Die unmittelbare Folge der Rechtfertigung ist also, daß der Mensch in
die nächste Nähe Gottes kommt und dadurch **auch in seiner Art, in seiner Grundrichtung göttlich wird.** — Daß die Rechtfertigung N e u s c h ö p f u n g, V e r-
w a n d l u n g bedeutet, spricht Paulus auch im 1 Korintherbrief aus (6,11)..." (R.
L u t h e r, Stichwort „Rechtfertigung".) — Leider wird im Luthertum vielfach
vergessen, daß auch Martin L u t h e r die Rechtfertigung in diesem umfassenden
Sinn versteht: „Die Rechtfertigungslehre antwortet auf die Frage nach unserer
»Gerechtigkeit« vor Gott, unserem Gott-recht-sein. Und zwar handelt es sich dabei
sowohl um die G e l t u n g des Menschen vor Gott w i e um das n e u e S e i n. Man
kann nicht sagen, daß die Geltungs-Frage bei Luther die einzige ist: die Frage nach
dem neuen Sein ist bei der Frage nach dem Urteil Gottes immer dabei. Aber ihre
Beantwortung hängt freilich an der Antwort auf die Geltungsfrage." (A l t h a u s,
Die lutherische Rechtfertigungslehre, S. 8.) — Unsere Bekenntnisschriften aber
haben hier offensichtlich eine Lücke: „Es muß anerkannt werden, daß die CA in
diesem Punkte (sc. über die v e r w a n d e l n d e Tätigkeit Gottes bei der Rechtfertigung) keine Aussagen macht. Es muß zugegeben werden, daß das eine
Schwäche ist. Melanchthon hat diesen Mangel in der Apologie auszugleichen ver-
sucht — der auch im Hinblick auf den XII. Artikel der CA besteht —, aber man
wird nicht sagen können, daß er das sehr glücklich getan hat." (A s m u s s e n,
S. 75.) „...Die lutherische Kirche hatte zwar das Augenmerk ganz auf den
Moment gerichtet, wo Gott im Himmel das entscheidende Wort über mich spricht.
Aber sie war nicht stark genug, im gleichen Atemzug das Wort von der neuen
Kreatur zu sprechen und es mit demselben Pathos zu verkündigen." (S. 75.) „Die
Äußerung Melanchthons in der Apologie, es bedeute die Rechtfertigung auch Ge-
rechtmachung, ist zu singulär; sie hat im Gesamte der reformatorischen Botschaft
nur ungenügende Folgen gehabt. In die lutherische Predigt ist sie so gut wie n i c h t
eingedrungen." (S. 80.)

[24] Gott will eben, daß der Jesusjünger *dikaios* (gerecht) werde nicht nur im
forensischen Sinn, sondern — „im Sinne der w a h r e n **Erfüllung des Gesetzes**"
(Gottlob S c h r e n k, Th. Wb. Bd. II, Art. *„dikaios"*, S. 192). — Vgl. auch E.
B r u n n e r zu Röm 8,4: „Nun wird das erst recht deutlich, was das 6. Kapitel mit
anderen Worten gezeigt hat: **Die Gerechtigkeit des Christus bleibt uns nicht fremd,
gegenüber, jenseits, sie wird uns nicht allein z u g e r e c h n e t, sondern sie wird
auch »e r f ü l l t i n u n s, die wir nicht nach dem Fleisch, sondern nach dem Geist
wandeln.«** Das neue Leben ist eine neue Gerechtigkeit, nicht bloß mehr nur als der
»Boden« der Rechtfertigung, auf dem wir stehen, sondern zugleich als die Kraft
eines neuen Wandelns, einer neuen Lebensführung." (a. a. O., S. 60.) — „Vom
sündigen Menschen wird nicht nur von Gottes Seite e r k l ä r t, daß er jetzt ein Ge-
rechter sei, sondern durch die Verbindung mit dem Christus wird j a t a t s ä c h-
l i c h der Mensch ein anderer. Er ist ja »in Christus«, und damit in der Gottver-
bundenheit, er bekommt den Heiligen Geist (Röm 8,15; 5,5). »Ist einer in Christus,
so ist er ein neues Geschöpf« (2 Kor 5,17). Er g l a u b t nicht nur an ein neues
Leben, sndern er h a t im Glauben ein neues Leben (2 Kor 13,4; 4,10 f)." (Ebd.
S. 43.)

[25] Es seien hier auch die eindringlingen Worte aus F i n n e y s „Briefen über Erweckung an alle Freunde und besonders an alle Diener unseres Herrn Jesu Christi", die er 1845/46 als Professor der Theologie herausgab, zitiert: „Ich bin völlig überzeugt, daß meine Brüder im Dienste am Evangelium es nicht werden umgehen können, auf völliger Heiligkeit des Herzens und Lebens zu bestehen, und zwar als auf etwas, das in d i e s e r Welt praktisch erlangt werden kann. Meine teuren Brüder, ihr mögt es versuchen, solange ihr wollt, aber wenn ihr einen niedrigeren Standpunkt als diesen einnehmt, so werden eure Gemeinden euch a b - g l e i t e n, bis ihr selber darüber entsetzt sein werdet... **Jeder Vorschub für die Sünde, alles, was praktisch darauf hinausläuft, die Möglichkeit zu leugnen, in diesem Leben zur völligen Heiligung zu gelangen, ist der größte und verderblichste Irrtum, den man auf die Gemeinden loslassen kann.** Ich flehe meine Brüder an, ein anderes Verfahren einzuschlagen..." Was Finney hier schreibt, gehört auch zu dem Schrei, von dem Jung-Stilling sagt, er solle ertönen, bis die Erdkugel in ihrer Achse erbebte und die Sterne erzitterten.

[26] Vgl. zur Frage der völligen Heiligung nach Paulus vor allem die beiden wichtigen Aufsätze des späteren Prälaten D. Th. S c h l a t t e r : „Für Gott lebendig in Christi Kraft. — Eine Studie zu den Selbstaussagen des Paulus" und „Tot für die Sünde, lebendig für Gott. — Das Urteil des Paulus über seine Gemeinden" im Jahrbuch der Theologischen Schule Bethel, I. und III. Band, Bethel 1930 und 1932. Sie bieten das Material vollständig dar.

[27] **„Paulus ist sich, obwohl Mensch und in Versuchung... stehend, im Stand seiner Verbundenheit mit Christus keiner Sünde bewußt und setzt dasselbe für alle, die wie er Ihm angehören..., voraus."** (K. H. R e n g s t o r f in Kittels Th. Wb., I, Art. *„hamartolos"*, S. 337). — Vgl. dazu auch A l t h a u s , Paulus und Luther, S. 64: „Daß Paulus sich gegenwärtiger Sünde bewußt wäre, davon finden wir nirgends eine Spur... — Wenn Paulus sich als Sünder weiß und bezeichnet, so ist immer die große Schuld v o r seiner Bekehrung gemeint, niemals Verfehlungen in seinem Christenleben, niemals gegenwärtige Unreinheit des Herzens. In Christus ist ja alles neu geworden, auch das Herz und das Handeln des Paulus." — „Paulus hat von der G e f a h r , in Selbstsicherheit und geistlichen Hochmut zu verfallen, gewußt. Aber er bekennt zugleich, daß Gott ihn durch seine Führung davor behütet. Solche Regungen können nicht aufkommen. Daß der Apostel mit ihnen zu schaffen gehabt und sich hätte quälen müssen, davon zeigen die Briefe auch da, wo sie Konfessionen sind, keine Spur. Er weiß sich ganz in der Gewalt der Liebe Christi (2 Kor 5,14). Er ist von seinem Dienst völlig hingenommen. Andere Regungen haben in seiner Seele k e i n e n R a u m . **Wir werden uns hüten, zu diesem Bilde irgendein Fragezeichen zu setzen."** (S. 78.) — „Aber wie steht es um die G e m e i n d e n ? Paulus kennt Überheblichkeit, hochfahrendes Wesen in ihnen. Er weist in dieser Hinsicht die Korinther scharf zurecht. (1 Kor 4,6ff.) Aber das ist ihm eine bestimmte einzelne E n t a r t u n g des Christenstandes, die sich heilen läßt. Als unentrinnbare, mehr oder weniger in jedem Christenmenschen mächtige Regung beurteilt er solche Hoffart n i c h t ." (S. 79.) — Dasselbe betont Th. S c h l a t t e r , Jahrbuch I, S. 123: „Er (Paulus) wagt es, Gott zum Zeugen für die Reinheit und Selbstlosigkeit seines Dienstes aufzurufen... Er ist gewiß, daß durch sein Leben allezeit Christus verherrlicht wurde (Phil 1,20) und an jedem Orte durch ihn der Duft Christi erkennbar und wirksam wurde (2 Kor 2,14—16)." „Paulus hat — soweit wir ihn aus seinen Briefen kennen — am Ende seines Lebens nicht das Bekenntnis abgelegt, daß er doch — trotz redlichem Wollen und vielleicht auch

manchem Gelingen — ein Sünder sei, der nur auf Barmherzigkeit hoffen könne.“
„Es will beachtet sein, daß Paulus in allen seinen Aussagen, in denen er über sein
Sterben hinausblickt, n i r g e n d s den Ton anschlägt, daß er auf Gnade hoffe, die
ihm seine Sünde vergebe…“

[28] Hier sei hingewiesen auf das, was F. G o d e t zu **Röm 5,10** schreibt: „**Die
Rechtfertigung ist nicht das ganze Heil; sie ist nur der E i n g a n g dazu.** Wenn die
Herrschaft der Sünde in den Gläubigen fortbestehen würde, wie vor ihrer Begna-
digung, so würde am Ende der Z o r n wieder ausbrechen… Aber die Mitteilung
des L e b e n s vollendet die Vermittlung durch das Blut, und indem sie die
Heiligung sichert, sichert sie dadurch die Enderlösung. Vgl. die Kap. 6—8, namentlich 8,2… **Wir werden an jenem Tage n u r gerettet werden w e n n wir, nachdem
wir durch den Tod Christi versöhnt worden sind, als durch sein L e b e n g e h e i -
l i g t erfunden werden.**“ (Kommentar zu dem Brief a. d. Römer. Hannover 1892.
1. Teil, S. 240.) — Vgl. dazu auch F i n n e y in seinen „24 Reden“, S. 185: „Der
Christ muß mit einem heiligen Lebenswandel bezeugen, daß niemand zu erwarten
braucht, gerettet zu werden, wenn er sich nicht der Heiligung befleißigt. Es hat so
lange die Ansicht geherrscht, es sei unmöglich, hienieden zur Vollkommenheit zu
gelangen, daß viele, die sich Christi Jünger nennen, nicht einmal danach streben,
heilig zu leben. Sie können nicht ehrlich sagen, daß es ihnen jemals auch nur ernstlich darum zu tun war, der Sünde wirklich den Abschied zu geben. **Sie schwimmen
mit dem Strom und führen ein so leichtfertiges, sündliches, friedloses Dasein, daß
sich der Teufel nur freuen kann, weil er weiß, daß sie auf dem sichersten Weg zur
Hölle sind.**“

[29] Zu dem Sündenkatalog von Gal 5,19ff. schreibt B o n h o e f f e r: „Dies alles
hat in der Gemeinde Christi keinen Raum mehr. Es ist a b g e t a n… Diese Sünden
trennen vom ewigen Heil.“ (Nachfolge, S. 202.) — Vgl. auch Th. S c h l a t t e r
z. St.: „Die Gegenüberstellung der Werke des Fleisches, wie sie vom Reiche Gottes
ausschließen (5,19—21), und der Frucht des Geistes (5,22/23) erfolgt nicht in der
Meinung, der Christ schwanke haltlos zwischen diesen beiden Lebensweisen hin
und her, so daß er jetzt Werke des Fleisches vollbringe und aber einmal eine
Frucht des Geistes reife…“ (Jb III, S. 53.) Ganz im Gegenteil: „Daß Geist und
Fleisch für Paulus völlig entgegengesetzte Lebensordnungen sind, zwischen denen
der Christ wählen muß, **zwei ganz verschiedene Felder, auf denen eine g a n z v e r -
s c h i e d e n e E r n t e reift,** das zeigt noch einmal die Mahnung 6,8: Paulus weiß
davon nichts, daß der Christ in unentrinnbarer Bindung durch sein Fleisch immer
wieder in Sünde geführt wird, auch als Glaubender notwendig sündigt.“ (S. 54.)

[30] Vgl. W. de B o o r zu Röm 2,5: „Läßt Gott jetzt noch in seiner Geduld vieles
ungestraft, es kommt der Tag, an dem sein ganzer heiliger Zorn als ein ungeheures
Feuer mit glühendem Ernst alles Böse verbrennt. Wie schrecklich muß die Ent-
täuschung der leichtfertigen Herzen werden, die sich ohne Umkehr mit dem
‚Reichtum seiner Güte‘ trösteten und statt dessen den aufgehäuften ‚Schatz des
Zornes‘ finden!“ (W. Stb., S. 70.)

[31] Man beachte die hier vorliegende sprachliche Unterscheidung, die auf den
HErrn selbst zurückgeht (Mk 7,31!) und durch die die geschlechtliche Ausschweifung der Ledigen abgehoben wird von der der Verheirateten: erstere heißt porneia =
Unzucht, letztere heißt moicheia = Ehebruch. Beides aber ist S ü n d e — Sünde,
die aus der Herrschaft Gottes unweigerlich ausschließt, —Sünde, durch die „der

Zorn Gottes über die Söhne des Ungehorsams hereinbrechen wird! Niemand soll euch hierin mit nichtigen Worten verführen!" (Eph 5,5f.!) Und eben dies tut der große Verführer in unseren Tagen sehr erfolgreich, wenn christliche Jugend ihm die Lüge abnimmt, vorehelicher Intimverkehr sei von der Bibel her erlaubt. — Mit Recht weist Erwin P a e h l auch darauf hin, daß Paulus in 1 Kor 7,36—38 nicht etwa schreibt: „Wenn ein junger Mann seinen Geschlechtstrieb nicht beherrschen kann, soll man ihm den vorehelichen Verkehr anraten." Nein, er schreibt: „dann soll er heiraten!" (Aus: E. Paehl/E. v. Bibra, Spannungsfeld E h e — Ein Gespräch mit Heiratslustigen und Ehemüden. Wuppertal 1976. S. 7.)

[32] „An keiner Stelle tröstet Paulus seine Christen damit, daß sie trotz ihrer Sünde an Gnade glauben dürften, weil die, die Eigentum des Christus seien, auch die Sünde nicht von Gottes Liebe scheiden dürfe. Es ist bezeichnend, daß z. B. in der Aufzählung Röm 8, 38.39 die Sünde n i c h t genannt ist. **Paulus betont ernst, daß die Sünde von Gott scheidet, aus dem Reiche Gottes ausschließt.** (Gal 5,21; 1 Kor 6,9; Eph 5,5) So merkwürdig es uns in lutherischer Überlieferung Lebenden sein mag, — Paulus hat an keiner Stelle seiner Briefe mit dem Hinweis auf Christi Gnade für die immer neue Sünde des Christen getröstet... Paulus fordert Umkehr, er droht mit dem Gericht, er mahnt — aber er spricht nicht dem Sünder die Vergebung der Sünde zu und vertritt nicht den Satz, daß der Sünder mit seiner Sünde unter Gottes Gnade stehe..." (Th. S c h l a t t e r, W. 55.)

[32.1] Es ist nämlich durchaus nicht an dem, daß Gott für alle Frommen selbstverständlich immer Vergebung bereit hält. Nein; E r u n t e r s c h e i d e t! Gott beurteilt und behandelt jeden besonders, und zwar gemäß dem Verhalten, das der einzelne seinem Nächsten gegenüber an den Tag legt: Mt 6,14f; 7,2; 18,23—35; Mk 11,25! — „Gott hat z w e i e r l e i Maß, mit dem Er uns Menschen unser Schicksal zumißt; das der grenzenlosen Güte und das der unerbittlichen Strenge; das des rückhaltlosen Vergebens und das des unweigerlichen, restlosen Forderns. Ob der himmlische Vater m i c h nach dem einen oder anderen Maß mißt, hängt ausschließlich davon ab, mit welchem Maß i c h m e i n e n Mitmenschen messe. Der Allmächtige ist herrlich, wenn Er Gnade übt, aber Er ist auch f u r c h t b a r in S e i n e m Z o r n (Mt 18,34). Das ist ein unveräußerliches Stück der Wahrheit, die Christus der Menschheit gebracht hat. **Niemand hat das Recht, es zu unterschlagen.**" (R. L u t h e r, Art. „Zweierlei Maß". Sperrungen im Original.)

[33] Es ist offensichtlich, daß der Herr hier nicht eine forensische, sondern die effektive Lebens-Gerechtigkeit meint. Denn eine zugerechnete Gerechtigkeit duldet keinen Komparativ; entweder man hat sie ganz oder überhaupt nicht.

[34] So hat die Kirche vom Wort Gottes aus kein Recht dazu, ihre Glieder damit zu trösten, daß bei den frommen Werken der Christen das Sündhafte n i c h t als Sünde gerechnet wird, sondern der Christ trotz und in seinen Sünden ganz gerecht und heilig heißen soll. Genau das aber ist die offizielle Lehre in den Bekenntnisschriften der lutherischen Kirche, wo es folgendermaßen heißt: *„Et quod in illis (sc. bonis operibus)* **pollutum et imperfectum est,** *pro peccato et defectu* **n o n c e n s e t u r,** *idque etiam propter Christum atque ite totus homo... iustus et sanctus est et nominatur ex mera gratia..."* (Art. Schmalc. XIII. 2.) — Ähnliches ist heute zu lesen etwa bei H. V o g e l: „Die elenden, von unserer Selbstsucht verdorbenen Werke" g e l t e n „durch Gottes Gnade als g u t e Werke"! (Eiserne Ration eines Christen. München 1936. S. 161.) — Welch eine V e r h a r m l o s u n g

der Sünde! — Vgl. auch W. de B o o r zu Röm 2,11: „Sind sie (sc. die ‚Christen'
und die Menschen der Kirche und ich) bei Gott in Gunst, so daß ihre Sünde
weniger schwer wiegt und ihnen nicht so viel schaden kann? ... ‚Unsere' Sünden,
die Sünden der ‚Christen' und der ‚Gotteskinder' sind nicht so schlimm, sie werden
von Gott freundlich übersehen, dazu ist ja die ‚Gnade' da. — Ist Gottes Gnade
solche **‚parteiliche Gunst'**? Was wir davon in unseren Herzen träumen (und was
davon im lutherischen Bekenntnis steht! v. B.), ist ein W a h n , der Gott beleidigt.
Die Sünden des „Juden" wiegen für Gott eher schwerer als die Sünden der anderen,
weil der ‚Jude' (und ich!) Gottes Willen besonders klar kennt. Es geht nach der
Regel, die schon Jesus festgestellt hat: ‚Denn welchem viel anvertraut ist, von dem
wird man viel fordern' (Lk 12,48). **Auch hier ist uns jeder Ausweg versperrt.** Das
möchte uns Paulus ganz fest einprägen." (W. Stb., S. 71.) — Und ders. zu Kol 3,6:
„Gott ist kein Parteimann, der Unzucht, Unreinheit usw. bei ‚seinen Leuten' nun
nicht mehr so schlimm findet. Das Zeugnis des Neuen Testaments ist hier völlig
einheitlich. Paulus sagt es den Römern: ‚Wo ihr nach dem Fleisch lebt, werdet ihr
sterben müssen' (Röm 8,13); er sagt es den Korinthern: ‚Weder die Hurer noch die
Abgöttischen noch die... werden das Reich Gottes ererben' (1 Kor 6,9.10); er sagt
es den Galatern: ‚...von welchen ich euch habe zuvor gesagt und wiederhole es
jetzt, daß die solches tun, werden das Reich Gottes nicht erben' (Gal 5,21)."
(W. Stb., S. 251 f)

[35] „Das Gericht ist unnachsichtig und hier gibt es kein Ansehen der Person...
Der Zorn Gottes wendet sich **g e r a d e   g e g e n   d i e   F r o m m e n !**..." (Schnie-
wind zu Mt 3,7; S. 21.) Es sei darauf hingewiesen, wie a u c h L u t h e r um die
G e f a h r , daß man sich durch die Vergebung vom Gehorsam dispensieren zu
lassen sucht, sehr wohl gewußt und oft mit großem Ernst davor gewarnt hat.

[36] Vgl. dazu auch Otto E t z o l d , Gehorsam des Glaubens — Die Botschaft des
Römerbriefes an die heutige Christenheit (Gütersloh 1947), S. 171 ff: „Die
Frommen stehen auf ihrer vermeintlichen Insel und werfen mit Steinen auf die, die
in dem großen Pfuhl des Zornes Gottes (1,18—32) herumschwimmen. Zwar
kennen sie das Wort des HErrn: »Wer ohne Sünde ist, werfe den ersten Stein.«
Nun, ohne Sünde sind sie zwar nicht, das wollen sie auch gar nicht behaupten.
Dennoch nehmen sie sich das Recht zum Steinewerfen heraus. Denn es ist doch ein
ganz großer Unterschied, ob einer gottlos ist oder fromm... Alle richtende, also
unmissionarische Frömmigkeit beruht immer auf diesem Unterschied und auf der
Annahme, Gott beachte ihn und werde darum mit den Frommen, auch wenn sie
gewiß nicht fleckenlos sind, in Seinem kommenden Gericht einen Unterschied
machen. Er wird doch den guten Willen, das ehrliche Streben und Bemühen ansehen und in Rechnung stellen. Diese stillschweigende Annahme gibt ihrem Leben
die Sicherheit, sie ist der unterste, tragende Stein ihrer eingebildeten Heilsgewißheit.
Auf diesen untersten Stein ihrer Frömmigkeit richtet Paulus seinen Stoß und
zerschlägt ihn völlig (2,6—11). Gottes Gericht ist gerecht. Er wird n i c h t das
fromme Bemühen und Streben ansehen und darum bei den Frommen, als bei
seinen Günstlingen, ein Auge zudrücken und sie mit milderem Maße messen.
Sondern Gott wird mit ganz gleichem Maß messen, und zwar n a c h d e m W e r k .
Nur Ausdauer im guten Werk selber und nichts anderes — nicht die guten Vorsätze
und das fromme Bemühen — führt ins Leben. »Was ihr getan habt... und was ihr
nicht getan habt...« wird es lauten ohne Zusatz und Abstrich. Ja, Er wird nicht
einmal bei den Christen ihren Glauben ansehen und über sie »um Christi willen«

ein barmherziges Gericht ergehen lassen, denn es gibt kein Ansehen der Person vor Gott.

Der unterste Stein, der ihre Heilsgewißheit trug, die stillschweigende Annahme und Hoffnung, Gott werde mit dem »Frommen« und »Gläubigen« einen Unterschied machen im Gericht, ist zerbrochen. Nun droht das ganze Gebäude ihrer Frömmigkeit zusammenzubrechen. Darum sucht der Fromme sogleich nach einem anderen Halt. Wie man in der Straßenbahn bei heftigem Anrucken nach irgendeinem Halt greift, so tastet der Fromme nach immer neuen Dingen, an denen er sich halten möchte, um nicht ins Bodenlose zu versinken. Doch Paulus schlägt sie ihm alle eines nach dem anderen unerbittlich aus der Hand.

2,12.17 ff. Zuerst greift der Fromme nach dem Gesetz. Es war ihm Halt im Kampf gegen die Sünde. Nun soll es ein Halt sein vor Gott. Nein, sagt Paulus, das Gesetz hören und haben, nützt dir gar nichts. Das Gesetz nützt dir vor Gott nur, wenn du es tust und hältst. Sonst wird durch die Kenntnis des Gesetzes die Verantwortung und Schuld nur noch größer (2,23.24), und »euethalben wird Gottes Name gelästert unter den Heiden«. Tief beschämt muß der Fromme diesen Halt fahren lassen. Auch dem heutigen Christenmenschen treibt dieses Wort die Schamröte ins Gesicht.

2,25—29. Doch sofort greift der Fromme nach einem neuen Halt, nach dem S a k r a m e n t. Damals war es die Beschneidung, heute etwa die Taufe oder das Abendmahl oder die Zugehörigkeit zu einer Kirchengemeinschaft (setze getrost statt »Beschneidung« Taufe, statt »Jude« Christ, statt »beschnitten« getauft, statt »unbeschnitten« ungetauft — dann spricht dieser Abschnitt auch zu dir, so daß du ihn nicht überhören kannst!). **Denn alles dieses, auch die Taufe usw., sagt Paulus, nützt dir nichts, wenn du das Gesetz nicht hältst.** Das Sakrament nützt dir nichts, wenn es dich nicht zum wahrhaftigen Glauben bewog. Dann bist du schon aus einem Getauften ein Ungetaufter geworden.

3,1—8. Ja, was hat dann die Frömmigkeit überhaupt für einen Wert und Vorteil? Man könnte meinen: gar keinen. Paulus aber sagt: Sehr viel! Denn dem Frommen ist das Wort und damit die Wahrheit und der Weg zu Gott gegeben. Es ist doch ein großer Unterschied, ob einer mit seinem Wagen ohne Weg und Steg im Sumpf und Dickicht steckt und das Ziel nie erreichen kann, oder ob einer festen, guten Fahrdamm unter sich hat und den Weg zur Stadt wohl kennt. Aber den Weg nur haben und kennen, bringt noch keinen ans Ziel, wenn er den Weg nicht wirklich zurücklegt.

Darum kommt Paulus nun 3,9 ff. zu dem Schluß: Haben sie einen Vorteil? Gar keinen! Und nun wendet er das Wort Gottes, dahinter sich die Frommen in zutraulicher Dreistigkeit sicher wähnten, weil sie meinen: das ziele ja nur auf die anderen, unvermutet auf sie und sagt: Diese Worte zielen auf euch, gerade auf euch (3,19). So richtet er das Wort direkt auf sie und deckt sie damit neunmal zu. Mehr ist nicht nötig. Nun bricht das Gebäude völlig zusammen. Und wie der Rauch und Staub sich verzieht, ist nichts mehr da als Trümmer und Bruch. Bankerott! (3,19—20.)"

[37] Mit Recht sagt Gerhard K i t t e l in seiner Neutestamentlichen Theologie: „Jesus fordert nicht »ein bißchen«, auch nicht »möglichst viel«, sondern was Er fordert, das fordert Er g a n z. Seine Forderung ist immer die Forderung einer G a n z h e i t. Das ist die Gottesforderung in ihrer ganzen Unerreichbarkeit; a b e r indem J e s u s sie hinstellt, stellt Er zugleich denen, die Ihm gehören, die Gegenwart der E r f ü l l u n g hin. Man versteht die Forderung Jesu und die Bergpredigt nur, wenn man sie weiß als das Wort nicht eines Predigers, sondern als das Wort des M e s s i a s, der in der Vollmacht dessen redet, der gekommen ist, Sein Leben

zu geben zum Lösegeld." — Ebenso S c h n i e w i n d im Matthäus-Kommentar,
S. 54: „**Es geht darum, ob das Tun des Guten wirklich gelingt, ob die Gerechtigkeit,
vom Gesetz gefordert, wirklich geschieht** (Röm 8,4), **ob sie g a n z geschieht**
(Mt 5,48) **o d e r t e i l w e i s e, d. h. g a r n i c h t** (Jak 2,10)." — „Wo sagt Jesus:
»Das ist mein Wille; tun kann ihn niemand«? W o sagt Er: »Das sind Meine Ge-
bote; halten kann sie keiner!«?" (Prof. Fezer.) — Es geht hier wirklich um Sein oder
Nichtsein der messianischen Sendung des HErrn! Siehe Mt 5,17—20!

[38] Vgl. auch S c h n i e w i n d zu Mt 5,17: „. . . Es geht um die Tat, und sie verlangt das G a n z e des Lebens (V. 19), und sie muß besser sein als das Tun der
Pharisäer (V 20). Dazu aber, daß dieses Tun möglich werde, ist Jesus gekommen.
Er ist gekommen, damit das Gesetz ins Herz der Menschen geschrieben (Jer 31,33),
daß die Rechtsforderung des Gesetzes erfüllt werde (Röm 8,4). Man hat auf Grund
von alttestamentlichen Stellen wie Jer 31; Jes 2,1—4 u. ä. damals die Hoffnung auf
ein »**Gesetz des Messias**« gehabt. Wenn der Messias kommt, muß sich die Ordnung
des Gesetzes wandeln, denn dann werden alle, die zu Gottes Volk gehören, Gerechte sein (Jes 60,21; 33,24; Hes 36,25 ff.). — **Diese Hoffnung zu erfüllen, ist Jesus
»gekommen«** . . ." (S. 52.) — Oder zu Mt 11,29 f: „. . . Jesus redet von einem J o c h,
das er den Seinen auferlegt. Er bringt ein neues Gebot (Joh 13,34), ein neues Gesetz
(Gal 6,2; 1 Kor 9,21), das Gesetz des Messias, das ins Herz geschrieben wird . . .
Man kann ihm von Ihm lernen, ohne zu ermüden, ohne unerträgliche Last, denn sein
Joch ist »süß«; dies Gesetz selbst bedeutet F r e u d e, denn »seine Gebote sind nicht
schwer« (1 Joh 5,3) . . ." (S. 150.) — Ähnlich Otto R i e t h m ü l l e r: „Im letzten
Gericht wird der ewige Richter nach diesen Seinen Worten richten, und Er wird die
Einrede und Ausrede am wenigsten gelten lassen, das seien harte und unerfüllbare
Worte. Er wird uns vielmehr nachweisen, daß sie wahrhaft Evangelium, frohe Bot-
schaft sind, und daß die Erfüllung zwar bei uns Menschen unmöglich ist, daß aber
bei Gott alle Dinge möglich sind, und daß die Stadt auf dem Berge darin ja ihr
Wesen hat, daß sie in ihr die Kraft Gottes in der Schwachheit der Menschen wirksam
wird. Wenn die Kraft Gottes nicht da wäre und nicht wirkte und sich Seelen,
Häuser, Gemeinden, Völker suchte, wo sie wirksam werden kann, dann stünden
wir wohl vor einem unerfüllbaren Gesetz. Weil aber der HErr selber durch die
Kraft des Geistes Seinen Willen uns offenbart, in uns und durch uns erfüllt, darum
sind diese Worte erfülltes und e r f ü l l b a r e s E v a n g e l i u m." (Die Stadt auf
dem Berge, Eine Einführung in die Bergpredigt. 2. Auflage, Berlin-Dahlem 1937.
S. 68.)

[39] Auch Mt 5,23—26 zeigt, daß Jesus in der Bergpredigt n i c h t ein unerreich-
bares Ideal vor uns hinstellen will, sondern daß Er — „mit einer w i r k l i c h e n Erfüllung Seiner Forderung rechnet, im ganz alltäglichen Leben. Seine Forderung
lebt also nicht in irgendeinem idealen Reich der »Gesinnung« fern vom wirklichen
Tun. Aber diese Erfüllung ist — allerdings! — etwas ganz Neues: jenseits der aus-
weglosen Verurteilung, die in V. 22 ausgesprochen war. Die Erfüllung ist also ein
von Gott gewirktes Wunder; vgl. Mk 10,27." (S c h n i e w i n d, S. 57.) „Daß Gott
das Herz will und daß vor Ihm kein Mensch bestehen kann: beides war schon dem
AT. bekannt. Aber dies Urteil wird nirgends ganz in Geltung gesetzt. Irgend einen
Ausweg gibt es immer . . . J e s u s aber setzt zugleich die Unausweichlichkeit des
Gerichtes und die Tatsächlichkeit eines neuen Tuns. Beides ist in der Macht Seines
Wortes als d e s M e s s i a s beschlossen: Ich aber sage euch." (Ders. S. 58.)

[40] Paulus hat hierin seinen Meister besser verstanden als wir in unserer krankhaften Angst vor vermeintlicher Schwärmerei —: „Als das Ziel des sittlichen Reifens beschreibt Paulus ohne Scheu die »Vollkommenheit«. Der Christenstand darf und soll etwas G a n z e s werden; er soll und muß nicht im Bruchstück stecken bleiben. Die Christen sollen nicht den Kindern gleichen (1 Kor 3,1; Eph 4,14), sondern dem reifen Mann... In seinen Gemeinden k e n n t er »Reife«, »Fertige«, »Vollkommene« (1 Kor 2,6); ohne Bedenken rechnet er sich selbst zu diesen »Vollkommenen« (Phil 3,15), — so gewiß er damit nicht behaupten will, er sei schon am Ziel, am Ziel der ewigen Vollendung (Phil 3,12). Von Vollkommenen, an das Ziel der Reife Gelangten wagt Paulus zu sprechen, obwohl er dieses »Ziel« h o c h gesteckt hat: »**Die Fülle des Christus**« gilt ihm als das Ziel des Wachstums für den fertigen Mann (Eph 4,13), und eben dadurch, daß alle »in den Christus hineinwachsen«, vollzieht sich das normale Wachstum des Leibes Christi (Eph 4,15. 16).“ (Th. S c h l a t t e r , Jb. III, S. 42.)

[41] In seiner Auslegung zu diesem Wort betont S c h n i e w i n d , daß unser Leben und Tun wirklich „ein in sich geschlossenes Ganzes werden kann. G a n z für Gott! Wie Er in sich einheitlich, sich selber gleich ist. Jesus nimmt das alttestamentliche Grundwort »Ihr sollt heilig sein, denn Ich bin heilig«... auf. Es e r f ü l l t sich bei seinen Hörern.“ (S. 70.) — Und Ralf L u t h e r schreibt z. St.: „Diese Forderung wird meist als Ideal aufgefaßt, d. h. als ein Ziel... das man »selbstverständlich nie erreichen kann«; »wirkliche« Vollkommenheit könne es im Menschenleben nun einmal nicht geben. Was fängt man bei dieser Auslegung mit dem Schluß der Bergpredigt an: »**Wer diese Meine Worte hört und t u t sie...**«? (Mt 7,24—27). Die Forderungen Jesu gelten nicht für die Welt der Ideale, sondern für diese harte Wirklichkeit. Er ist kein Führer, der Befehle erteilt, damit sie unerfüllt bleiben. W a s E r s a g t , i s t u n w e i g e r l i c h z u e r f ü l l e n.“ (Neutestamentl. Wörterbuch, Stichwort „Vollkommenheit“. Sperrung im Original.) — Auch Otto D i b e l i u s stellt es klar heraus, daß sich der lebendige Gott „nicht durch Abschlagszahlungen“ befriedigen lasse. „Er verlange den Menschen g a n z . Und von diesem ganzen Menschen verlange Er schlechtweg alles — nämlich, daß er vollkommen sein solle, so wie Gott vollkommen ist.“ Jesus meinte es durchaus „n i c h t als ein hochfliegendes Ideal, das nur leider in dieser schlechten Welt nicht zu verwirklichen sei. **Mit solchen Idealen hat Er seine Zuhörer niemals behelligt. Er stand immer ganz in der Wirklichkeit. So meinte Er auch hier das, was Er sagte, ganz ernst. Dies und nichts anderes fordere Gott: Wir sollten vollkommen sein w i e E r ! Entweder müsse man das erfüllen, oder man schließe sich selber aus dem heiligen Reiche aus, das Gott aufrichten will!**“ (Bericht von Jesus aus Nazareth. Berlin 1938. S. 13 f.)

[42] Wenn A l t h a u s mir vorwirft, mein Sündenbegriff dringe nicht tief genug (Die luth. Rechtfertigungslehre und ihre heutigen Kritiker, S. 20), dann frage ich mich, was er wohl gegenüber diesem Jesus-Wort sagen will. Hätte der HErr nicht wissen müssen, was Althaus als so selbstverständlich und sicher hinstellt, nämlich daß auch der Christ doch weiter t ä g l i c h sündigt (S. 10), — daß die Sünde in diesem Sinn (d. h. im Sinne der Unreinheit des Herzens) wirklich auf Erden unentrinnbar ist“ (S. 20)?!

[43] Deren kürzeste Formel finden wir in der viel mißbrauchten und deshalb sehr gefährlichen Wendung; *„simul iustus et peccator.“* Th. S c h l a t t e r stellt jedenfalls als Exeget fest: „P a u l u s vertritt n i c h t das *non posse non peccare* (= die Unfähigkeit, nicht zu sündigen); er weiß nichts davon, daß der Christ immer Sünder

bleibe" (Jb. III, S. 54). — Auch Emil B r u n n e r betont den ausschließenden
Gegensatz von Glaubensgerechtigkeit und Sünde: Sünde ist „das Gegenteil des
Glaubens. Sünde ist die negative, die verkehrte Gottesbeziehung. Der Mensch lebt
e n t w e d e r im Glauben o d e r in der Sünde, gerade so, wie er entweder schläft
oder wacht, tot ist oder lebt. Es gibt kein Drittes dazwischen... Der Mensch ist
e n t w e d e r in der Sünde, o d e r er ist im Glauben (Röm 6,11. 20—22)". (Römerbrief, S. 144.) — Vgl. dazu auch Otto E t z o l d, Vom neuen Hören auf den
Römerbrief, Gladbeck 1948, wo es u. a. heißt: „Die entscheidende Weiche ist der
verhängnisvolle Satz des »Gerecht und Sünder zugleich«. Es ist nämlich ganz genau
die Stelle Röm 6,1, wo Paulus sagt: »Wie nun, sollen wir in der Sünde bleiben...?
Nimmermehr!« Unsere Theologie aber sagt im klaren Gegensatz zu Paulus: »Ja,
wir müssen auch als Christen immerzu in der Sünde bleiben, wir sind also gerecht
und Sünder zugleich.« Und dieser Satz wurde nicht etwa nur naiv ausgesprochen,
sondern theologisch begründet und verfestigt. Damit hatte man sich buchstäblich
von Paulus getrennt und seine Bahn verlassen..." (S. 79.) — „So ist das Haupt-
hindernis für das Kommen des Reiches Gottes zu uns heute »eine angebliche Gerechtigkeit«, die in der Sichtbarkeit vor den Menschen und vor dem Gesetz
S ü n d e ist, aber in der Unsichtbarkeit vor Gott gleichzeitig Gerechtigkeit sein
möchte... Doch wenn wir sündigen, dann sollen wir uns bloß nicht einbilden, zugleich gerecht zu sein... Wir wenden uns also gegen das vulgäre, im Volk um-
gehende Verständnis, d. h. also Mißverständnis dieser Dinge... Was Luther selbst
mit dem »zugleich« gemeint hat, darin scheinen sich die Lutherkenner nicht ganz
einig zu sein. Jedenfalls ist es aber nicht zufällig, daß weder bei Paulus noch überhaupt in der Bibel der Ausdruck »Gerecht und Sünder zugleich« vorkommt. Vielmehr wird dort überall mit den stärksten Worten betont, daß sich Sünde und Gerechtigkeit ausschließen..." (S. 79 ff) — Unsere Lage gleicht heute jener, in der sich
Luther durch das Ablaßwesen befand. Wie war es damals? „Man ersparte sich den
Wandel im Glauben und bot Gott einen E r s a t z an. Ähnlich ist bei uns heute der
»Glauben« weithin zu einer Ersatzfrömmigkeit geworden. Es ist ja das tiefste Ur-
streben aller Religionen und Völker: Gott mit einem Ersatz wahrer Frömmigkeit
und wirklicher Gerechtigkeit abzufinden. Nun kommen heute die alten Ersatz-
mittel, als da sind die Opfer der Heiden, die äußerliche Frömmigkeit der Juden, die
Werke und der Ablaß des Mittelalters für uns nicht mehr in Frage, nachdem sie
einmal entlarvt sind. Menschliche Gaben und Werke können wir seit Luther Gott
nicht mehr darbringen. Aber nun entstand die Vorstellung: Weil wir selbst nichts
zu bringen haben, darum habe uns Gott die Gerechtigkeit, die vor Ihm gilt, bereitet und wolle diese aus Gnaden um Christi willen als einen göttlichen Ersatz für
die fehlende Gerechtigkeit annehmen... **So wurde aus dem Glauben weithin ein
Ersatz und ein Als-ob.** Die Duldung einer solchen Ersatzfrömmigkeit und der
Meinung, die Gerechtigkeit, die vor Gott gilt, brauche ja keine wirkliche Gerechtigkeit zu sein, — das ist der Kern aller Not unserer Kirche und der ganzen
Christenheit. **Weil auch dem evangelischen Christentum — gar zu sichtbar — der
Makel des Ablaß- und Ersatzwesens anhaftet, darum wird es gar nicht ernst genommen...** So wird das Christentum verharmlost, relativiert, uninteressant gemacht und die Kirche fristet ihr Leben hauptsächlich dank der Tradition, und d. h.
dank dem Gesetz der Trägheit. So wird die Kluft zwischen Schein und Sein,
zwischen Predigt und Leben immer größer, die Heuchelei und Unaufrichtigkeit
immer unerträglicher, und je mehr die starre Tradition gelockert wird, wie z. B. bei
der Jugend, um so greller tritt diese Not ins Bewußtsein. Daher wird die Taufe,
Konfirmation, Trauung usw. zur vielleicht zum Teil noch unbewußten Schau-
stellerei... Wer ist denn schuld an dieser Not und Verderbnis der Kirche? Etwa die

„böse" Welt? Oder etwa die „schlechten" Gemeindeglieder, die heute nicht mehr so brav wie früher zur Kirche kommen wollen? **Nein, schuld ist allein die Kirche selbst, weil sie gewissermaßen A b l a ß duldet!** Weil ihre Theologie den Schein aufkommen läßt, die Gerechtigkeit, die vor Gott gilt, sei keine wirkliche Gerechtigkeit und brauche es nicht zu sein. **Weil so die Invasion der Sünde zugelassen wird, darum ist nachher alles Bemühen, die Kirche aufzubauen, u m s o n s t** ... **Eine Theologie, die durch Unklarheit und innerlich gebrochene Stellung nicht in der Lage ist, das tief in allen Menschen wurzelnde Ersatz- und Ablaßbedürfnis wirksam zu bekämpfen und auszurotten, betreibt S e e l e n m o r d wie die Pharisäer und Ablaßkrämer aller Zeiten ...**" (S. 83 ff.) — „... Was sind doch unsere Rechtfertigungstheorien meist anderes als ein unbewußtes Feilschen und Handeln um die Bedingungen, unter denen man eben doch die Sünde beibehalten könnte ..." — „Wir hadern und streiten wider Gott und Seine helle Wahrheit, die das Sündigen gänzlich untersagt; bei jedem Satz der Bibel, bevor man sich entschließt, ihn anzunehmen, prüft man erst, ob dabei auch unsere Interessen — nämlich, in der Sünde bleiben zu dürfen — gewahrt werden, und wenn nicht, dann findet man schon Mittel genug, solch ein Wort abzulehnen, zu verdrehen oder sonstwie unschädlich zu machen." — „Die vorreformatorische Christenheit wagt nicht einmal die Freiheit von der Sünden s c h u l d, also die Vergebung der Sünden, als gegenwärtigen Besitz zu ergreifen, sondern schob sie hinaus in die Zukunft, hoffte darauf, strebte danach und suchte sie durch Buße, Messe und Fürsprache der Heiligen zu gewinnen. Nicht aber war es ihr das Geschenk, das ihr schon jetzt gegeben war, der Grund, auf dem sie stand, die Kraft, aus der heraus sie lebte. Wir, die reformatorische Christenheit, haben die Vergebung der Sünden, die Freiheit von der Sünden s c h u l d (Kap 2—5) wohl schon als gegenwärtigen Besitz angenommen — aus Glauben, *sola.* Das ist das herrliche Neue, das Epochemachende der Reformation. Jedoch, daß es auch eine Freiheit von der Sünden m a c h t (Kap 6—8) geben könnte als gegenwärtiges Geschenk (als Ausgangspunkt und nicht als Zielpunkt), das erscheint uns nicht glaubhaft, das wagen wir nicht zu ergreifen, sondern verschieben es nun unsererseits in die Zukunft. Freiheit von der Sünden m a c h t ist bei uns noch nicht der Schatz, der uns geschenkt ist, der Grund, auf dem wir stehen, die Kraft, daraus wir leben, sondern wir erhoffen sie einst von der Zukunft. Wir sagen: Freiheit von der Schuld — ja, das gibt es, das ist evangelisch! Aber Freiheit von der Sündenmacht — nein, das gibt es nicht, das ist unnüchtern, das ist Schwärmerei! Paulus antwortet darauf: selbstverständlich gibt es das Zweite, die Freiheit von der Sündenmacht, noch nicht als natürliche Gegebenheit, sondern nur im Kampf und Gehorsam des Glaubens. Aber das erste gibt es doch auch nicht anders. Beides gibt es nur im Glauben. Und ohne Glauben gibt es auch das erste nicht. **Und ist es dann nicht eine Selbsttäuschung, wenn wir meinen, das erste zu haben, wo uns das zweite und — wie daraus ersichtlich — somit auch der Glaube fehlt?"** (S. 110 f.) — „So wirkt sich die Vorstellung des »Gerecht und Sünder zugleich« v e r h e e r e n d aus, geradezu als Seelenmord ... Darum trägt die evangelische Theologie die allergrößte, ja die ganze Verantwortung. Ist sie als »Auge der Kirche« ein Schalk (Mt 6,22.23; Jes 56,10), so muß ja der ganze Leib der Christenheit finster sein. Sieht sie hier in der Rechtfertigungslehre selber nicht klar und läßt sie die Invasion der Sünde an dieser Stelle erst zu, so ist deren nachträgliche Bekämpfung mit gesetzlichen Mitteln und Mittelchen unmöglich." (S. 116 f.) — Hier liegt der Grund, warum es der Reformation nicht gegeben war, die katholische Kirche völlig zu überwinden. „Denn trotz vieler Irrtümer hat diese einem verkürzten Evangelium gegenüber noch so viel Wahrheitsmomente — gerade auch in der Betonung des Werkes —, daß diese nicht einfach unter den Tisch fallen dürfen. Umgekehrt wird bei uns viel an sich richtigere Wahrheitskenntnis durch fehlenden Sieg im Kampf gegen die Sünde wieder zunichte gemacht. Darum ließ es Gott nicht zu. Die Wunde s o l l offen bleiben und brennen... Die »Gerechtigkeit, die vor Gott gilt«, war von Anfang an das Kernstück und die Kraft der Reformation. Insofern sie aber kleiner gemacht wurde, als sie in Wirklichkeit ist, zu einem Als-ob, wonach auch der aus Glauben Gerechte im Grunde immer noch weiter sündigte, ward sie zum größten Hemmschuh des Reiches Gottes, zum Anstoß, an dem sich die Kirche festgefahren hat..." (S. 117f.)

[44] Es ist eine besondere und immer wieder bewährte List des Feindes, daß er uns nahelegt, gegenüber der biblischen Lehre von der völligen Heiligung die gegenteilige Erfahrung unseres Christenlebens geltend zu machen **und dadurch die Autorität der Hl. Schrift fallen zu lassen.** Bisher ist ihm das immer wieder gelungen. Soll es ihm wirklich auch in Zukunft gelingen?? Will man sich wirklich auch weiterhin darauf berufen, daß man doch selbst täglich viel sündige und es deshalb (!) ganz unmöglich sei, davon wirklich frei zu werden? **Statt sich unter das entgegenstehende Zeugnis der Schrift zu beugen, setzt man seine Erfahrung absolut und erhebt sie zum Dogma.** Auf diese und keine andere Weise ist die unbiblische Lehre von der Unentrinnbarkeit der Sünde im Christenleben entstanden und nur auf Grund dieses Verfahrens hat sie sich bis heute halten können. Es ist höchste Zeit, endgültig damit zu brechen. — So rief auch Prof. F e z e r einmal denen, die auf diese Weise ihre Erfahrung gegen die Schrift ausspielten, mit großer innerer Vollmacht zu: „Ich wehre mich dagegen, daß Sie mir sagen: In unserem Leben ist es nicht so (sc. daß wir Sieg über die Sünde haben), also kann es im Neuen Testament auch nicht so sein. **Man muß den Mut haben, zu sagen: Im Neuen Testament i s t es so; bei m i r ist es leider n i c h t so, — ich bin also noch nicht auf dem Boden des Neuen Testamentes."** — Vgl. dazu auch F. S p e m a n n : „Wenn man den hohen Glaubenston und S i e g e s k l a n g im Neuen Testament liest, so empfindet man doppelt schmerzlich d i e A r m u t unserer landläufigen evangelischen Verkündigung, **die in den Maßstäben der Erfahrung f e s t g e f a h r e n ist** und so w e n i g rechnet mit dem Werke Christi und mit dem Heiligen Geist... Nach dieser Richtung liegen die schwierigsten und auch die wichtigsten Aufgaben der Theologie der Zukunft. Wir müssen darum ringen, **das zu sehen, was das Neue Testament sagt**, einerlei, ob es mit unserer persönlichen Erfahrung oder mit dem Verständnis der Väter übereinstimmt." (Theologische Bekenntnisse, Berlin 1929. S. 218f.) — Genau in diese Richtung stößt Oberkirchenrat de B o o r mit seiner in der „Wuppertaler Studienbibel" enthaltenen Botschaft und insbesondere mit seiner Römerbrief-Auslegung vor. Beispielhaft sei hier auf das hingewiesen, was er zu Röm 6,15 schreibt: „ ‚**Werden wir sündigen, weil wir nicht unter dem Gesetz sind, sondern unter der Gnade?**‘ Natürlich werden wir sündigen! Das zeigt doch unsere E r f a h r u n g jeden Tag. Und von allen Seiten hören wir die ausdrückliche Lehre: Wir bleiben auch als Christen dieselben elenden Sünder wie zuvor, nur daß die Sünde um der Gnade willen nicht mehr schadet. Und wenn gar noch der Antrieb des Gesetzes mit seinen Forderungen und Drohungen fehlt, wenn wir nur noch unter der Gnade sind und nur mit der Gnade zu tun haben, dann haben wir überhaupt keinen Schutz mehr gegen die Übermacht der Sünde. J a , wir werden sündigen! — N e i n , sagt Paulus, ‚**ausgeschlossen'!** Wir haben dieses Nein zunächst zu hören und somit zur Kenntnis zu nehmen, daß Paulus *im Gegensatz zu der ganzen bei uns üblichen Meinung* behauptet: Wir werden n i c h t sündigen, gerade ‚**weil wir nicht unter dem Gesetz, sondern unter der Gnade sind**‘... Immer ist der Mensch hörig... Darum sind wir tatsächlich ‚**entweder** Sklaven der Sünde

zum Tode **oder** Sklaven des Gehorsams zur Gerechtigkeit'. In diesem ‚Entweder-Oder' ist wieder das Wort des Herrn Jesus selbst gegenwärtig: ‚Niemand kann zwei Herren dienen, ihr könnt nicht Gott dienen und dem Mammon' (Mt 6,24). *Gleichzeitig* ‚Sklaven der Sünde' **u n d** ‚Sklaven des Gehorsams' können wir *nicht* sein. Wenn wir also so leichthin sagen und lehren: Wir sind Christen, wir stehen unter der Gnade Gottes, aber natürlich werden wir auch weiter sündigen, dann **t ä u s c h e n** wir uns. **Gerade diese Täuschung will Paulus** in diesem Abschnitt **z e r s t ö r e n.**" (S. 152f.) — Zum Schluß stellt de B o o r zu diesem wichtigen Abschnitt Röm 6,15—23 noch folgende Fragen: „Aber bleibt das alles nicht doch eine theoretische Konstruktion, während in Wirklichkeit das Christentum ganz anders aussieht? Seufzen am Schluß unseres Abschnittes nicht die meisten Leser: ‚Ja, so sollte es eigentlich sein, aber…!'? Stehen wir Christen in dieser Welt nicht doch dauernd in einem doppelten Dienst: wir sind und bleiben ‚Sklaven der Sünde' und machen daneben einige Versuche, auch ‚Sklaven des Gehorsams für Gott' zu sein? Und wird dies nicht ausdrücklich in den Kirchen als der N o r m a l fall g e l e h r t? … Mag man in der Kirche so denken und lehren, **P a u l u s** jedenfalls dachte und lehrte **a n d e r s! Eben darum schrieb er dieses 6. Kapitel seines Briefes, um uns vor das unausweichliche Entweder-Oder unserer Hörigkeit zu stellen und** *einem* ‚*Christentum' ein Ende zu machen, das die Herrschaft der Gnade mit einer bleibenden Herrschaft der Sünde verbinden will.* Entspricht unser eigener Christenstand nicht dem Bilde unseres Kapitels, dann haben wir uns zu fragen, ob wir überhaupt schon d i e Verbundenheit mit Christus leben, die Paulus bei seinen Aussagen voraussetzt…" (S. 158f.)

[45] „Man erkennt gewöhnlich in der Rechtfertigung eine Gabe Gottes, die Heiligung aber faßt man auf als ein Werk, mit welchem der Mensch die Gabe der Gerechtigkeit zu erwidern hat…" (F. G o d e t, Kommentar zu dem Ersten Brief an die Korinther. Hannover 1886. S. 61.)

[46] Besonders folgenschwer für die protestantische Theologie und Kirche wirkte sich in dieser Richtung Luthers Fehldeutung von Röm 7 aus, wo er — offensichtlich „unter dem Zwang eines dogmatischen Vorurteils" (Althaus) — die für den Menschen o h n e Jesus geltenden Aussagen über die Herrschaft der Sünde in unseren Gliedern, die uns selbst gegen unseren Willen einfach zum Sündigen zwingt (V. 14-23!), als den von Gott gegebenen Normalzustand der C h r i s t e n bezeichnet. **Gerade Röm 7 aber ist die typische Darstellung der S e l b s t - Heiligung, wo ein Mensch in e i g e n e r Kraft mit der Sünde fertig zu werden versucht, d. h. o h n e Jesus und ohne den Heiligen Geist, von dem hier mit keinem Wort die Rede ist.** Einem solchen „Kampf der Heiligung" ist allerdings k e i n Sieg verheißen! Er ist von vornherein zum Scheitern verurteilt und muß unbedingt zu dem Verzweiflungsschrei von V 24 führen: „Ich unglückseliger Mensch! Wer wird mich erlösen von diesem Todesleib?" Und in dieses aussichtslose Ringen mit der Sünde werden unsere Gemeinden durch die überlieferte Lehre immer wieder hineingestürzt! Dadurch aber werden sie unter das Gesetz der Sünde festgehalten — widerrechtlich! (Röm 8,2) Obwohl sie also durch das Blut des Gekreuzigten frei werden k ö n n t e n, bleiben sie für ihr ganzes Leben an die Sünde g e b u n d e n. Auf diese Weise ist es nun allerdings soweit gekommen, daß die meisten „Christen" sich in der Lage von Röm 7 befinden. Und so wenig Röm 7 der Normalzustand der Christen sein soll und zu sein braucht, so i s t er es doch leider tatsächlich weithin geworden. So entstand aus dieser verhängnisvollen N o t eine fromme Tugend, indem den Christen eingeredet wurde, es sei geistlicher Hochmut, von der Knecht-

schaft der Sünde gänzlich frei werden zu wollen, dagegen Gott wohlgefällig, je
länger desto mehr sein eigenes Bild in Röm 7 wiederzufinden. (Jes 5,20!) —
F e z e r sagt zu Luthers Exegese von Röm 7 und seiner ganzen darauf beruhenden
Sündenlehre mit Recht: „Führt Luther nicht ungefähr das Gegenteil von Paulus
aus? Die Aussage:»Ich bin gerecht und zugleich Sünder« findet sich im ganzen
Paulus nicht, auch nicht im übrigen Neuen Testament! Das erst ist die volle Gnade,
die nicht nur einen Strich durch unser Schuldkonto macht, sondern auch durch
unser W e s e n. Unser Wesen wird aus den Angeln gehoben." — Vgl. auch H.
D a n n e n b a u m, Nichts Verdammliches (Berlin 1939): „**Dieses j ä m m e r l i c h e
Arm-Sünder-Christentum ist n i c h t die Meinung des Neuen Testaments.**"
(S. 100.) — Dasselbe betont auch W. de B o o r : „Das ist der kennzeichnende
U n t e r s c h i e d des apostolischen Gemeindelebens von unsern heutigen Zu-
ständen: Es herrscht dort nicht jene B u ß - und E l e n d s s t i m m u n g, die der
Grundklang vieler unserer Gesangbuchlieder im Blick auf uns selbst zu sein pflegt.
Ein freudiger und zuversichtlicher Ton erfüllt auch alle Mahnungen der Apostel...
Dabei ist Paulus... offenbar in keiner Weise gehemmt durch die uns geläufige
Überzeugung, daß wir ja doch dieselben armen, elenden Sünder bleiben und
also... nur lauter Versagen und Sünde zustande bringen. Er will — und jedes echte
Gebet ist ein entschlossener Wille! —, daß **das Leben** der Kolosser **dem herrlichen
Herrn entspricht,** der sie berufen hat... Paulus hält ein Gemeindeleben für denkbar, an dem Jesus ein **volles Wohlgefallen** hat! Wie könnte er es sonst ernstlich erbitten?" (W. Stb., Kolosserbrief, Wuppertal 1957, S. 171f.) — Übrigens sind sich
heute fast alle namhaften Exegeten darüber einig, daß die reformatorische Auffassung von Röm 7 dem Sinn des Textes n i c h t entspricht, finden vielmehr in
Röm 7 „die Situation des unter dem G e s e t z stehenden Menschen überhaupt
charakterisiert, und zwar so, wie sie dem Auge des vom Gesetz durch Christus Be-
freiten sichtbar geworden ist. **Diese Auffassung von Röm 7 wird heute ü b e r a l l in
der wissenschaftlichen Exegese vertreten,** ohne Rücksicht auf die sehr verschiedenen eigenen theologischen Gedanken der Ausleger." (Althaus, Paulus und
Luther, S. 23.)

Immerhin bleibt das Verhältnis von Röm 7 zu Röm 8 ein ernstes Problem, und
fast jede Generation hat seit Jahrhunderten um dieses Problem ringen müssen. Wer
wollte da von sich denken, es gelöst zu haben? Jedenfalls kann das Verhältnis auch
nicht ohne weiteres als ein zeitliches Nacheinander aufgefaßt werden, als ob der
Wiedergeborene nun Röm 7 endgültig hinter sich hätte. Sobald er auf sich selbst
blickt, so oft er sich wieder auf eigene Füße stellt, solange er nicht »in Christus« ist,
wird er sich gewiß in Röm 7 wiederfinden.

Vgl. dazu auch die schon erwähnte Arbeit des Schlatter-Schülers Otto E t z o l d,
Gehorsam des Glaubens, aus der folgende Ausführungen des Schlußabschnittes
wiedergegeben seien: „Wer so negativ lehrt: Der Christ könne Gottes Willen ja
doch nicht tun, es sei auch eigentlich nicht nötig, wir wären ja auch im Sündigen
gerecht, falls wir nur an die Gnade glaubten, der ärgert, d. h. schädigt die Christenheit, denn er lähmt und hemmt ihr jeglichen Mut, überhaupt Gottes Willen zu tun.
Dem wäre darum besser, daß ein Mühlstein an seinen Hals gehängt und er ersäuft
würde im Meer, da es am tiefsten ist. **Solch eine Verkündigung wirkt sich aus als
b i l l i g e r A b l a ß , den sich jeder selbst spendet, und hat Gottes Volk** (wie seinerzeit Aaron durch seine Sanktionierung der Sünde, 2 Mos 32,25) **zuchtlos gemacht.**
... So ist Kapitel 7 gewiß die Erfahrung, die ein Christ auch noch bei sich macht.
Aber dann steht er gerade keineswegs unterm Evangelium und im Glauben, sondern unterm Gesetz, — und wieso will er da die Rechtfertigung beanspruchen?
Diese hat er n i e in Kapitel 7, nie in sich selbst, sondern erst im Kapitel 8, erst

wenn er sich im Glauben aus sich selbst heraus und i n den Christus begibt..."
(S. 218 f.)

„Paulus hat Röm 7 als Warnungstafel an den Weg des Glaubens gestellt: Vorsicht! Lebensgefahr! Wie an Todeskurven große Warnplakate mit abstürzenden Fuhrwerken aufgestellt sind, nicht weil es jedem Fahrer hier so geht, sondern damit er sich in acht nehme und damit es ihm gerade n i c h t so gehe, so hat Paulus hier Kapitel 7 hingestellt, damit jedermann weiß, was geschieht, wenn er nicht wachsam ist... Ebenso warnt uns der HErr: »Bleibet in Mir! Denn ohne Mich könnt ihr nichts tun. Und wer nicht in Mir bleibt, der wird weggeworfen wie eine Rebe und verdorrt, und man sammelt sie und wirft sie ins Feuer und müssen brennen. Darum bleibet in Mir!«... So ist das Gleichnis vom Weinstock (Joh 15) **die sonnenklare Antwort auf die Frage nach dem Verhältnis von Röm 7 und 8.** »Wer in Mir bleibt und Ich in ihm, der bringt viel Frucht usw.« — das ist Kapitel 6 und 8. Kapitel 7 hingegen ist nur der Beweis von:»Ohne Mich könnt ihr nichts tun und müßt weggeworfen werden.«...

Noch einmal: Wir denken ja nicht daran zu behaupten, daß ein Christ nicht mehr sündige, immer schon die Bergpredigt erfülle und schon vollkommen sei und es schon für immer fest ergriffen — ja nicht einmal begriffen! — habe. Wir bekennen nur dankbar, daß ein Christ, indem er an Christum glaubt, nicht sündigt. **Und wir wagen nicht zu behaupten, daß ein Christ, wenn er sündigt, gerecht sei.** Denn Sündigen und zugleich Glauben, Sündigen und zugleich Gerechtsein, Sündigen und zugleich Frieden haben mit Gott — das geht nicht. **Die gegenteilige Behauptung ist der g e f ä h r l i c h s t e I r r t u m, der die Kirche seit 400 Jahren unendlich aufgehalten hat.** (S. 220.)

„**Nur wer Gottes Willen tut, kann Frieden haben. Sünde bricht den Frieden und hat ihn nie. Frieden mit Gott hat nur, wer durch Kampf des Glaubens gerecht vor Ihm ist. Frieden hat ein Christ nur in Röm 8, aber in Kapitel 7 niemals.**" (S. 223.)

„Die Rechtfertigungslehre ist mit ihrer Front und ihren Waffen direkt gegen die Sünde selber gerichtet... Der Apostel bietet uns diese Lehre, damit wir aus Gottes Macht durch den Glauben b e w a h r t würden v o r d e m S ü n d i g e n und somit vor Gottes Zorn. Sie ist eine praktische Handreichung, durch die wir die Sünde in beständigem Kampf überwinden können und sollen... Diese herrliche Lehre kann und will in uns das Sündigen unterbinden und verhindern. Nicht indem sie mit dem Gesetz befiehlt: Du sollst nicht! — daran kehrt sich die Sünde verdammt wenig, ja sie wird nur noch rabiater — sondern, indem sie uns den Weg des Glaubens öffnet und gehen hilft. **Wir aber machen uns aus dieser Lehre einen f a l s c h e n T r o s t in der Sünde und unter dem Zorn bleibend.** Paulus reicht uns die Rechtfertigungslehre als göttliche Rüstung und Waffen, damit wir gegen die Sünde ritterlich kämpfen, obsiegen und das Feld behalten sollen. **Wir aber machen uns daraus einen B u n k e r g e g e n G o t t.**" (S. 225.) — Auch OKR de B o o r beklagt diese verhängnisvolle Auswirkung der Rechtfertigungslehre, wenn er schreibt: „In welch erschreckendem Maß hat in der Tat die Lehre von der ‚Rechtfertigung ohne Werke allein durch den Glauben' die evangelische Christenheit s i c h e r und t r ä g e gemacht!... Der Gegner ist nicht der ‚Perfektionismus', sondern der ‚Quietismus'. (Anm. Mit ‚Quietismus' kennzeichnet man die **Neigung zur vorschnellen Beruhigung und Lässigkeit**.)" (W. Stb., Philipperbrief, S. 122.)

---

[47] „Wenn das Heiligung heißt, daß der Mensch unter Aufbietung aller eigenen Kraft sich heilig macht", — **das ist der Weg von Röm 7!** — „...dann ist das Evangelium keine frohe Botschaft, sondern eine Hiobspost, dann ist Jesus kein Friedefürst und Heiland, sondern ein grausamer Stockmeister und Fronvogt."

(D a n n e n b a u m , Sieghaftes Christentum, S. 141.)

[48] So in C.A. XII. Siehe dazu Anm. 11 auf S. 88!

[49] Heiligung heißt auch nicht, wie L u t h e r in seiner Auslegung von R ö m 6,6 — jener Zentralstelle für die neutestamentliche Heiligung — leider meint: „die Begierden des Fleisches und des alten Menschen zerbrechen d u r c h M ü h e n d e r B u ß e und des Kreuzes und sie so von Tag zu Tag mindern und ertöten". (M.A. Erg. II, 245.) Das ist ziemlich das Gegenteil dessen, was die genannte Stelle eigentlich zum Ausdruck bringt. Paulus will sagen, daß wir durch unser „Mühen" die Sünde und den alten Menschen eben gerade n i c h t überwinden können (siehe Röm 7!), sondern allein dadurch, daß wir die gegebene Erlösungstatsache unserer Mitkreuzigung im Glauben ergreifen: „**Ebenso dürft auch i h r damit r e c h n e n , daß ihr tot seid für die Sünde**" (6,11). **Macht aber nicht Luther aus der befreienden T a t s a c h e von Röm 6,6 ein u n erfüllbares G e b o t ?** Das erlösende Evangelium: Dein alter Mensch i s t mitgekreuzigt, dein Sündenleib i s t außer Wirksamkeit gesetzt — b i e g t er u m in ein furchtbares Gesetz: Du mußt deinen alten Menschen täglich von neuem durch M ü h e n d e r B u ß e mindern, zerbrechen und ersäufen, ohne daß dir das je auf Erden gelingen wird, denn „das Biest kann schwimmen"! So kommt Luther schließlich zu folgendem niederschmetternden Endresultat: „es bleibt also nichts anderes übrig: Wir müssen in Sünden bleiben." (M.A. Erg. II, 102.) — Vgl. auch W. de B o o r zu Röm 6,4: „Luther wich von den Aussagen des Paulus bedenklich ab, als er ... aus ihnen nur ein Bild machte, das etwas ‚bedeutet', und zwar ein ‚Ersäufen des alten Adam', das offenbar w i r s e l b e r »durch tägliche Reue und Buße« zu bewirken haben. Unser ‚Tun' ist in Wirklichkeit aber ein g a n z a n d e r e s : Paulus wird davon gleich noch sprechen..." (W. Stb., S. 144.) — Paulus will uns mit Röm 6,6 zeigen, „**daß wir vom Sündigen b e f r e i t werden**" (Schlatter, Gottes Gerechtigkeit, S. 82.), und will uns dadurch auf den Boden der G n a d e stellen; Luther aber hält uns unter dem G e s e t z. Solange wir aber unter dem Gesetz gehalten werden, bleiben wir auch unter dem Zwang der Sünde, kurzum: in dem Verzweiflungszustand von Röm 7. Wenn nämlich unsere Heiligung bedeuten soll, daß wir täglich den alten Adam mühsam „ersäufen" müssen (vgl. das 4. Hauptstück in Luthers Kleinem Katechismus) oder gar, wie es in der Konkordienformel heißt, daß er „**durch Strafen und Plagen**" gebändigt, getrieben und gezwungen werden soll — „*poenis et plagis coerceatur*" (F. C., Ep VI, 3,31), „*poenis urgendus est*" (F. C., Sol Decl. VI) —, so ist das von Anfang an ein a u s s i c h t s l o s e s Beginnen. Deshalb sollten wir diesen Versuch gar nicht erst unternehmen, um nicht der sichtbaren und unsichtbaren Welt das beschämende Schauspiel unserer ständigen Niederlagen zu bieten, die doch eine solche Verunehrung des Namens Jesu darstellen! — Auch Edm. S c h l i n k stellt mit dankenswerter Eindeutigkeit die erschreckende Tatsache fest, daß nach lutherischer Lehre die Wiedergeborenen unter dem Z w a n g d e s G e s e t z e s bleiben müßten. (Theologie der lutherischen Bekenntnisschriften, München 1940. S. 172 ff) Auch Johs. v. W a l t e r bringt es zum Ausdruck. (Die Theologie Luthers. Gütersloh 1940. S. 249.) Durch diese überlieferte Lehre unserer Kirche wird aber die Allgenugsamkeit der G n a d e aufgehoben und damit wird **jegliche Heiligung illusorisch.** Denn wer dazu noch das Gesetz benötigt, wird selbstverständlich unentrinnbar unter der Herrschaft der Sünde bleiben. Gleichzeitig aber wird dadurch der Gekreuzigte entehrt, dessen Erlösungswerk dann eben ein unvollkommenes wäre, da es noch der Ergänzung durch das Gesetz bedürfte. Nein, — a l l e i n die Gnade vollbringt es! **Die Zustände unter dem Gesetz und**

unter der Gnade bilden nach Röm 6,14 und 7,5.6 einen sich völlig ausschließenden Gegensatz. Hier gilt nur ein heiliges, von Gott gesetztes **Entweder-oder.** — Auch W. de B o o r wird nicht müde, auf den schwerwiegenden Gegensatz hinzuweisen, der bislang übersehen worden ist und doch nicht geleugnet werden kann: zwischen der neutestamentlichen Heiligungsbotschaft von der Gnade her einerseits und der bei uns eingebürgerten Heiligungslehre vom G e s e t z her andrerseits. So schreibt er z. B. zu Kol 3,12: „Darum besteht der positive Inhalt der Heiligung nun nicht in solchen kümmerlichen Äußerlichkeiten wie dem Einhalten bestimmter Feiertage... Es geht bemerkenswerterweise auch n i c h t um den D e k a l o g. Es sollte uns wohl zu denken geben, welch geringen Gebrauch die Apostel in ihren Briefen vom Dekalog machen. Der Dekalog ist Volksgesetz f ü r I s r a e l und w e n i g brauchbar als Lebensgesetz für die Glieder des Leibes Christi. An dem Moralismus, der unsere Kirchen verdirbt und uns den Blick für die rechte Heiligung verschließt, ist der übermäßige Raum, den wir dem Dekalog eingeräumt haben, nicht ohne Schuld. Nicht um notdürftige bürgerliche Moral geht es (du sollst nicht töten, nicht ehebrechen, nicht stehlen, nicht falsch Zeugnis reden), sondern um ‚**ein Herz des Erbarmens, der Güte, Demut, Sanftmut, Geduld‘.**" (W. Stb., Kolosserbrief, S. 256.) — Oder zu Röm 6,1—14: „Christliche Lebensgestaltung ohne Gesetz — ist das überhaupt denkbar? Als M. Luther in der Reformation das paulinische Evangelium neu entdeckte und mit herrlicher Klarheit verkündigte, s c h e i t e r t e sehr rasch die Neugestaltung des L e b e n s bei den Einzelnen wie bei der Gemeinde an d i e s e m Punkt. Auch Luther wußte sich nicht anders zu helfen als so, daß er aufs neue kräftig das G e s e t z in das evangelische Christentum und in den Gemeindeaufbau hineinnahm, s o kräftig, daß bei uns bis heute alle christliche Erziehung und alles kirchliche Leben wesentlich vom G e s e t z her bestimmt und geleitet ist. Die **Erkenntnis des Paulus über das Gesetz wagt man nicht ernstlich aufzunehmen.** U n s i c h e r und s c h w a n k e n d steht in unserem Christentum beides nebeneinander: die Verkündigung ‚Allein aus Gnade! Allein durch den Glauben!‘ u n d das Antreiben durch das Gesetz, das dabei immer mehr zu einer christlich gefärbten, bürgerlichen Moral geworden ist." (W. Stb., Römerbrief, S. 141 f.) — Und weiter ebda.: „Es ist der G r u n d i r r t u m, an dem unser übliches Christentum leidet, als ob der Mensch nur durch die Peitsche des G e s e t z e s in Bewegung gebracht werden könnte. **Die Peitsche des Gesetzes treibt aber nur immer tiefer in die Sünde.** Das wirkliche neue Leben, das ein sieghaftes T o t sein für die Sünde und ein selbstloses Leben für Gott ist, kommt n u r aus der G n a d e. Darum schließt Paulus den Abschnitt mit dem Satz, der uns zuerst fremd und unverständlich anmutet und der doch die ganze befreiende Wahrheit ausspricht: ‚**Denn die Sünde wird über euch nicht Herr sein, denn ihr seid nicht unter dem Gesetz, sondern unter der Gnade.**‘" (S. 151.) — Hören wir zu diesem eminent wichtigen Punkt neben dem Lutheraner de Boor noch den Lutheraner A l t h a u s: „**Paulus lebt nicht mehr ‚unter dem Gesetz‘..** Was von ihm gilt, gilt zugleich von allen Christen (Gal 5,18; Röm 6,14; 8,2). Diese große Wandlung bezeugt Paulus weiter dadurch, daß er, wenn es darum geht, die Normen für das Leben des Christen und der Gemeinde zu finden, sich nur selten und nur sekundär auf das Gesetz bezieht... In den ethischen Kapiteln des Römerbriefs (12 ff) kommt das Gesetz nicht vor... Auch in den Thessalonicherbriefen und im 2 Kor ist nirgends vom Gesetz die Rede. Paulus spricht stattdessen bei den Ermahnungen an die Gemeinde vom ‚Willen Gottes‘, wie Jesus von dem ‚Willen Meines Vaters‘ redete (Mt 7,21; 12,50; vg. 6,10)... Bezeichnend bleibt, daß Paulus in den genannten Zusammenhängen den Begriff Gesetz offenbar b e w u ß t m e i d e t... Im Epheserbrief erscheint das Gesetz nur als das ‚Gesetz der Gebote in Satzungen‘, das Christus a b g e t a n hat (2,15). Im übrigen kommt der Begriff des Gesetzes nicht vor, sondern nur... ‚der Wille Gottes' (5,17; 6,6) oder ‚das dem Herrn Wohlgefällige' (5,10). Nicht anders im 1 Petrusbrief: der Begriff Gesetz fehlt völlig, dagegen ist vom ‚Willen Gottes' die Rede (2,15; 4,2; vgl. 3,17; 4,19)... — Auch der Brief an die Hebräer verwendet den Begriff Gesetz immer nur für das alttestamentliche Gesetz. Für den Christen aber gilt: ‚den Willen Gottes tun' (10,36; 13,21). — Der Begriff des Gesetzes wird also fast durchgängig v e r m i e d e n, wenn es sich darum handelt, die Norm für das Christenleben zu bezeichnen. Das bedeutet: **Gottes ewiger Wille und das ‚Gesetz' werden unterschieden.** — Noch folgerichtiger und terminologisch ausgeprägter ist der Sprachgebrauch bei J o h a n n e s... Wo es sich um die Jünger Jesu handelt, ist n i e vom ‚Tun des Gesetzes' die Rede..." (P. Althaus, Gebot und Gesetz. Gütersloh 1952. S. 9 f) — In diesem Zusammenhang weist Althaus darauf hin, daß gerade Johannes mit theologischer Strenge einen Unterschied macht zwischen „nomos" (= Gesetz im Sinne der Thora) und den „entolai" (= Weisungen im Sinne der persönlichen Aufträge, die Jesus den Seinen durch den Heiligen Geist zukommen läßt). Näheres über diese Unterscheidung zwischen dem alttestamentlichen Gesetz und den neutestamentlichen Weisungen s. bei: O. S. v. Bibra, Faßt nur Mut! Die befreiende Botschaft der Abschiedsreden Jesu, neu übersetzt und erklärt. Gladbeck 1976. S. 19.

Wir wollen aber A l t h a u s über diese wichtigen Zusammenhänge noch weiter zu Wort kommen lassen: „Das ‚Gesetz', wie Paulus es in seinem Gegensatz zum Evangelium aufgezeigt hat, ist nicht in jeder Hinsicht dasselbe wie der ewige unveränderliche Wille Gottes an den Menschen, sondern muß von ihm als eine begrenzte, vorläufige, in Jesus Christus überholte und abgetane Gestalt desselben unterschieden werden. (Anm. Das ist in der Theologie seit langem erkannt und ausgesprochen worden. Vgl. z. B. C. S t a n g e...; Fr. G o g a r t e n...; E. B r u n n e r...; H. T h i e l i c k e...) ... Die hiermit vorgenommene Unterscheidung ist von grundlegender Bedeutung, um die Epochen der Geschichte Gottes mit der Menschheit und jedem Menschen recht zu erkennen." (Gebot und Gesetz, S. 11.) Wenn wir von Röm 5 ausgehen, dann zerfällt die Menschheitsgeschichte in z w e i wesentliche Epochen: die eine ist von A d a m her, die andere vom M e s s i a s her bestimmt. Von diesen beiden Polen gehen die entscheidenden Mächte auf alle aus: dort der Tod, hier das Leben. Und das Gesetz? Hat es keine Epoche gemacht? Kommt ihm keine entscheidende Bedeutung zu? Nein, keine solche, die mit der Bedeutung Adams und des Messias zu vergleichen wäre. Es ist ja nur dazwischen, nur daneben hereingekommen (*pareisälthen:* Röm 5,20). Damit ist gesagt, daß das Gesetz nur vorübergehende, untergeordnete, dienende Bedeutung hat: Es „spielt in den weltweiten Plänen Gottes nur eine Nebenrolle" (de Boor z St.). Es ist weder Gottes erster noch sein letzter Wille, sondern ein I n t e r i m. Wie und unter welcher Bedingung der Mensch Gemeinschaft mit Gott haben kann und vor Ihm leben soll, sagt nämlich nicht das Gesetz, sondern die Verheißung, die viel früher kam als das Gesetz. **Gal 3,15 ff beleuchtet diesen ganzen Zusammenhang besonders deutlich** und betont, daß das Gesetz erst 430 Jahre später erlassen worden ist (V. 17). „Was soll aber dann das Gesetz? Der Übertretungen wegen wurde es hinzugefügt — *prosetethä!* — für die Zeit bis zum Eintreffen des Nachkommen, dem die Verheißung gilt" (V. 19). Die Gnadenordnung Gottes, derzufolge der Mensch rein im Vertrauen auf Gottes Verheißung vor Ihm leben soll (siehe Abraham! Röm 4!), ist niemals durch eine Gesetzesordnung abgelöst worden, vielmehr wurde das Gesetz lediglich hinzugefügt, und zwar b e f r i s t e t, d. h. nur für die Zeit bis zum Eintreffen des verheißenen Messias (V. 19!). Nach Gal 3,23 ff stehen Gesetz und Glaube in einem heilsgeschichtlichen Nacheinander.

Der Glaube ist erst in einem bestimmten Zeitpunkt „gekommen", nämlich (V. 24) als der Messias erschien, auf den er gerichtet ist. Bis dahin stand die Menschheit nach Gottes Willen unter dem Gesetz, und das bedeutet Gefangenschaft, nämlich Verhaftetsein an die Sünde. Mit einem anderen Bilde: das Gesetz ist der „Zuchtmeister" (V. 24). Das ist nach griechischer Vorstellung der dem jungen Mann beigegebene Sklave, kein Erzieher in unserem Verständnis des Wortes, sondern der Aufseher, der nichts anderes tut, als den Zögling immer wieder bei den Ohren zu nehmen, wie das auf antiken Bildern sehr derb dargestellt ist. So soll das Gesetz die Menschen überwachen, sie in Zucht halten und züchtigen. Aber **die Zeit dieses Aufpassers ist b e f r i s t e t**, bis der Messias kommt und damit die Zeit der Gerechtigkeit aus dem Glauben. Nachdem aber der Messias gekommen und durch Ihn der Heilsweg des Glaubens eröffnet ist, hat die Zeit unter dem Zuchtmeister ihr Ende gefunden (V. 25). Denn alle, die sich dem Messias Jesus anvertraut haben, sind jetzt m ü n d i g e   S ö h n e und als solche der Unterstellung unter die Zuchtmeister entnommen (V. 26). (Nach P. A l t h a u s zu Gal 3: NTD Teilband 8, Göttingen 1972, S. 30 f.)

[50] Dazu fordert uns Luther im Großen Katechismus auf. (4. Teil, Von der Taufe, S. 76 und 84.)

[50.1] „Das g r ö ß t e   H i n d e r n i s für den Menschen auf dem Wege zu Gott ist die gottferne (gesetzliche) F r ö m m i g k e i t. Denn gerade da, wo Menschen abseits von Gott fromm werden, sind sie am hoffnungslosesten von Ihm geschieden ... **Darum gilt es, die herrschende Frömmigkeit zu entlarven, damit es niemandem verborgen bleibe, wie v e r l o g e n und g o t t f e i n d l i c h sie ist.**" (R. L u t h e r, Art. „Kreuz Christi".) — „Es kann sich auf die Dauer ein Mensch (oder eine Gemeinde) aus den Grundsätzen und Lehren der Bibel ein System bauen, so fein ausgeklügelt, daß dadurch der ganze Eigenwille, das ganze satte, selbstzufriedene Dasein des Weltmenschen vollständig gesichert ist." (Ders., Art. „Glaube".)

[51] Die Übersetzung „haltet euch dafür" ist mißverständlich, weil sie leicht den Anschein erweckt, als ginge es um ein „so tun als ob". Es ist aber hier keine moderne Autosuggestion gemeint, mit der ja niemandem geholfen wäre. Stattdessen werden wir dazu aufgefordert, nüchtern im Glauben mit dem zu r e c h n e n, was durch den Heiligen Geist in der Wiedergeburt an uns bereits geschehen i s t : als Mitgekreuzigte können wir der Sünde buchstäblich die kalte Schulter zeigen, weil sie keinen Rechtsanspruch mehr an uns geltend machen kann (Röm 6,6 und 7!). Vgl. dazu auch: Watchman N e e, Das normale Christenleben, Wuppertal 1963, S. 31! — Ders., Christus unser Leben, Stuttgart 1974. — Und Oswald C h a m b e r s sagt: Wenn ich einmal den Beschluß gefaßt habe, mit Jesus identifiziert zu werden, dann „fällt es mir leicht, in Tat und Wahrheit damit zu rechnen, daß ich der Sünde gestorben bin, weil dann das Leben Jesu immer gegenwärtig ist." (Mein Äußerstes für Sein Höchstes. 18. Aufl., Bern 1975, S. 102 f.)

[52] Vgl. M u r r a y zu Röm 6,5.11: „Wenn nun aber ein Gläubiger dennoch sündigt, so geschieht es, weil er nicht von seinem Vorrecht Gebrauch macht, zu leben als ein der Sünde Gestorbener. Durch Unwissenheit, Mangel an Wachsamkeit oder Unglauben vergißt er die Bedeutung und die Kraft des Todes Jesu, dem er ähnlich gemacht worden ist, und dann sündigt er. Aber wenn er sich fest an die Tatsache hält, daß er mit Jesus zu gleichem Tode gepflanzt sei, so hat er die Kraft, die Sünde zu überwinden. Er weiß wohl, daß es nicht heißt: »Die Sünde ist ge-

storben«. Nein, die Sünde ist nicht tot, sie lebt und ist im Fleische tätig; **aber er selbst ist der Sünde gestorben und lebt Gott, und deshalb kann ohne seine Erlaubnis die Sünde auch nicht einen Augenblick über ihn herrschen.** Sündigt er doch, so hat er der Sünde das Regiment eingeräumt und ergibt sich darein, ihr zu gehorchen" (a. a. O., S. 157.)

[53] „Hier und hier allein ist der Weg, auf dem man von Sieg zu Sieg geht; hier habe ich das Geheimnis eines siegreichen Lebens gefunden. Ohne Röm 6 zu verstehen und zu leben, kann man unmöglich ein Christ sein, der mit Freuden singt vom Sieg in den Hütten der Gerechten. Und ich bin tief davon überzeugt, der Teufel hat es auf nichts so sehr abgesehen, als gerade diese Wahrheiten, die uns ein siegreiches Leben geben, zu verdecken. Er hat nichts dagegen, wenn man viel von Heiligung den Leuten predigt und diese Wahrheit von Röm 6 umgeht; er ist sicher, bald all diese Heiligungsleute müde am Wege liegen zu finden. Denn es gibt nichts Ermüdenderes und Entmutigenderes, als aus eigener fleischlicher Kraft erringen zu wollen, was nur der heilige Gottessohn erringen konnte." (G. S t e i n b e r g e r, Das Geheimnis eines siegreichen Lebens, 19. Aufl. 1937; Stuttgart 1975, S. 18 f.)

[54] Wann wird die Kirche endlich aufwachen und merken, daß ihr die Fülle der erlösenden Gnade verloren ging, **weil sie sich unter das Joch des Gesetzes zwängen ließ!** So sind wir längst auf der Stufe der Gesetzeslehrer von Galatien gelandet, und es ist Zeit, die ernste Warnung des Apostels zu beherzigen: Gal 5,1! Vgl. dazu auch Hans B r a n d e n b u r g, Ich glaube an den Heiligen Geist (Berlin 1938), S. 43: „Unter dem Kreuz endet alles Selbstmachenwollen, hier bleibt uns nur der vertrauende Blick auf den, der aus Liebe zu uns leidet und stirbt. — Die Galater meinten, solch eine Predigt genüge nicht, es müsse nach der Tröstung des Gewissens noch ein moralischer Antrieb durch gesetzliche Forderungen eintreten…" —
„**Ich fürchte, wir haben in den meisten christlichen Kreisen a l l e r Richtungen mehr judenchristliche Gesetzesreligion als die Freiheit des Evangeliums.** Paulus hat sich mit heiliger Leidenschaft gegen die Wiedereinführung irgendeines frommen Gesetzes in die Christenheit gewehrt. Jesus sollte der alleinige Herr seiner Gemeinde bleiben und nichts neben Ihm der Christusgemeinde beherrschen… Er regiert sie in königlicher Souveränität durch die Macht seines Geistes und die Gaben, die Er gibt; zwischen Ihn und Seine Gemeinde darf sich nichts dazwischenschieben — keine Menschenherrschaft, keine Lehrtradition, keine noch so fromme Gemeinde- oder Lebensregel." „Wo das »fromme« Schema für den Aufbau der Gemeinde und für die Nachfolge Jesu einsetzt, befindet man sich auf dem Niveau der vorchristlichen Synagoge, höchstens auf dem der erbitterten judenchristlichen Gegner des Paulus, die nichts ahnten von der Freiheit, die man in Jesus findet, und von der Macht des Geistes, mit der der lebendige Herr seine Gemeinde leitet." (S c h n e p e l, Briefe aus dem Berliner Osten, S. 78 f.)
Vgl. dazu auch Ralf L u t h e r : „…Gesetz ist die L e h r e von Gott, von seinen Werken, von der Erlösung. Gesetz ist das alles, wenn keine V o l l m a c h t, keine Nähe Gottes dabei ist. Gesetzliche Frömmigkeit ist gottferne Frömmigkeit. Das NT. zeigt uns, daß es auch »christliche« Frömmigkeit mit allen Formen des Gemeindelebens geben kann, die jegliche Gottesnähe verloren hat (die Sendschreiben Offenb. Joh Kap 2 u. 3). Noch immer hat sich das Gesetz der Sünde gegenüber ohnmächtig erwiesen. Es bringt keine Klarheit, keine Führung, keine Ziele ins Leben… Die reine Lehre allein wirkt keine Freiheit im Guten, sondern nur krampfhafte Anstrengungen, Gutes zu tun. Sie wirkt kein ursprüngliches Leben, sondern lauter künstliche Erregungen. Das bloße traditionelle Religionswesen mit

allen seinen Einrichtungen, Unternehmungen und Anstalten hat der Sünde gegenüber nur negativen Erfolg: die Sünde wird mächtiger dadurch. Falls man nämlich mit den Forderungen des Gesetzes nicht vollen Ernst macht, sondern sie nur soweit erfüllt, als es durch die gegebenen religiösen Einrichtungen geboten ist, kommt es zu einer Frömmigkeit, die e i n K o m p r o m i ß ist. Man hat den Schein des Gottesdienstes, ohne doch tatsächlich Gott zu dienen. **Die Sünde hat ein sicheres Versteck gefunden.** Die gottesdienstlichen Einrichtungen, die göttlichen und kirchlichen Gebote, die Predigt, sind der Sünde gegenüber t o t a l h a r m l o s geworden. Sie räumt der überlieferten Religion gern d e n Raum ein, den sie beansprucht, und entfaltet im ganzen übrigen Lebensraum nur um so unbestrittener ihre Macht..." (Art. „Sünde".) — Der Ruf Jesu Mt. 11,28 bedeutet gerade das Gegenteil unseres heutigen Christentums! „E r m e i n t d i e j e n i g e n , d i e s i c h s c h l e p p e n m i t d e r L a s t e i n e s g o t t f e r n e n G o t t e s d i e n s t e s ... Jesus sieht die vielen, die ehrlich danach ringen, den Willen Gottes zu erfüllen und in allem Gott nahe zu sein. Aber es ist ein fruchtloses Sichmühen, weil ihre Lehrer ihnen zwar v i e l e Vorschriften, Ideale, L e h r s ä t z e — (den ganzen Katechismus usw.! v. B.) — gegeben, sie aber n i c h t an die Quellen der Kraft geführt haben, durch die ein göttliches Leben möglich wird. Immer schwerer lasten die Forderungen auf ihnen: so sollst du leben, dieses Ziel erreichen, das sollst du glauben! Sie ergeben in der Summe ein unerträglich schweres Joch... Jesus jagt den Menschen n i c h t mit unzähligen Vorschriften, mit einer uferlosen Menge von Arbeiten; **Er q u ä l t ihn nicht mit einer Menge s c h w e r e r G l a u b e n s s ä t z e."** (R. L u t h e r , Art. „Mühselige".) „Je ferner ein Mensch oder ein Volk (oder eine Kirche) von Gott ist, um so mehr Einzelvorschriften oder Einzelbelehrungen sind in seinem Leben nötig (die Zeitgenossen Jesu, **die Häufung der Glaubensregeln im Lauf der Kirchengeschichte!**). ... Gesetzliche Moral und gesetzliche Frömmigkeit (d. h. der Gottesdienst der Gottfernen) sind ein K o m p r o m i ß , ein Zwitterzustand. Hier ist nicht das vollendet Böse, aber noch weniger ein echtes Gutes. Der äußere Rahmen des Lebens kommt in Ordnung, innen aber bleibt es wüst und leer (Matth. 23,27.28) trotz aller »Innerlichkeit«. Es ist der S c h e i n da, als ob göttliches Leben erwacht wäre, und man lebt doch sein kleines Eigenleben weiter. Man kommt bei allem gesteigerten Beten, Fasten und Almosengeben nicht los von sich selbst... Beim Leben unter dem Gesetz entsteht die E i n b i l d u n g , als wäre man göttlich o r i e n t i e r t über das, was zu tun und was zu lassen ist und wo man es anzufassen hätte mit dem Erfüllen des Willens Gottes, — und doch ist man ein Uneingeweihter, ein Knecht, der nicht weiß, was sein Herr will (Joh. 15,15); hat man eine führende Stellung, so ist man ein blinder Blindenleiter (Matth. 15,14)... Weil das Gesetz keine klare Orientierung gibt, wird der Gesetzesmensch von einer großen inneren Unruhe getrieben. Weil er nicht weiß, was er denn eigentlich tun soll, tappt er hierhin und dorthin, kommt er (einzeln und kirchenweise) in ein nervöses Hasten und Jagen. Er gerät in ein endloses Vielerlei, so daß er nichts mehr ernst nehmen kann. Der Pharisäer ist geplagt von den vielen Einzelvorschriften; der mittelalterliche Mönch von den vielen religiösen Übungen und der moderne Fromme von den unzähligen kirchlichen Organisationen und Unternehmungen. In jeder Art gesetzlicher Frömmigkeit sucht man durch gesteigerte Quantität die fehlende Qualität zu ersetzen. **Man glaubt schließlich selbst nicht mehr an den Sinn dessen, woran man so unsägliche Mühe wendet, und überredet doch immer aufs neue sich und andere dazu, es hätte einen Sinn und wäre eine Sache Gottes.** Man ist bei dem allen im tiefsten unfroh. Jesus bezeichnet diese Art Gottesdienst als F a s t e n (Mt 9,14—17). Dieses kraft- und freudlose Vielerlei, dieses Uneingeweitsein, diesen U n s i e g auf der ganzen Linie nennt Paulus: W e r k e d e s G e s e t z e s . Er spricht mit starken

Worten von ihrer völligen Aussichtslosigkeit…" (Ders., Art. „Gesetz".) — Hier haben wir das Spiegelbild unseres frommen Betriebes und den Grund für seinen Leerlauf. HErr, gib uns Augensalbe, daß wir nun sehend werden! (Offb. 3,18 c.) — Auf dem Weg der uns anerzogenen Gesetzesfrömmigkeit, mag sie sich nun evangelisch oder katholisch oder pietistisch nennen, bringen wir es im besten Falle zu einem jämmerlichen Sklavengehorsam, aber die Freiheit der Söhne Gottes, von der Paulus schreibt, bleibt uns verschlossen. Hören wir nochmals Ralf L u t h e r : „Im Gegensatz zum Sohne steht der Knecht (Sklave), der nicht im Hause bleibt (d. h. dem der d a u e r n d e Kontakt mit dem Herrn des Hauses fehlt), der nicht eingeweiht ist (Joh 15,15), der von Furcht, Mißtrauen, geheimer Feindschaft beseelt ist, **dem durch den Stecken des Treibers (die gesetzlichen Forderungen) mühsam eine Art von Halbgehorsam abgezwungen wird."** (Art. „Gotteskinder, Söhne Gottes".) —

Vgl. dazu die in Anm.49 zitierten Stellen aus der Konkordienformel wie überhaupt die unhaltbare Lehre vom „dritten Gebrauch des Gesetzes"! — Auch Dr. Hans H o f e r stellt fest: „Einen *tertius usus legis…* gibt es für den Christen n i c h t." (Die Rechtfertigungsverkündigung des Paulus nach neuerer Forschung. Gütersloh 1940. S. 75.) — Vgl. dazu vor allem P. A l t h a u s , Gebot und Gesetz, S. 37 ff: „Gottes Geist lehrt mich durch das Hören auf die biblischen Weisungen. — Hier sind wir an dem Punkt angelangt, an dem die ältere Theologie von dem *tertius usus legis* sprach, zuerst Melanchthon, dann vor allem die Konkordienformel, die lutherische Orthodoxie, auch die Theologie des 19. Jahrhunderts, z. B. Frank. — Wir können diesen Begriff n i c h t beibehalten. Er ist aus mehreren Gründen preiszugeben. Erstens : der Begriff ‚Gesetz' ist in der Theologie entscheidend geprägt durch den Gegensatz zum Evangelium, die *lex accusans, condemnatric, justificatrix.* Es empfiehlt sich, ihn in dieser Prägnanz zu belassen… Wir sprechen nicht mehr vom dritten Gebrauch des Gesetzes (noch weniger von ‚Evangelium und Gesetz'), wohl aber von einem Gebrauch der biblischen Weisungen im Christenleben. Zweitens: bei dem Worte ‚Gesetz' legt sich der Gedanke einer gesetzlichen Regelung des christlichen Lebens nahe. Um eine solche kann es sich aber gerade n i c h t handeln. **Die Weisungen der Schrift werden mißbraucht, wenn man sie als gesetzliche Vorschriften verwendet.** Sie sind H i l f e zur eigenen persönlichen Erkenntnis dessen, was Gott der Herr mir jetzt aufträgt. Die Lebendigkeit, die Geisthaftigkeit der Erkenntnis die jetzt Aufgetragenen darf durch keine Vorschrift zerstört werden. Hier ist noch einmal an den paulinischen Gegensatz von ‚Schrift' und ‚Geist' zu erinnern: die ‚Schrift', d. h. die geschriebene Satzung, gehört zum Knechtsstand unter dem Gesetz, aber der Kindesstand unter dem Evangelium ist durch die Freiheit des Geistes bestimmt (Röm 7,6). Drittens: der Begriff ‚Gesetz' legt nahe, die Weisung für den Christen nur in den Imperativen der Schrift zu finden. Aber die Hilfe, die der Christ nötig hat zur eigenen Erkenntnis des Willens Gottes, wird ihm nicht nur in dem, was geschrieben steht, gegeben… — D e r G e i s t G o t t e s will uns lehren. Er tut es nicht anders als durch das eigene Besinnen und Urteilen des Christen hindurch. Keine biblische oder kirchliche Weisung, kein biblisches oder kirchliches Vorbild kann mich der eigenen Entscheidung überheben. Aber weil ich Grund habe, gegen mein einsames Erkennen mißtrauisch zu sein…, soll und will ich auf die Stimme der Schrift und der Christenheit hören und auf den Herrn, auf seine Apostel und die ‚Heiligen', die Menschen, in denen Er deutlich Gestalt gewonnen hat, sehen. Sie schärfen mein Auge und Ohr zum eigenen Vernehmen des mir jetzt geltenden Willens Gottes. Sie sind Hilfe und Korrektiv… — So muß an die Stelle der Formel vom ‚dritten Brauch des Gesetzes' der Satz treten: **der Heilige Geist leitet zur Erkenntnis des Willens Gottes** auch durch die sittliche Weisung und Wirklichkeit in der Schrift und in der Christenheit. Er lehrt mich nicht geschichtslos, sondern er stellt mich in die Gemeinde der Väter und Brüder im Glauben. Er benutzt die Schrift und die Kirche, das Lehren und das persönliche Sein der Zeugen Gottes in beiden — nicht als ‚Gesetz‘, sondern so, daß **durch sie E r s e l b e r uns lehrt, lebendig und persönlich.**" — Genau das ist gemeint, wenn Jesus sagt: „I c h bin der Weg". Vgl. dazu Ralf L u t h e r: „‚Der Weg‘ war bei den Zeitgenossen Jesu eine Hauptbezeichnung für die Heilige Schrift; im engeren Sinne sagte man vom mosaischen Gesetz, es sei der Weg. Im deutlichen Gegensatz dazu sagt Jesu: ‚I c h bin der Weg‘ (Joh 14,6). Es bedarf keiner schwierigen Überlegung, um zu verstehen, wie das gemeint ist. Jesus nimmt die Ausdrücke, die er gebraucht, immer in ihrem einfachsten Wortsinn. Den Weg kennen, der zu einem Ort führt, heißt: orientiert sein, wie man zu gehen hat. ‚Einen klaren Weg vor sich haben‘ bedeutet: genau wissen, was man zu tun hat, welche Richtung man einzuschlagen hat; ohne Furcht und Zweifel handeln können. — Der Mensch fragt: wie kann ich mich auskennen im Leben? wie treffe ich das Richtige? . . . Wie werde ich die Unruhe des Gewissens los, ob ich nicht am Ende doch irregehe? — Auf diese Fragen antworten die Schriftgelehrten: Da mußt du die Bibel sehr gründlich studieren und dir alle ihre einzelnen Worte genau merken. Das Gesetz sagt dir pünktlich, was geboten und was verboten ist. Ist dir aber im Gesetz etwas nicht verständlich, so halte dich an die Auslegungen der Väter: da ist alles noch genauer erklärt; da sind noch viel mehr Einzelfälle des Lebens vorgesehen als in der Bibel. Das ist gerade so, wie wenn einer nach dem Wege fragt und ihm geantwortet wird: du mußt erst h i e r gehen, dann d a , d i e s e n Abweg beiseite lassen, und an j e n e m Kreuzweg, der später kommt, d a s Zeichen beachten, dann einmal links einbiegen und zweimal rechts, und dann so und dann so, und daß du nur ja nichts davon vergißt! — Und dann, wenn der Arme von alledem ganz dumm wird und bald nicht mehr aus- und ein weiß, steht ein anderer vor ihm und sagt: Sei ohne Sorge, ich werde dir vorangehen; du brauchst nur mir zu folgen! — Jesus sagt: ‚I c h bin der Weg.‘ Das heißt: ruhig seinen Weg gehen, frei sein vom Zweifel, ob er richtig handelt, kann der, dem Jesus persönlich nahe ist. Wer von Fall zu Fall Fingerzeige von Jesus erhält, geht sicher. **Der Weg ist nicht ein Gesetz, ein System, eine Lehre. Der Weg ist eine Person.** Der Weg ist n i c h t etwas, was aus der V e r g a n g e n h e i t stammt, sondern der g e g e n w ä r t i g e H e r r . . ." (Art. „Weg". Hervorhebungen im Original.)

⁵⁵ Wer wagt es heute noch, eine solche Aussage wirklich ernst zu nehmen? Vgl. W. de B o o r z. St.: „Wir wollen das einfache, klare Zeugnis ‚**Das Gesetz des Geistes h a t dich freigemacht!**‘ nicht durch theologische Bedenklichkeiten in das halbe oder ganze Gegenteil umwandeln. Die Theologie ist seltsam groß in solchen Künsten... Nun ist d i e B a h n f r e i, daß ‚**die Rechtsforderung des Gesetzes erfüllt würde in uns, die wir nicht nach dem Fleisch wandeln, sondern nach dem Geist**‘... Und wieder dürfen wir nicht mit theologischen Künsten unseren Text so lange bearbeiten, bis er am Ende das Gegenteil seines einfachen Wortlautes sagt. Wir müssen es vielmehr hören, daß Paulus in dieser Weise ernstlich von der ‚E r - f ü l l u n g‘ des Gesetzes spricht, und zwar **nicht nur von einer stellvertretenden in Jesus,** sondern von einer f a k t i s c h e n ‚**in uns**‘, in unserem eigenen Leben." (W. Stb., S. 180—182.)

⁵⁶ Vgl. in diesem Zusammenhang, was W. de B o o r zu Röm 8,9 schreibt: „Da erfolgte die große Wendung, die hier mit aller Bestimmtheit nicht nur als allgemeine theoretische Möglichkeit, sondern als konkrete Wirklichkeit bezeugt wird: ‚**Ihr aber seid nicht im Fleisch, sondern im Geist, wenn anders Gottes Geist in euch**

wohnt.' ... Mögen wir vor solchen Behauptungen erschrecken, mögen wir sie für ,unmöglich', für ,überspannt', ja für ,hochmütig' halten, — wir müssen zur Kenntnis nehmen, daß ein Paulus die Wirklichkeitsverwandlung der Christen mit ruhiger Bestimmtheit s o beschrieben hat. Wo zuvor die Sünde ,wohnte' und mit diesem ihrem Wohnen alles durchdrang und formte, da ,wohnt' nun ebenso durchdringend wirksam der Geist Gottes ... Es gibt nicht gelegentliche Einflüsse des Heiligen Geistes in ihrem Leben, nicht nur Wirkungen des Geistes, die immer neu erbetet werden müssen. Nein, der Heilige Geist , w o h n t ' in ihnen, er ist ständig in ihrer Mitte und in ihrem Herzen. Darum werden sie von dem Apostel auch n i c h t angewiesen, um den Heiligen Geist zu bitten. Wie sollten sie auch den zum ,Kommen' einladen, der bereits in ihnen wohnt. Wäre es anders, ,hätten sie den Geist des Christus nicht', dann , w ä r e n s i e n i c h t s e i n '... (Anm.: Wenn Paulus nicht das Glück hätte, in der Bibel zu stehen, wie würde man ihm eine solche Formulierung ,den Geist des Christus h a b e n ' theologisch ankreiden! Wie würde man überhaupt die ganze ,Ungeschütztheit', ,falsche Sicherheit' und ,primitive Direktheit' angreifen, mit der hier vom Lebensstande des Christen gesprochen wird! Aber Paulus s t e h t nun einmal in der Bibel.) — Was würde aus unserem ,Christentum' und unseren ,christlichen Kirchen', wenn wir uns nicht mit einem allgemeinen Lobpreis der Bibel begnügen, sondern mit solchen Sätzen der Bibel e r n s t m a c h e n wollten!" (W. Stb., S. 184 f.)

[57] G o d e t sagt in seiner Auslegung von Röm 6,8 über die Heiligung: „Sie ist bezeichnet mit dem Ausdruck »leben mit Christus«, **weil sie in der Aneignung des heiligen Lebens des Auferstandenen besteht,** durch welches die Leere ausgefüllt wird, die in uns durch den Verzicht auf unser eigenes Leben entstanden ist." (a. a. O., Zweiter Teil, S. 20.) — Und Otto D i b e l i u s sagt von den Jüngern: „Das, was jetzt Christus in ihnen war und wirkte, das war Leben aus Gott, das war **Anteil an Gottes Vollkommenheit.** Das e r f u h r e n sie... Sie quälten sich nun n i c h t mehr mit sich selbst ..." (a. a. O., S. 39.)

[58] „Das Problem der »Ethik« ist identisch mit dem der »Dogmatik«: *Soli Deo gloria!"* (K. B a r t h , Römerbrief, S. 417.)

[59] Was G n a d e heißt, finden wir in klassischer Weise bei Ralf L u t h e r interpretiert: „Daß ein König jemandem Gnade erwies, bedeutete immer, daß er ganz p e r s ö n l i c h eingriff in sein Leben, ihm u n m i t t e l b a r etwas schenkte, oder ihm über alle bestehenden Behörden und Gesetze hinweg Schuld und Strafe erließ (der ,Gnadenweg' der Rechtsprechung). Das NT versteht unter der Gnade Gottes immer S e i n u n m i t t e l b a r e s E i n g r e i f e n , H e l f e n und G e b e n ... Wo Gnade ist, ist eine göttliche F ü l l e . Paulus spricht wiederholt von dem R e i c h t u m , den die Gnade bringt (Eph 1,7 und 1 Tim 1,14), d. h. wo Gnade ist, kann man aus dem Vollen schöpfen. Ein anderes Mal spricht er vom L i c h t - g l a n z der Gnade (Eph 1,6): sie gibt dem Menschen etwas Strahlendes; sie beflügelt ihn, daß er mit göttlicher Leichtigkeit und unwiderstehlicher Siegesgewalt schwierige Aufgaben löst. Das meinen wir doch auch, wenn wir von einem Künstler sagen: ,Er ist gottbegnadet.' Das bedeutet: ihm ist ein göttlicher Überfluß gegeben, und das, was andere mit allen Kraftanstrengungen nicht bewältigen können, geht bei ihm zwanglos. **Wem Gnade gegeben ist** (unmittelbares Stehen vor Gott), **der darf sich nicht mehr unters Gesetz stellen ...** — damit wäre die Fülle, die von oben kommt, verscherzt und der Mensch wäre aus der Gemeinschaft Gottes gefallen (Gal 2,21 und 5,4)." (Art. „Gnade". Hervorhebungen im Original.) — **Es**

geht also letztlich darum, daß wir das Grundanliegen der Reformation, nämlich das Prinzip der „sola gratia" nicht beschränken auf die Rechtfertigung, sondern es auch darüber hinaus radikal und konsequent durchführen, indem wir es in gleicher Unerbittlichkeit auch auf die Heiligung anwenden. Es genügt eben nicht, daß man nur bei der Rechtfertigungslehre die Gesetzeswerke ausschaltet; es darf ebensowenig bei der Heiligung auch nur der geringste Raum für Werkerei unter dem Gesetz und damit für ein Verdienst des frommen Menschen bleiben.

[60] Es ist interessant zu sehen, wie L u t h e r mit einer solchen seiner Sündenlehre derart offensichtlich widersprechenden Stelle fertig wird. Sehr einfach: „Die höchst undialektische A l t e r n a t i v e von 1 Joh 3,6 zwischen »in Christus bleiben« und »sündigen« löst er, indem er unversehens das *‚non peccat'* durch *‚mortificat carnem'* ersetzt (W 20, 702, 16 ff). Damit ist die eigentümliche Höhenlage des johanneischen Wortes verlassen. In ähnlicher Weise geht Luther angesichts Joh 15,3 vor..." (v. L o e w e n i c h , a. a. O., S. 34.)

[61] „Aus dem Sündigen h e r a u s führt Jesus die, die in Seiner Gegenwart leben... Den Zwang, daß wir sündigen müssen, h e b t E r a u f. In Ihm war der Gehorsam, der Gottes Wille tat. Das stellt fest, wie aus denen wird, die in Ihm bleiben..." (A. S c h l a t t e r , Kennen wir Jesus? S. 129 f) — Auch W. v. L o e w e n i c h stellt den Kontrast zwischen unseren von Luther übernommenen Vorstellungen und dem NT deutlich ins Licht, wenn er pointiert sagt: Der biblische Christenstand ist „k e i n Auf und Ab, kein Hin und Her, keine »getroste Verzweiflung«, sondern ein B l e i b e n". — Der HErr „spricht von diesem Bleiben als von einer W i r k l i c h k e i t , und wir werden gut daran tun, dies zunächst einfach zu hören und es nicht mit unserer gewiß sehr begreiflichen Reflexion sofort t o t zu-schlagen. Nur so kann das Wort bei Johannes seinen ganz besonderen Dienst an uns tun." (S. 61.)

[62] „Ausdrücklich macht Jesus S e i n e Geeinschaft mit dem Vater zum Vorbild und Maßstab der Gemeinschaft zwischen Ihm und den Jüngern." (F. B ü c h s e l z. St., a. a. O., S. 153.) — Vgl. dazu O. S. v. Bibra, Faßt nur Mut! S. 31 f.

[63] Johannes verwendet hier das Wort *„entolai"*, mit dem der HErr in Joh 15,10 die persönlichen Weisungen und Aufträge bezeichnet, die Er den Seinen so zukommen läßt, wie Er selbst während Seines Erdenlebens völlig von den Weisungen und Aufträgen Seines Vaters abhängig war. Es kann also hier keineswegs von den „Geboten" im Sinn des Gesetzes vom Sinai die Rede sein. Nein: es „sind die Weisungen, die aus dem Wesen Jesu hervorgehen und uns zeigen, wie unser faktisches Leben mit dem Wandel Jesu übereinstimmend wird (V. 6!). Es geht n i c h t um ‚das G e s e t z'; es geht erst recht nicht um Gesetzeserfüllung zur Erreichung einer eigenen Gerechtigkeit vor Gott." (W. de B o o r z. d. St., W. Stb., S. 46.)
    Es wird bei uns meist völlig übersehen, worauf A l t h a u s mit Recht hinweist (Gebot und Gesetz, S. 26), daß die neutestamentlichen *Imperative* grundlegend zu unterscheiden sind von denen des Gesetzes. Denn im NT ist *der Imperativ in sich selber Evangelium*, nämlich Ermächtigung, in der Kraft des Heiligen Geistes und in der Vollmacht der göttlichen Liebe das jetzt Aufgetragene zu tun: „Gnadenimperativ" (W. Elert). — So ist christliches Ethos durch und durch G e i s t -Ethos: Gottes Wille wird unter der Leitung des Geistes erkannt und durch den Antrieb des Geistes erfüllt. Leitung durch den Heiligen Geist bedeutet: was Gott jetzt von mir will, jetzt mir aufträgt, läßt sich nicht an einer Vorschrift, einem überlieferten

Gesetz ablesen. Ich muß heute neu erkennen, was Er von mir erwartet. (Nach Althaus. a. a. O., S. 36.)

[64] W. de B o o r schreibt z. d. St.: „Darum stehen wir hier an einem ganz kritischen Punkt der Reformationsgeschichte. Was wurde aus der neuen, reformatorischen ‚Erkenntnis' Gottes? Die großen Kirchenvisitationen 1526—1530 ergaben erschreckende Bilder... Es hilft wenig, daß nun auf das Gesetz zurückgegriffen wurde. Trifft das Wort des Johannes nicht weithin auch heute die Zustände evangelischen Christentums? Müssen wir uns dem nicht stellen?" (W. Stb., S. 47 Anm. 60.)

[65] In welch einer erschreckenden Verfinsterung stecken doch unsere Augen und Herzen, daß es dem Feind gelungen ist, uns mit frommer Begründung, mit theologischer Argumentation einzureden, man könnte dem heiligen Gott auch mit seinem Ichleben dienen und auch mit einem geteilten Herzen in Seiner Gemeinschaft stehen! „Die schlimmste Verfinsterung entsteht nicht dort, wo man »religionslos« ist oder erklärter Atheist, sondern da, wo Menschen religiös sind, wenn ihr religiöses Erkennen und Empfinden f a l s c h   o r i e n t i e r t   i s t ... Hoffnungslos wird das Dunkel dann, wenn Menschen (einzeln oder k i r c h e n w e i s e) sagen, »sie hätten Gemeinschaft mit Gott«, und sich doch über die Wirklichkeit des Lebens von oben her die Augen nicht öffnen lassen (1 Joh 1,5.6). Wenn sie bei reicher Ausgestaltung der Frömmigkeit dennoch Gott zu einem Diener ihrer Zwecke... machen. Wenn das durch Jahrhunderte die Haltung gerade der Frömmsten und Besten war, dann wird die Finsternis so groß, daß für die wahre Erleuchtung kein Organ mehr da ist..." (R. L u t h e r , Art. „Finsternis".) — Wenn Gott dann in solcher Finsternis der Kirche wirklich Erleuchtung und Offenbarung schenken will, sucht man mit allen Mitteln sich selbst und die Tradition zu rechtfertigen und jeden Einbruch des Geistes Gottes abzuwehren, indem man die Fahne des Bekenntnisses der Väter hochhält. — Ethelbert S t a u f f e r spricht von der Versuchung der Kirche zur frommen Selbstherrlichkeit und schreibt in diesem Zusammenhang: „Die Kirche wird sich selbst zu wichtig... Sie nimmt ihre Gestalt wichtiger als ihre Sendung, ihre Dogmatik ernster als ihren Gott (cf Lc 11,52; Röm 2,20). Formfragen und Schulfragen werden ihr zu Glaubensfragen (1 Kor 1,11 ff). Sie e n t s c h u l d i g t sich, wenn der Ruf Gottes an sie ergeht (cf Lc 4,15 ff.). **Sie verschanzt sich gegen die Offenbarung Gottes hinter theologischen Axiomen** (Lc 10,21; 2 Kor 10,5)..." (Die Theologie des Neuen Testaments, Stuttgart 1941, S. 183.)

[66] Wo aber bei sogen. Christen davon n i c h t s zu sehen ist, muß die Frage gestellt werden, ob sie überhaupt schon durch den Heiligen Geist ein neues Leben empfangen haben. Siehe Apg 19,1 ff.! Vgl. S c h n e p e l z. St.: „Es fiel dem Paulus in Ephesus auf, daß er dort gläubige Menschen traf, Menschen der Bibel und des Gebetes, aber so salzlos, so kraftlos und so fade, daß ihm sofort der Gedanke kam: Habt ihr wohl den Heiligen Geist empfangen? Er hatte recht vermutet. Jesus hatte in ihnen noch nicht Wohnung gemacht. Wo Jesus Wohnung macht, da zieht mit Ihm die Kraft (das Dynamit, wie das griechische Wort sagt) des Heiligen Geistes ein. Wenn dies Dynamit Jesu in uns beginnt, seine Sprengungen durchzuführen, um einen Sünder in Jesu Bild umzuformen, dann bleibt dies nimmermehr eine verborgene Tatsache. Wenn mit Jesus Friede und Freude im Heiligen Geist einzieht, ist dies kein unbewußter Vorgang. Wie wird man so dankbar und froh darüber! Wie das Salz den Speisen, so gibt »Christus in uns« dem Mensch einen Geschmack.

Man spürt es, wenn ein Mensch den Herrn Jesus in sich aufgenommen hat." (Briefe aus dem Berliner Osten, S. 92 f)
— Oder Ralf L u t h e r , Art. Heiliger Geist: „Der Heilige Geist ist in dem Sinne nichts Mysteriöses, daß es gar nicht festzustellen wäre, ob Er da ist oder nicht. Über Sein Vorhandensein oder Fehlen ist n i c h t z u d i s p u t i e r e n : das eine wie das andere s p ü r t m a n . Man kann es deutlich merken, ob es in einem Menschen (oder im kirchlichen Leben) göttlich vorwärts geht, oder ob trotz allen Eiferns und Hastens Stillstand herrscht. Man müßte taub und gefühllos sein, wenn man das nicht merkte." — „In Christus sein, heißt: im Wirkungsbereich Christi sein, unter dem Einfluß seiner Kräfte stehen, heißt: mit Christus in die Himmelswelt versetzt sein (Eph 2,6). Das ist nicht etwas, wovon man nicht wissen könnte, ob es ist oder nicht. Jesu hat Seinen Jüngern deutlich gesagt: an jenem Tag w e r d e t ihr es m e r k e n , daß ihr in Mir seid und Ich in euch (Joh 14, 20). Und Johannes nennt das Erkennungszeichen, an dem j e d e r feststellen kann, ob er in Christus ist,»den Geist, den Er uns gegeben hat« (1 Joh 3,24). **Das Wirken des Geistes ist immer s p ü r - b a r .** Der Schiffer kann es merken, ob Windstille ist oder ob ein frischer Wind sein Fahrzeug vorwärts bringt. Der Mensch kann es merken, ob es in seinem Leben göttlich vorwärts geht oder nicht. Christen können es feststellen, ob ihr Tun und Streben von oben her erleuchtet, gehoben, getragen ist, oder ob sie trotz aller Kraftanstrengungen nicht vom Fleck kommen. D. h. sie können es merken, ob sie Anschluß an Christus haben oder nicht. Wer in Christus ist, in dem ist d i e M a c h t S e i n e r S t ä r k e (Eph 6,10), d e r k a n n s i e g e n a u f d e r g a n z e n L i n i e (trotz einzelner Teilniederlagen, 2 Kor 2,14). Wer im Bereich der Lebensfülle Christi ist, an dem ist nichts zu tadeln. Er fällt nicht aus der Gemeinschaft mit Gott, er tut nichts auf eigenes Risiko (»er sündigt nicht«, 1 Joh 3,6). **In ihm ist die Liebe des Vaters v o l l k o m m e n ; er lebt, wie C h r i s t u s gelebt hat** (1 Joh 2,5—6). In solch einem Menschen ist die Gerechtigkeit Gottes verwirklicht (2 Kor 5,21). Er ist ein neues Geschöpf. B l e i b e n in Christus kann der, der . . . die besonderen Weisungen, die Christus i h m für sein Leben gibt, erfüllt (Joh 15,10; 1 Joh 3,24) . . ." (R. L u t h e r , Art. „In Christus sein".)

[67] „Unsere Sendung ist der Sendung Jesu ähnlich in ihrem Zweck. Warum sandte der Vater den Sohn? Um Seinen Liebeswillen in der Erlösung der Sünder zu offenbaren. Jesus sollte dies nicht nur durch Wort und Lehre vollbringen, sondern Seine ganze Person, Sein Wesen, Sein Wandel sollte des Vaters Liebe zum Ausdruck bringen. Die Menschen sollten an Ihm sehen, wie der unsichtbare Vater im Himmel gegen sie gesinnt sei. — Nachdem der HErr diesen Seinen Auftrag erfüllt hatte, fuhr Er auf gen Himmel, und seither ist Er, wie der Vater, unsichtbar. Nun aber hat Er Seine Sendung Seinen Jüngern übertragen; **sie sollen Ihn, den Unsichtbaren, den Menschen so darstellen, daß sie darnach beurteilen können, w i e E r i s t .** Jeder wahre Christ muß ein Ebenbild Jesu sein — er muß in seinem ganzen Wesen und Wandel dieselbe Sünderliebe, dasselbe Verlangen nach ihrer Seligkeit an den Tag legen, die den HErrn beseelte, daß daraus die Welt schließen kann, wie Jesus gegen sie gesinnt sei. Nimm dir Zeit, diesen himmlischen Gedanken recht in dich aufzunehmen: Unsere Sendung ist derjenigen des Heilands ähnlich in ihrem Ziel, das da ist: die Darstellung der heiligen Liebe des Himmels in irdischer Gestalt." (M u r r a y zu Joh 20,21; a. a. O., S. 74 f.)

[68] Vgl. W. de B o o r z. St.: „In diesem Philippi sollen die ‚Heiligen . . .' nicht nur den Stand der Zugehörigkeit zu Gott haben, sondern auch t a t s ä c h l i c h als ‚**fleckenlose Kinder Gottes**' l e b e n , so daß sie im Dunkel ihrer Umgebung

‚strahlen wie Sterne im Weltall'. Wieder werden wir voller Bedenken sein: Erzieht
Paulus seine Leute nicht zu Pharisäern? Und kann man das überhaupt im Ernst
einer Gemeinde zumuten, einer Gemeinde von Menschen, die doch immer ganz
und gar Sünder bleiben? Ein moderner Theologe würde also lieber schreiben:
»Bleibt euch stets bewußt, daß ihr euch faktisch in nichts von dem Volk unterscheidet, unter dem ihr lebt; ihr seid nicht anders und nicht besser als die Menschen
um euch, nur daß ihr von der Gnade Dessen wißt, der euch Sünder gerecht spricht
und euch, nach dem Tode einmal als fleckenlose Kinder Gottes in einer neuen Welt
neu schaffen wird.« Es entspricht das vielleicht wieder unserer Erfahrung an uns
und den heutigen Gemeinden. Aber wieder haben wir zu sehen, daß Paulus selbst
g r u n d a n d e r s schrieb, und haben uns mit viel Beten und Ringen mit dem aus-
einanderzusetzen, was das Haupt der Gemeinde im Heiligen Geist seinen Bevollmächtigten Paulus den Philippern tatsächlich schreiben ließ." (W. Stb., S. 93 f.)
Im übrigen dürfte es für die herrschende theologische V e r w i r r u n g bezeichnend sein, daß gegen die Bezeugung der biblischen Botschaft von der völligen
Heiligung der Vorwurf der „Unnüchternheit" erhoben wird. Der Apostel Paulus
jedoch bekundet die gegenteilige Überzeugung, wenn er schreibt: „**Werdet doch
einmal richtiggehend n ü c h t e r n und — s ü n d i g t n i c h t !**" (1 Kor 15,34; vgl.
auch Joh 5,14 c!) Was demnach für Paulus ein Beweis der Nüchternheit war, das
nennen heute die Schriftgelehrten „Schwärmerei". Welch eine Verdrehung der Tat-
sachen! Man muß schon die Blindheit Laodiceas besitzen, um hier nicht die Ver-
führung des Diabolos zu erkennen, der mit Vorliebe alles „durcheinanderwirft".

⁶⁹ Wir müssen unbedingt, so beton H. J. I w a n d , „innerlich f r e i werden" von
a l l e m ! „Und dazu gehörte auch manche lieb gewordene kirchliche Tradition,
gehörte auch manches bis dahin gepflegte *Theologumenon*." (E. K. i. D. oder nicht?
Dortmund 1946. S. 14.) — Und Wilhelm L ö h e sagt: „Es ist der Zeit mit bloß
lutherischer Tradition allewege nicht viel gedient. Wir dürfen nicht auf den Lor-
beeren der Väter ruhen; auf altem Grund weiterbauen, auf rechtem Wege vorwärts
gehen ist echt lutherische Pietät. Wer es anders macht, arbeitet vielleicht an einem
S a r g e oder einem Denkmal der Vergangenheit; aber kein lebendiges Geschlecht
kann da Aufenthalt nehmen." (Zitiert bei S. H e b a r t , Wilhelm Löhes Lehre von
der Kirche, ihrem Amt und Regiment. Neuendettelsau 1939. S. 226.).

⁷⁰ Vgl. dazu Ralf L u t h e r , Art. „Überlieferungen (Traditionen)": „Es ist
überraschend, daß das NT. ausdrücklich von Traditionen spricht. Die damaligen Frommen sind unzufrieden, weil die Jünger Jesu mit ungewaschenen
Händen essen. »Warum verletzen deine Jünger die väterlichen Traditionen?«
(Mt 15,2—9; Mk 7,1—13). — Jesus zeigt in seinem ganzen öffentlichen Wirken
Achtung vor den bestehenden Sitten und Traditionen. Er weiß ihre bewahrende
und ordnende Macht wohl zu schätzen. Er stellt sich mitten hinein in die Ordnung
des Tempels und der Synagoge. Wo es irgend geht, rüttelt er nicht an Traditionen.
Aber eins kann Er den Traditionen n i c h t zugestehen (auch heute nicht!): E s
d a r f n i c h t d a h i n k o m m e n , d a ß m a n m i t H i l f e v o n T r a d i t i o n e n
d e m g ö t t l i c h e n G e s e t z s e i n e n S i n n g i b t . Das Gesetz bedarf zwar zu
allen Zeiten der Deutung; es muß etwas da sein, was darüber entscheidet, wie die
Bibel auszulegen, wie ihre Worte anzuwenden sind. Und dieses Etwas muß fest-
stehen. Es muß derart sein, daß nicht jeder kommen und am Gesetz Gottes rütteln
kann. Welche Macht kann das tun, kann vor Willkür und Umsturz bewahren? **Die
Theologen und Kirchenmänner sagen: die Tradition.** Einzig und allein das, was
von den Vätern überliefert ist, kann die Bibel und den Gottesdienst vor frecher

Profanierung schützen. Je stärker im Laufe der Jahrhunderte Mächte des Um-
sturzes an den Kirchentüren rüttelten, um so fester hält man an der Tradition, um
so mehr sucht man bis ins einzelne die Deutung des Bibelwortes festzulegen —
(man denke z. B. an die endlosen Formulierungen der Apologie und der Konkordienformel! v. B.). **Und die Folge? Das Bibelwort hat seinen Sinn n i c h t behalten.
Es ist völlig seines anfänglichen Sinnes e n t l e e r t .** Das göttliche Gesetz ist n i c h t
vor Willkür geschützt, sondern es ist von Menschensatzungen überwuchert bis zu
seiner völligen Unkenntlichkeit... W a s kann denn aber nun dem Gesetz die
Deutung geben, das Bibelwort mit Sinn erfüllen, das Leben vor dem drohenden
Untergang retten? — Die Antwort J e s u lautet: **n i c h t alte kirchliche Traditionen, sondern neue göttliche Mandate (Aufträge, Vollmachten), n i c h t D o g -
m e n , sondern O f f e n b a r u n g e n ;** n i c h t vermehrte Einzelbestimmungen, sondern eine große, neu geschenkte Klarheit. **D i e g ö t t l i c h e O f f e n b a r u n g
s t e h t v o r d e r T ü r e i n e r e r s t a r r t e n K i r c h e .** Aber die Kirche hat ihre
entgöttlichten Zustände so u m z ä u n t mit T r a d i t i o n e n , und sie tritt mit so
viel »Treue«, mit solcher Inbrunst für ihre »heiligsten Güter« ein; sie forscht mit
solchem Eifer in der einstigen Offenbarung, daß sie für die heutige gar kein Ohr
hat. Sie ist, wenn es nicht anders geht, bereit, zu jedem Gewaltmittel zu greifen,
damit nur die nahe Gottesfülle nicht durch ihre Zäune breche." — Wer Ohren hat,
zu hören, der höre!

[71] Vgl. S c h n i e w i n d z. St.: „Heuchelei ist hier wie stets im NT ein objektiver
Selbstwiderspruch, der nicht notwendig mit dem verbunden sein muß, was wir
gewöhnlich Heuchelei nennen, nämlich eine bewußte Verstellung. Der objektive
Selbstwiderspruch der Pharisäer wird in jedem Weheruf enthüllt. Er besteht immer
wieder darin, **daß man Gott zu dienen vorgibt und Ihn dennoch umgeht.** Es ist...
der Widerspruch zwischen Sagen und Tun; **der Versuch, dem klar erkannten Urteil
Gottes auszuweichen."** (S. 224.) — Mit welch einer unheimlichen Gewandtheit
machen auch wir gerade diesen Versuch! Und keine Entschuldigung kommt uns
dabei so gelegen, wie die des *„non posse non peccare"* von Römer 7. Und dabei
müssen uns nur zu leicht Worte wie das von der „täglichen Reue und Buße" dazu
dienen, die Wahrheit Gottes über uns abzuschwächen oder zu verdecken. Wir sind
aber in unserer Heuchelei von Seinen heiligen Augen d u r c h s c h a u t —: **„Simon,
Ich habe dir etwas zu sagen!"** (Luk 7, 40.) — Ralf L u t h e r schreibt: „Das griechische Wort *»hypokrités«* bedeutet eigentlich Schauspieler. Ein Heuchler ist einer,
der eine Rolle spielt, einer, der etwas vorzustellen sucht, was er im Grunde nicht ist.
Die Worte Jesu über die Heuchler lassen deutlich erkennen, daß er unter Heuchelei
nicht nur das vorsätzliche bewußte Sichverstellen verstanden hat. Als Heuchelei
bezeichnet Jesus auch die fast oder ganz u n b e w u ß t e V e r s t e l l u n g der
Menschen, die durch ihre Erziehung, ihre Bildung, ihre überkommene Frömmigkeit dahin gekommen sind, daß sie sich nach außen anders geben, als sie tatsächlich sind. Eigentlich beziehen sich alle Worte Jesu gegen die Heuchelei auf
M e n s c h e n , d i e d u r c h d i e Ü b e r l i e f e r u n g e i n e n S t e m p e l a u f g e -
d r ü c k t b e k o m m e n h a b e n , d e r i h r e m W e s e n n i c h t e n t s p r i c h t .
Sie merken es selbst nicht, denn die Gewöhnung hat ihr Feingefühl für das Echte
und Unechte abgestumpft. Gerade deswegen wendet sich Jesus mit so scharfen
Worten gegen ihre Art... — Das kirchliche Tun wird zu einem großen A l s - o b ,
wenn dabei die Nebenabsicht (oder Hauptabsicht?) vorliegt, Proselyten zu machen,
d. h. für die eigene Konfession, Gesellschaft oder den eigenen Verein Anhänger
zu werben (Matth 23, 15). — Gerade ernstlich religiöse Menschen haben oft das
ihnen selbst unbewußte Bestreben, durch frommes Tun und korrekte Formen sich

selbst und andere zu täuschen über das, was an unreinen Trieben und häßlichen Instinkten in ihnen lebt. Sie gleichen darin den übertünchten Gräbern (Mt 23,27.28). " (Art. Heuchler.)

[72] „Wie oft ist gerade das Schriftwort ein Eingangstor für Irrtum und L ü g e gewesen, weil man ihm eine ganz willkürliche Auslegung gab. Jesus mußte gerade den bibelfesten Leuten seiner Zeit sagen: »Ihr seid von eurem Vater, dem Teufel ... Ich aber, weil Ich die Wahrheit sage, glaubt ihr Mir nicht« (Joh 8, 44. 45). Der Satz: »Die T h o r a (die heilige Schrift) i s t d i e W a h r h e i t« war der Grundpfeiler der rabbinischen Theologie und der jüdischen Kirche (vgl. Bornhäuser, Johannesevangelium). **Jesus zeigt, daß dieser Pfeiler nicht tragfähig ist. Eine Kirche, die sich nur auf diesen Satz stützt, m u ß z u s a m m e n b r e c h e n.** Das Schriftwort an und für sich ist eine Form, die einen sehr verschiedenen Gehalt bekommen kann; es ist sinnentleert und sinnentstellt, wenn Gott fern ist. Erst wenn Gott nahe ist, kommt es zur Sinngebung des Schriftwortes. **Man kann die Wahrheit nicht konservieren zwischen den schwarzen Deckeln der Bibel, man kann sie nicht einfangen in ein System der Lehre, in Katechismen oder Dogmen.** Wie Gott in Wahrheit ist, was Er wirklich will, kann nur der erkennen, dem Gott selbst begegnet. Darum sagt Jesus: »Ich bin die Wahrheit« (Joh 14,6), d. h. wo Er p e r s ö n l i c h ist, da werden Menschen wirklich von Gott berührt, göttlich erleuchtet. D a e r s t fallen ihnen die Schuppen von den Augen: wie klein, wie eng, wie trübe, wie falsch ihre bisherigen (auch »biblischen«) Vorstellungen von Gott waren." (R. L u t h e r, Art. Wahrheit.) — Wie groß ist doch die Verantwortung der Verkündiger! Das Unheil, das durch falsche Unterweisung angerichtet wird, ist nicht zu ermessen. Deshalb sagt F i n n e y : „Falsche Unterweisungen sind unendlich viel schlimmer als gar keine. Nichts machte dem Herrn Jesus mehr Mühe, als die Leute zum Aufgeben ihrer falschen theologischen Anschauungen zu bringen." (22 Reden über religiöse Erweckungen, Zweite Hälfte. Düsseldorf 1903. S. 204.)

[73] „Der Wille zur Reinigung von ‚**jeder Befleckung**' wäre aber gelähmt, **wenn wir** von vornherein damit rechneten, daß die Reinigung nicht gelingt und die ‚Heiligkeit' nicht erreicht wird. Darum spricht Paulus davon, daß wir ‚**Heiligkeit vollenden**'." (W. de. B o o r z. St., W. Stb. S. 163.)

[74] Wer nämlich hier ein Prinzip der Sündlosigkeit aufstellt, verfällt zwangsläufig der Unwahrhaftigkeit. Denn dort, wo nun tatsächlich Sünde in seinem Leben d a ist, darf er sie um seines Prinzips willen nicht zugeben und täuscht sich dadurch über die Wirklichkeit hinweg. Vor solchem Selbstbetrug möge uns Gott bewahren!

[75] Trotz dieser unmißverständlichen Abgrenzung, die ich von Anfang an (1. Auflage 1946) klar und bewußt vollzogen habe, unterstellt H. T i e l i c k e in seiner „Theologischen Ethik" (Tübingen 1951), ich spräche von einem „Zustand vollkommener Sündlosigkeit" (S. 165) als von einem „Zustand, der *de facto* ausweisbar und erlebnismäßig gegeben ist" (S. 166). Dies ist gerade das, was ich n i c h t meine und wogegen ich mich ausdrücklich abgrenzte. Da mithin Thielickes gesamte, auf dieser irrigen Annahme aufgebaute Argumentation (S. 159—187) mich in keiner Weise trifft, erübrigt sich für mich jegliches Wort der Erwiderung.

[76] „Das Ziel der Heiligung ist Untadeligkeit am Tage Jesu Christi, aber auch Ganzheit, Vollkommenheit, Reife des Christenstandes. **Dieses Ziel ist erreichbar.** Die Christen stehen in der Gewalt des Geistes Gottes. Daß die Sünde sie unent-

rinnbar immer wieder überfiele..., davon hören wir bei Paulus nichts. — Paulus kennt keine Erbsünde, die auch jetzt noch, nachdem Christus die Menschen ergriffen hat, sie zwänge, zu sündigen. Gottes Urteil über Adam hat alle Menschen, die von ihm herkamen, zu Sündern gemacht (Röm 5,19). Dieses Urteil aber ist jetzt aufgehoben durch das entgegengesetzte, das alle, die glaubend »in Christus« sind, zu Gerechten macht: **zu wirklichen Gerechten, im Sein und Handeln, frei vom Banne des Adam-Zusammenhanges.**" (A l t h a u s , Paulus und Luther, S. 66.) — Nachtrag von 1978: Im Vorwort zur 2. Auflage beschwert sich Althaus darüber, daß ich seine Ausführungen über Paulus aus dem Ganzen seines Buches „herausgerissen" und gegen die von ihm vertretene Lehre Luthers von der bleibenden Sündhaftigkeit des Christen „ausgespielt" hätte. Ist er damit im Recht? Zum Vorwurf des Herausreißens: Ich habe ja doch bewußt (siehe S. 50!) auch den Inhalt seines letzten Abschnittes deutlich zum Ausdruck gebracht und betont, daß sich der Verfasser schließlich — mit einem für den Leser gänzlich unerwarteten Salto — von dem Apostel Paulus mit der kühnen Behauptung distanziert, Luther habe eben doch im Vergleich zu Paulus den tieferen Blick für die Wahrheit gehabt. Und zum Vorwurf des Ausspielens: Wenn Althaus schon so ausführlich und so deutlich den Gegensatz zwischen Paulus und Luther auf besagtem Gebiet herausarbeitet, dann muß es doch erlaubt sein, die (soeben herausgearbeitete) Botschaft des Apostels hinsichtlich unserer Befreiung von der Sünde — nach dem Vorbild des Verfassers! — zu *konfrontieren* mit der *gegenteiligen* Lehre des Reformators. Oder hat Althaus im Ernst erwartet, daß alle seine Leser seinen Salto mortale mitmachen?

[77] Man wird bei Paulus — das hat zuerst Theodor Schlatter und dann auch Althaus u n w i d e r l e g l i c h nachgewiesen — keine einzige Stelle finden, mit der sich das verhängnisvolle Dogma von dem zwangsläufigen täglichen Sündigen der Christen wirklich belegen ließe — es sei denn auf Grund ungenauer Übersetzung. Drei Beispiele hierfür: Man hält uns entgegen, es stünde geschrieben Röm 3,23: „wir sind allzumal Sünder" (sc. und bleiben es auch); — aber im Urtext steht hier eben gerade n i c h t das Praesens, sondern der Aorist! Es muß also heißen: „sie w a r e n alle Sünder" (oder ganz wörtlich: „alle haben gesündigt"), wie wir ja auch Röm 5,8 lesen, daß „Christus für uns gestorben ist, als wir noch Sünder w a r e n". (Vgl. dazu auch Bonhoeffer, Nachfolge, S. 201!) — Oder man beruft sich für die Behauptung, daß auch der Christ täglich in dem aussichtslosen Ringen mit dem Fleisch stehen müßte, auf Gal 5,24. Dort heißt es angeblich: „Welche aber Christo angehören, die kreuzigen (sc. täglich) ihr Fleisch samt den Lüsten und Begierden"; — im Griechischen steht aber auch hier wiederum n i c h t das Praesens, sondern der Aorist, der bekanntlich eine in der Vergangenheit liegende, abgeschlossene Handlung bezeichnet. Es muß also übersetzt werden: „... h a b e n ihr Fleisch gekreuzigt" — ein für allemal! Vgl. auch Röm 6,6: „Wir erkennen, daß unser alter Mensch mitgekreuzigt w u r d e". — Und noch ein drittes Beispiel: Man weist uns hin auf Röm 7,25 b, wo man lesen will: „So diene ich nun mit dem Gemüte dem Gesetz Gottes, aber mit dem Fleisch dem Gesetz der Sünde". — Bei dieser Übersetzung hat Luther aber die beiden wichtigsten Worte des ganzen Satzes einfach weggelassen! Es handelt sich um die Worte *autos ego* = „ich für mich selbst" (Schlachter), „ich in eigener Kraft" (Mühlh), „ich auf mich selbst gestellt" (Menge), „ich, für mich allein", d. h. so lange nicht Hilfe von Gott kommt (Althaus). Damit aber bekommt der Vers natürlich einen ganz anderen Sinn: Paulus kennzeichnet zusammenfassend nochmals den verzweifelten Zustand des Menschen unter dem G e s e t z , der es o h n e Christus zu erfüllen versucht und doch das Vollbringen niemals zustande bringt. — Diese Beispiele ließen sich beliebig vermehren. Es ist

aber kennzeichnend für die Unzuverlässigkeit des revidierten Luthertextes von 1956, daß von den drei erwähnten Stellen nur die zweite korrigiert wurde, während die beiden anderen noch immer so entstellt und irreführend wiedergegeben sind wie seit 450 Jahren! Deshalb kann man die bibellesende Gemeinde nicht genug dazu ermuntern, zum Eindringen ins Wort gewissenhafte moderne Übersetzungen und Übertragungen zu benützen wie die Menge-, Bruns-, Schlachter- und Elberfelder-Bibel oder das Neue Testament von Ludwig Albrecht.

[78] „Nur die g e h e i l i g t e Gemeinde wird am Tage Jesu Christi errettet werden vor dem Zorn; denn der Herr wird nach den W e r k e n richten... Wer wird dann bestehen? Der in guten Werken erfunden wird." (B o n h o e f f e r, S. 214.) — Ebenso S c h n i e w i n d zu Mt 25,33ff.: „...Das Weltgericht geht allenthalben nach den Werken. Dabei wird ausdrücklich überall gesagt, daß alle Christen in dies Gericht eingeschlossen werden. Weder kann der Christ sich über den Juden, noch der Jude sich über den Heiden erheben, noch ein Frommer über die Unfrommen..." (S. 246f.) — „Gott wird (im Endgericht) einen jeden nach seinen W e r k e n richten. Das wird im Alten, wie im Neuen Testament mit solcher Ausschließlichkeit betont, daß es sich nicht nur lohnt, sondern zur exegetischen Pflicht wird, zu untersuchen, weshalb auf Erden der Entscheidungspunkt der Glaube, in der Ewigkeit aber offensichtlich — mindestens auch — die W e r k e sind." (A s m u s s e n, S. 80f.) — Die Rechtfertigung zerfällt demnach in z w e i A k t e: in eine „Anfangs- und Endrechtfertigung" (H. H o f e r, a. a. O. S. 54), in eine „Gegenwartsrechtfertigung" und eine „Rechtfertigung im Endgericht" (G. S c h r e n k in Kittels Th Wb. II 221), in eine „vorläufige Rechtfertigung, die einzig auf den Glauben gegründet wird, und eine endgültige, die auf der vollen Ausbildung der Heiligkeit in der Seele des Gläubigen beruht: Röm 5,9. 10." (F. G o d e t, Bibelstudien II, Zum Neuen Testament, 2. Aufl. Hannover-Berlin 1898, S. 128.) — „Die Rechtfertigung aus dem Glauben ist eben nur die Eingangspforte in den Zustand der Gnade, während die endgültige Rechtfertigung als einfache Anerkennung und Offenbarung der ausgestalteten Heiligkeit die Ausgangspforte ist, welche von der Gnade zur Verherrlichung führt. — So vereinen sich die biblischen Lehren von einer Rechtfertigung aus dem Glauben und einem Gericht nach den Werken. Obschon sie einander anscheinend widersprechen, sind sie doch beide gleich wahr, nur beziehen sie sich auf zwei ganz verschiedene Zeiten im Leben des Christen. Es scheint auch unter den Christen sehr wenig Verständnis für die große und ernste Wahrheit vorhanden zu sein, daß die Heiligkeit im Gläubigen das Ziel des göttlichen Tuns und die Sündenvergebung nur das M i t t e l dazu ist. Wieviele drücken sich so aus, als ob, wenn die Sündenvergebung mit ihrem Frieden einmal erlangt ist, alles abgeschlossen und die Erlösung vollendet wäre! Man scheint gar nichts davon zu ahnen, daß das Heil die Gesundheit der Seele und daß diese Gesundheit die Wiederherstellung der Heiligkeit ist. Die Vergebung ist noch nicht die Gesundheit, sie ist erst die Krisis zur Genesung. Wenn es Gott gefällt, den Sünder gerecht zu erklären, so tut Er es, um ihm damit die Heiligkeit zugänglich zu machen. Die Gerechtigkeit, die Er ihm vorläufig zuspricht und anrechnet, muß sein wirkliches persönliches Eigentum werden; sonst wird sie ihm einst wieder entzogen werden." (Ebd. S. 130.) — „Der endliche Richterspruch Gottes ergeht nach den Werken. Ein Unterlassen des Gehorsams kann nicht kompensiert werden durch den Glauben." (F e z e r.) — Siehe Jak 2,17! Vgl. auch Martin L u t h e r z. d. St.: „Wenn die Werke nicht folgen, ist das ein gewisses Zeichen, daß kein Glaube da ist, sondern ein toter Gedanke und Traum, den sie fälschlich Glauben nennen." (W. A. 10 III, 288.) — „Die Werke sind n ö t i g zum Heile, aber sie w i r k e n nicht das Heil, weil der

Glaube allein das Leben gibt. Um der Heuchler willen m u ß man sagen, daß die guten Werke auch nötig zum Heile sind. Man muß Werke tun" (W. A. 39 I, 96). — So betont auch A l t h a u s in einem Aufsatz „Ethos und Heil" im Anschluß an dieses Luther-Zitat: „Die evangelische Verkündigung... hat nicht nur die echte Heilsgewißheit zu begründen, sondern a u c h d i e f a l s c h e z u z e r s c h l a g e n. »Nötig zum Heil« und doch nicht »Ursache des Heils« — diese Unterscheidung Luthers weist auf den richtigen Weg." (Protestantische Rundschau, Nr. 1/2 1944. S. 16f.) — Vgl. dazu auch noch folgende Lutherworte: „Zwar wird die Glaubens-gerechtigkeit ohne Werke gegeben, aber doch f ü r Werke und um der Werke willen." — „Auf daß wir uns nicht betrügen und auf falschen Glauben verlassen, fordert Gott, daß wir l i e b e n und den Glauben b e w e i s e n, auf daß wir gewiß werden, daß wir recht glauben." (E. A. 8, 122.) — „Ob's wohl wahr ist, daß wir durch den Glauben alles haben und erlangen: aber wo wir nicht auch den Glauben s c h e i n e n lassen durch die L i e b e , so wird es gewißlich nichts sein, sondern ein lauter falscher Traum von Glauben, damit du dich selbst betrügst. Darum siehe auf deine F r ü c h t e ; und wo die nicht rechtschaffen sind, tröste dich nur nicht deines falschen Wahnes vom Glauben und der Gnade." (E. A. 18, 330.) — „Es ist k e i n Glaube, was nicht das Herz verändert, einen neuen Menschen erzeugt, sondern ihn in seinem früheren Meinen und Wandeln läßt. Dieser Glaube ist höchst verderben-bringend. Es wäre besser, ihn gar nicht zu haben. Ein moralischer Philosoph ist besser als ein solcher Heuchler, der diesen Glauben hat." — Und einmal warnt Luther vor solchen, die da lehren, „daß alle die, so einmal den Geist oder Ver-gebung der Sünden empfangen hätten oder gläubig geworden wären, wenn die-selben hernach sündigen, so blieben sie gleichwohl im Glauben und schadeten ihnen solche Sünde nicht". (E. A. 25, 195.)

[79] Vgl. hierzu besonders bei B o n h o e f f e r, Nachfolge, den kostbaren Schluß-abschnitt „Das Bild Christi" (S. 218ff.).

[80] Mit besonderem Ernst weist uns Hellmut F r e y auf die „Verantwortung der Kirche als Hüterin der biblischen Botschaft vom Kommen des Herrn" hin: „Die aus langem Winterschlaf erwachenden prophetischen Bücher, aus denen die Bot-schaft anfängt zu predigen, rufen nach geistesmächtiger Auslegung. Die welter-schütternden Ereignisse, durch die Gott spricht, deren Sprache aber stumm bleibt ohne die Deutung und Auslegung durchs Wort, der Herr selbst, der wieder-kommen will, die Braut, die sich auf Sein Kommen vorbereitet, und der Geist, der zwischen beiden Zwiesprache hält und vermittelt, fordern von der Kirche — von den Pfarrern — n e u e Ausrichtung, **rufen die Theologen z u r ü c k auf ihren auf-gegebenen oder vergessenen Warner- und Wächterposten** auf dem Luginsland. — Wenn diese Situation vorübergeht, die eschatologische Erwartung abebbt, und Gottes Ruf, der sich in allem barg, ungehört verhallt, dann trägt die Kirche, **dann tragen die Theologen die Verantwortung dafür.**"

[81] „Durch die Zusicherung der E n t r ü c k u n g wissen wir, daß wir n i c h t mehr durch die letzte Tiefe müssen..." So haben wir unser Ziel „in der Hoffnung auf die Teilnahme an der ersten Auferstehung, an der Entrückung, am tausend-jährigen Reich, an der Weltregierung und Weltmissionierung zusammen mit dem Christus und Seinen Heerscharen." (H. F r e y.) — Vgl. auch P. K. H u h n, Die Entrückung der Gemeinde Jesu und der Tag des HErrn (4. Aufl., Hamburg 1946)!

[82] Vgl. S c h n i e w i n d z. St.: „Unsere Seligpreisung redet vom Zukünftigen.

Aber sie meint das ganz bestimmt auch als eine Hoffnung f ü r d i e E r d e , nicht
nur als Hoffnung auf etwas Unsichtbares, das jenseits aller irdischen Wirklich-
keiten stünde. Die Hoffnung der Bibel trägt durchweg ein doppeltes Gesicht. Sie
umfaßt eine Hoffnung für die Erde, die gewöhnlich nach Apok 20,4 als »Tausend-
jähriges Reich« benannt wird; und außerdem — darüber hinaus! — eine Hoffnung
auf die Endvollendung, da »Gott alles in allem sein wird« (1 Kor 15, 26). Man hat
immer wieder versucht, diese beiden Hoffnungen in einem genauen System zu vereinen oder aber die erstgenannte »diesseitige« Hoffnung ganz zu l e u g n e n .
Beides geht nicht an..." (S. 41.)

[83] In diesem Zusammenhang sei mit besonderer Empfehlung hingewiesen auf
das bedeutsame heilsgeschichtliche Werk von Erich S a u e r : D e r T r i u m p h
d e s G e k r e u z i g t e n . — Ein Gang durch die neutestamentliche Offenbarungs-
geschichte. (8. Auflage, Wuppertal 1975.)

[84] „Das Wissen um das Kommen des Richters ist für uns als seine Signalisten
Verpflichtung, der ahnungslosen Welt Warnsignale zu geben... Im eschato-
gischen Unterricht der Propheten und Apostel erfassen wir unsere Aufgabe nicht
durchs Wort allein, sondern auch durch die Tatsache unserer Existenz als erweckte
Gemeinde oder vom Geist Gottes beschlagnahmte Christen, der Welt ein Zeichen
des Endes zu werden, wie der Feigenbaum, in dessen Zweigen der Saft sich regt, die
Knospen springen und die Blätter ausschlagen, ein Zeichen des Frühlings ist. Wie
der Geist das *»arabon«* — das Angeld —, so sind die vom Geist Beschlagnahmten
Vortrupp der Gottesherrschaft, Erstlinge der neuen Schöpfung, Zeichen, daß die
alte vergeht. Jeder einzelne durch Beschlagnahme unter die Herrschaft des Christus
versetzte Mensch ist beunruhigende Botschaft von Seinem Anspruch auf alles
Fleisch... Der Feigenbaum aber, in dem sich um die Frühlingszeit der Saft n i c h t
regt, Gemeinden und Christen, die dem Geist n i c h t zur Verfügung stehen in
dieser mit Pfingsten angebrochenen Endzeit, gleichen der stehengebliebenen Uhr,
deren Zeiger **die Welt über die anbrechende Stunde** b e t r ü g e n ." (H. F r e y .)

[85] „Die Gemeinde muß Jesu Verheißung aufnehmen und ernst nehmen: I c h
k o m m e w i e d e r . Und zwar muß sie das tun, auch wenn die Zeit sich dehnt, in
der bestimmten Form: **Siehe, Ich komme b a l d !**" (Pastor D. Fritz v o n B o d e l -
s c h w i n g h .)

[86] Mt 24, 43 „prägt ein Bild, das für die gesamte urchristliche Verkündigung
bezeichnend bleibt (1 Thess 5, 2-4; Apok 3, 3; 2 Petr 3, 10), das Bild vom Dieb...
Es steht der jüdischen Überlieferung völlig entgegen. Dort wird erwartet, daß man
die Tage des Messias vorher errechnen kann und das Schreknis des künftigen
Gerichts gilt nimmermehr dem Gottesvolk, sondern nur den Heiden. Hier aber
wird wieder, wie in allem vorigen und ebenso in den angeführten Stellen der
apostolischen Verkündigung, **die Drohung gegen die C h r i s t e n selbst gekehrt.**"
(S c h n i e w i n d z. St., S. 240.)

[87] „Die Trennung geht dann mitten durch die Reihen der Menschen. Die
Gefährten gleicher Art, der Männerarbeit auf dem Feld, der Frauenarbeit an der
Mühle, werden auseinandergerissen; der eine wird vom kommenden Menschen-
sohn »angenommen« als Ihm zugehörig (10,32 f.), **wird, Ihm zu begegnen, »e n t -
r ü c k t«** (1 Thess 4, 17); der andere wird **»zurückgelassen« auf der Erde.**"
(S c h n i e w i n d z. St., S. 239.)

[88] Man könnte auch übersetzen: „diese (euch von Gott gegebene) Frist" oder: „diesen (von Gott euch gesetzten) Termin". Im Griechischen steht hier *„kairós"* = der für das Handeln entscheidende und unwiederbringliche Augenblick; der gelegene Zeitpunkt. — Zu den Zeichen des *kairós* heute vgl. O. S. v. Bibra, Jesus kommt wieder! Zwanzig Rundfunkansprachen, 3. Auflage, Marburg 1973.

[89] H. F r e y : „Mit der eschatologischen Botschaft ist die Frage nach der Christusmäßigkeit gestellt an unsere Vermittlungstheologie, unsere Kirche als staatliche Anstalt der Volkserziehung oder bürgerlichen Vereinsbetrieb, unsere Kirchenleitungen als gute Verwaltungsbüros, unser Amt als staatliche oder sonstige Beamtung auf Grund eines Ausweises intellektueller Befähigung." — Gerade der Intellektualismus ist eine schwere Belastung für die Kirchen, besonders im Hinblick auf den Bildungsgang und die Auswahl der Träger des Amtes. „D e r i n t e l l e k t u e l l e T y p b e h e r r s c h t u n s e r e K i r c h e n , und mich empört die akademische Unbarmherzigkeit gerade mit den sogen. »Unbegabten«, eine schwerste Beschädigung der Kirche. Der geistliche Zwang, daß die Boten Jesu wissenschaftlich studieren m ü s s e n , um Vollakademiker zu werden, gehört zur gesetzlichen Vorstufe des Alten Testaments" und „steht völlig in Widerspruch zu Jesu Worten, der... dem Vater dankt, daß Er es U n m ü n d i g e n geoffenbart habe." (S p e m a n n , Die protestantische Theologie der Gegenwart und das Neue Testament. Marburg 1938. S. 106 u. 101.) — Vgl. dazu R. L u t h e r , Art. „Arme": „Den U n m ü n d i g e n (d. h. Menschen ohne Mund, die nicht immer etwas zu meinen haben) wird das Verborgene enthüllt; sie sind gewürdigt, Träger der göttlichen Weisheit zu sein, weil sie nicht ihr Fündlein hineinmengen. Die geistlich Armen sind wie die Orgel, die »keine einzige Weise in sich hat, sondern ganz darauf angelegt ist, sich die Töne vom Meister eingeben zu lasen«. Die Weisen und Klugen gleichen der »Drehorgel, die alle Melodien schon fertig in sich trägt und darum eine neue Musik weder aufnehmen noch wiedergeben kann«..." — Aus eben diesem Grund kann den weisen und klugen Theologen so wenig wirkliche Offenbarung von oben zuteil werden. (Mt 11, 25.) Sie sind von ihrer Theologie so ausgefüllt, so „reich", so „satt" (Luk 6, 24. 25 a), daß ihnen der HErr keine Offenbarung schenken kann, sondern sie vor ihren Augen v e r b e r g e n und sie leer wegschicken muß (Luk 1, 53 b). Deshalb bleibt auch das Wort der Schrift für sie vielfach stumm und tot, weil sie mit ihrem fertigen theologischen System an die Schrift herantreten und sich im Grunde doch nur ihre eigenen theologischen Anschauungen bestätigen lassen wollen. „Das Hören auf das, was der Text sagt, wurde immer wieder gehemmt durch die geheimen Ansprüche, die eigene Theologie wiederzufinden... In der Form der scheinbar sorgfältigen Exegese hat oft genug **eigene Theologie das Wort der Bibel gefangen gesetzt und für sich benutzt.**" (A l t h a u s , Paulus und Luther, S. 24.)

V. Die Auswirkungen ihres Dienstes

1. Gott bestätigt Sein Wort.

Damit ist nach dem Zeugnis der hl. Schrift auf das bestimmteste
zu rechnen, daß der lebendige Gott in der Kraft Seines Geistes
dort auf dem Plan ist, wo das Evangelium durch die von I h m
ausgesandten Boten verkündigt wird. Die Kardinalstelle hierfür ist
der letzte Satz des Markusevangeliums, wo es heißt: „Jene aber
zogen aus und richteten überall als Herolde ihre Botschaft aus,
**wobei der HErr mitwirkte und das Wort bekräftigte durch
die ihm folgende Zeichen"** (16,20). Dies ist das markanteste
Kennzeichen der Bevollmächtigten des Auferstandenen, daß **ihr
erhöhter Herr selbst in und mit ihnen wirkt**[1] und ihr Zeugnis als
wahrhaftig und zuverlässig vor den Augen aller Anwesenden in
göttlicher Kraft b e s t ä t i g t:[2] Kranke werden gesund, Dämonen
müssen weichen (Apg 5, 16; 8, 7; Lk 10, 17), von Sündenketten
Gebundene werden frei, und alle sich Ihm entgegenstellenden
Bollwerke Satans werden niedergelegt (2 Kor 10, 4f.; Lk 10, 19).
Jedoch v o r a l l e m dies: D e r H e i l i g e G e i s t f ä l l t h e r a b
auf die, die das Wort hören (Apg 10,44). So sind Seine Boten
lediglich Werkzeuge, die ganz zurücktreten hinter ihrem König,
der der eigentlich Handelnde ist: Denn E r rührt die Kranken an
(Jak 5, 15 b: „und aufrichten wird ihn der HErr"!)[3]; E r löst die
Gebundenen (Lk 4, 18; Jes 42, 7); E r ist es, vor dem Satan in
jedem Fall die Waffen strecken muß (Kol 2, 15), und E r ist es
auch, der mit dem Heiligen Geist und mit Feuer t a u f t (Mt 3, 11).
Klar zusammengefaßt finden wir dieses Geschehen auch im
Hebräerbrief wiedergegeben: „Wie wollen wir entfliehen, wenn wir
ein so großes Heil gering achten? Hat es doch seinen Anfang
genommen, indem der HErr selbst es verkündigte, und ist für uns
durch Ohrenzeugen unverbrüchlich bestätigt worden, **wobei Gott
selbst Sein Zeugnis d a z u gab**[4] mit Zeichen und Wundern und
mancherlei Kraftwirkungen und m i t A u s t e i l u n g e n H e i l i -
g e n G e i s t e s nach Seinem Willen" (Hebr 2,3f.; vgl. auch
Röm 15, 18f. und Apg 14, 3!).[5] So erfolgen durch das Auftreten
geistesmächtiger Zeugen des HErrn in der sichtbaren wie in der
unsichtbaren Welt entscheidende Veränderungen und Bewegungen. Jesus bewirkt als Sieger bald hier, bald dort Stellungs-
wechsel, woran die Menschen ebenso beteiligt sind wie Engel und

Dämonen. Dabei sollten wir nicht übersehen, daß gerade auch die Dämonen sofort merken, ob diejenigen, die unter Berufung auf Jesus die Festungen Satans angreifen, dazu göttliche Autorität und Vollmacht haben oder nicht; und wo nicht, mag man den Namen Jesu noch so viel im Munde führen, so werden die Geister der Bosheit doch um keinen Fußbreit zurückgehen und keine einzige Seele freigeben — im Gegenteil! (Vgl. Apg 19, 13-16!)[6]

2. Jesus selbst redet.

So verwirklicht sich jene unerhörte Verheißung, die Er gegeben: „Wer euch hört, der hört M i c h " (Lk 10, 16 a). Denn bei vollmächtiger Verkündigung bewirkt der Heilige Geist, daß aufrichtige Zuhörer unmittelbar die Gegenwart des Auferstandenen erleben: sie hören aus der Botschaft die Stimme des guten Hirten heraus (Joh 10, 27 a; 18,37 d) und dessen göttliche Sendung kommt ihnen zum Bewußtsein (Joh 7, 17!). So verlieren sie den Herold aus dem Auge, weil sie sich dem König selbst, dem Messias, gegenübergestellt sehen. Sie merken, daß E r es ist, der da redet. Und gleichzeitig wird ihnen bewußt, daß Er mit dem, was Er sagt, jetzt nicht irgendeine anonyme Allgemeinheit im Auge hat, sondern daß Er gerade sie meint: die einzelnen persönlich, Auge in Auge. Daran denkt Paulus, wenn er die Frage stellt: „Wie aber sollen sie Vertrauen fassen (oder: zum Glauben kommen), wenn sie Ihn (Jesus selbst) noch nicht gehört haben?" (Röm 10, 14 b). Ebenso vielsagend ist aber auch seine nächste Frage — und die übernächste: „Wie aber sollen sie (die Stimme des guten Hirten) hören, ohne einen (bevollmächtigten) Herold, der ihnen die Botschaft bringt? Wie aber sollen sie als Herolde (in Vollmacht) eine Botschaft ausrichten, wenn sie nicht (von Gott selbst) gesandt sind?!" (V. 14 c. 15 a). Zuletzt faßt Paulus das Ergebnis dessen, was er hier sagen wollte, in den lapidaren Satz zusammen: „So kommt also der (lebendige) Glaube aus dem Aufhorchen auf die (geistgewirkte) Botschaft, das Aufhorchen aber durch ein unmittelbar gesprochenes Wort des Messias = dadurch, daß der Messias (durch den Mund Seiner Herolde) unmittelbar redet" (V. 17).[7]

3. Die Gewissen werden getroffen.

Das Schwert des Geistes d u r c h b o h r t die Herzen (Apg 2, 37).

So erweist sich das lebendige Wort Gottes als „energiegeladen und
schärfer als jedes zweischneidige Schwert. Es fährt durch, bis es
Seele und Geist, Mark und Bein scheidet, und richtet die Pläne
und Absichten des Herzens; und keiner, der geschaffen ist, kann
sich vor Ihm verbergen, sondern alles ist bloß und aufgedeckt vor
den Augen dessen, dem wir Rechenschaft abzulegen haben"
(Hebr 4, 12 f.).[8] Die Anwesenden sehen sich unmittelbar in die
heilige Gegenwart des lebendigen Gottes gestellt. In Seinem Licht
kommt ihnen ihre ganze Verlorenheit zum Bewußtsein (Joh 16, 8),
ihr Widerstand bricht zusammen, sie kapitulieren, fallen nieder
und beten an (1 Kor 14,25; Apg 16, 29). So öffnet Gott die Herzen
(Apg 16, 14 b), zieht durch die Kraft Seiner Liebe die Aufrichtigen
in die Gemeinschaft Seines Sohnes (Joh 6, 44. 65) und wirkt den
Entschluß zur Hingabe des Willens — kurz: E r s c h e n k t d i e
U m k e h r z u m L e b e n (Apg 11, 18 c. 21; 5, 31 b; vgl. auch
Jer 23, 22!).[9]

4. Es scheiden sich die Geister.

Dort, wo die Botschaft von Jesus unter der Salbung des Geistes
gebracht wird, geht es — wie wir sahen — den Beteiligten durch
und durch. Und doch ist die Wirkung bei den einzelnen eine ganz
verschiedene, ja oft eine direkt entgegengesetzte. Getroffen fühlen
sich alle; aber was die einzelnen daraus für Konsequenzen ziehen,
das ist eine andere Frage.

Während die einen der Stimme ihres Gewissens folgen und in
heiligem Erschrecken ausrufen: „Was müssen wir tun, um gerettet
zu werden?" (Lk 3, 10; Apg 2, 37 b; 16, 30; 22, 10), verschließen
die anderen erst recht ihr Herz und geben ihrer Empörung Ausdruck mit den Worten: „Unerhört ist diese Rede! Wer kann sie
überhaupt mit anhören?!" (Joh 6, 60. 66.) Dabei sind es über-
raschenderweise oft gerade die Frommen, welche gegen die von
der Vollmacht des Geistes getragene Verkündigung am heftigsten
protestieren. Denn sie werden dadurch aus ihrer gewohnten Ruhe
und ihrer Sicherheit aufgeschreckt. Durch die Tränen der
Beugung und der Freude,[10] durch den Rettungsjubel der erlösten
Sünder, in den sie nicht mit einzustimmen vermögen,[11] wird ihr
eigenes scheinheiliges Wesen offenbar.

So hat sich seit den Tagen des Stephanus durch die gesamte
Kirchengeschichte bis in unsere Tage hinein jedesmal dort, wo der
lebendige Gott durch Seinen Messias oder durch dessen Bevoll-

mächtigte zu reden begann, immer wieder das gleiche abgespielt:
Die einen beugen sich und gehorchen der Wahrheit, die anderen —
voran oft die Frommen einschließlich der Schriftgelehrten —
geraten ganz außer sich vor Wut, „knirschen mit den Zähnen",
„halten sich die Ohren zu" und „heben Steine auf" (Apg 5, 33;
7, 54. 57; 14, 4; 17, 32; 28, 24; Joh 8, 59; 10, 31). Das bedeutet: diejenigen, die sich dem Sohn Gottes vorbehaltlos anvertrauen, erhalten augenblicklich das ewige Leben. Die anderen dagegen, die
durchaus nicht alle gottlos, sondern vielfach fromm sind, an den
Sohn glauben und zu Ihm beten, Ihm aber letztlich doch den G e -
h o r s a m verweigern, werden das Leben nicht sehen, sondern der
Zorn Gottes bleibt auf ihnen (Joh 3, 36). Die einen halten die Botschaft von einem gekreuzigten Messias für eine Torheit oder einen
Skandal und rennen dadurch in ihr Verderben, den anderen wird
sie zur rettenden Kraft Gottes (1 Kor 1,18. 23 f.). Die einen wollen
als die angeblich „Nüchternen"[12] nichts wissen von endgültiger
Umkehr und erfahrbarer Wiedergeburt, von persönlichem Empfang des Heiligen Geistes und der Charismen, von direkter Geistes-
leitung und völliger Heiligung, von Auswahl-Auferstehung und Entrückung und allem, was sonst noch in der Vulgärverkündigung der
Großkirchen seit langem unterschlagen worden ist — und stehen
infolgedessen nach den klaren Aussagen der Schrift in Gefahr, am
Ziel des Reiches Gottes „**vorbeizugleiten**" (Hebr 2, 1; Joh 3, 3. 5;[13]
Mt 18, 3; Mt 25, 10-12; Röm 2, 5. 6. 13; Hebr 12, 14 b). Andere
nehmen ihren Herrn in willigem Gehorsam kindlich beim Wort
und trauen Ihm zu, daß Er imstande ist, das, was Er verheißen hat,
auch zu tun, nämlich „aufs völligste zu erretten", „durch und
durch zu heiligen", zu bewahren und zu vollenden bis auf Seinen
Tag (Röm 4, 21; Hebr 7, 25 a; 1 Thess 5, 23; Phil 1, 6). So erfahren sie die volle Erlösung in ihrem täglichen Leben und können
deshalb inmitten aller Niedergeschlagenheit, Friedlosigkeit und
Sündenknechtschaft der gottlosen wie der frommen Welt um sie
her **singen mit Freuden vom S i e g**[14] (Ps 118, 15). Daher ist Jesus
einerseits der auserwählte, kostbare Eckstein, der die auf Ihn
Trauenden niemals zuschanden werden läßt, — andererseits für
die dem Wort nicht Gehorchenden ein Stein, an dem man sich
stößt, und ein Fels, über den man stolpert, von dem geschrieben
steht: „Jeder, der auf diesen Stein fällt, den wird er zermalmen"
(1 Petr 2, 6-8; Lk 20, 18). Dadurch aber werden Seine Botschafter
„den einen ein Geruch vom Tode her zum Tode, den anderen ein
Geruch vom Leben her zum Leben" (2 Kor 2, 16). „Gott aber sei
Dank, der uns durch den Messias allezeit in Seinem Triumphzug

mitführt und durch uns an jedem Ort die Atmosphäre offenbar werden läßt, in der man Ihn kennenlernen kann" (2 Kor 2,14).

Schlußwort

Wir sind am Schluß unserer Untersuchung angelangt. Es ist wohl deutlich geworden, was für eine unfaßliche Autorität und Herrlichkeit (2 Kor 3, 8 f.), aber auch, was für eine gewaltige Verantwortung auf den Bevollmächtigten des Auferstandenen liegt. Vielleicht aber ist dem einen oder anderen auch zum Bewußtsein gekommen, daß ihm das Siegel der göttlichen Berufung zu solchem Dienst noch fehlt. Wer jedoch aufrichtig bereit ist, dem Haupt der Gemeinde seinen Willen ohne Vorbehalt auszuliefern, der braucht nicht zu verzagen. Mit dem Gesagten soll niemandem etwa durch eine schematisierende Gesetzlichkeit ein Joch auferlegt werden. Wenn Gott uns durch Sein Wort in ein heiliges Erschrecken versetzt, so will Er uns doch nicht a b schrecken, sondern vielmehr zurechtbringen. Denn es steht ja geschrieben: „Die Augen des HErrn durchlaufen die ganze Erde, damit Er sich mächtig erweise an denen, deren Herz u n geteilt auf Ihn gerichtet ist." (2 Chron 16, 9.) Gott s u c h t ja Männer, die Ihn im Geist und in der Wahrheit anbeten (Joh 4, 23 b) und sich Ihm für die Arbeit in Seinem Weinberg mit g a n z e r Hingabe zur Verfügung stellen. Auch heute noch ertönt die Frage aus dem Munde des dreimal Heiligen: **„Wen soll Ich senden?** Und wer wird Unser Bote sein?" (Jes 6, 8.)

Andere wiederum, die wohl um ihre Berufung wissen, sind vielleicht niedergedrückt durch das Bewußtsein, daß sie die Dienstausrüstung noch nicht in dem Vollmaß haben, wie es notwendig wäre. Auch ihnen darf ich zurufen: Seid getrost! Denn so gewiß die erforderliche Ausrüstung in nichts anderem bestehen kann als in der Vollmacht des Geistes der Liebe, wird Gott sie denen nicht versagen, die sich füllen lassen wollen mit der Kraft aus der Höhe. Hat doch der Herr Jesus selbst die Verheißung gegeben: „Wenn schon ihr, die ihr doch böse seid, euren Kindern gute Gaben zu geben versteht, wieviel mehr wird der Vater vom Himmel herab den Heiligen Geist denen geben, die Ihn bitten" —

sofern sie wirklich bereit sind, Ihn zu empfangen und Ihm zu gehorchen! (Lk 11, 13 mit Apg 5, 32 c.)

Und sollte es uns nicht mit Mut und Zuversicht erfüllen, daran zu denken, wie Gott in den Jahrzehnten um die Jahrhundertwende so geistesmächtige Zeugen in aller Welt und nicht zuletzt in unserem Vaterland hat erstehen lassen, daß ihr Wirken unmittelbar an die Berichte der Apostelgeschichte erinnerte? Durch sie hat Gott unserem kleingläubigen Geschlecht und vorab uns kleingläubigen Theologen, die wir Seinem untrüglichen Wort doch oft mit so viel Zweifeln und Einschränkungen, Vorbehalten und Ausflüchten, ja viele sogar mit massiver rationaler Kritik[15] gegenüberstehen, klar und unwiderleglich vom Himmel herab dokumentiert, daß Sein Wort heute noch voll in Kraft steht. Keine einzige Seiner Verheißungen hat Er zeitlich beschränkt und keine einzige zurückgenommen. Er meint sie vielmehr alle auch für uns heute wirklich ernst und ist bereit, sie auch in der Gegenwart jederzeit einzulösen, sobald dazu nur auf unserer Seite die Voraussetzungen vorhanden sind, d. h. aber das Eingeständnis des eigenen Mangels, die Sehnsucht nach vermehrter Geistesausrüstung und der feste Wille zu völligem Gehorsam. So haben wir weder auf unsere eigene Schwachheit noch auf die allgemeine Kraftlosigkeit der Christen unserer Tage zu blicken,[16] sondern auf die Treue unseres Gottes, der sich zu dem bekennt, was Er verheißen hat. Gott w a r t e t ja nur darauf, daß wir e n d l i c h Sein Wort wieder so ernst nehmen, wie Er es tatsächlich meint, und in kindlicher Einfalt[17] dessen Erfüllung erwarten.[18]

Für diejenigen, die über das erwähnte Geschehen in der Kirchengeschichte der letzten hundert Jahre weniger orientiert sind, möchte ich einige markante Namen nennen: Pastor Otto S t o c k m a y e r, eine Gestalt von apostolischer Bedeutung; — Georg S t e i n b e r g e r, der frühvollendete Hausvater des Asyls Rämismühle in der Schweiz, dessen Leben und Dienst sichtbar unter der Weihe des Heiligen Geistes stand; — Marcus H a u s e r, ein schlichter Jünger, und doch ein Prophet des HErrn, dessen Schriften noch heute eine Quelle des Segens für viele sind; — General v. V i e b a h n, der weithin bekannte, geistesmächtige Evangelist, durch dessen Verkündigung Ungezählte den Weg zum Leben fanden; — Elias S c h r e n k, der Vater der Evangelisation in Deutschland; — Pastor Heinrich C o e r p e r, der Gründer der Liebenzeller Mission; — Jakob V e t t e r und Fritz B i n d e, die dazu berufen waren, durch die Deutsche Zeltmission weitesten Kreisen die Kraft des Blutes Jesu mit durchschlagender Geistes-

macht zu bezeugen; — C. M a r t e n s , der in vielfachem Leid bewährte Rußland-Missionar, durch den der Auferstandene an den
durch Sünde und Krankheit Gebundenen Großes tun konnte; —
Pastor Dr. R. A. T o r r e y , ein Evangelist von Gottes Gnaden, der
nicht nur in Amerika in reichstem Segen wirkte; — Pastor A.
M u r r a y , Präsident der holländisch-reformierten Kirche Süd-
afrikas, dessen Bücher so starke Impulse vermitteln, daß sie auch
nach achtzig Jahren noch immer wieder neu aufgelegt werden
müssen; — Hudson T a y l o r , der bekannte Gründer der China-
Inland-Mission; — Sadhu Sundar S i n g h , der Apostel Indiens...
— — Wenn ich aus der Fülle der Namen gerade die erwähnten
herausgegriffen habe, so geschah es einerseits deshalb, weil durch
sie die auch heute noch in Geltung befindlichen Ämter der Urgemeinde — Apostel,[19] Propheten,[20] Evangelisten, Hirten und
Lehrer (Eph 4, 11) — in der Kraft Gottes besonders leuchtend
verkörpert wurden, und andererseits wegen des besonderen Segens,
den ich persönlich durch die ihnen anvertraute Botschaft wie
durch ihre Lebensbeschreibungen empfangen habe.[21]

Ich wiederhole: Sollte uns nicht der Blick auf das, was durch
diese und andere Knechte Gottes — man denke auch an Vater
B l u m h a r d t und Charles F i n n e y ![22] — Großes für Sein Reich
hat geschehen können, stärken und ermuntern, mit freudiger Erwartung und uneingeschränktem Vertrauen auf unseren Herrn zu
schauen, der „gestern und heute Derselbe"[23] (Hebr 13, 8 wörtl.) ist
und sich deshalb in unseren Tagen in der gleichen himmlischen
Kraftfülle durch den Dienst Seiner Bevollmächtigten offenbaren
will wie im ersten Jahrhundert!

Die unumgängliche Voraussetzung dafür ist allerdings, daß in
der Gemeinde Gottes eine aufrichtige, tiefe B e u g u n g Platz greift
über die unermeßliche Schuld, die sie durch ihre Lauheit und Trägheit, ihren Unglauben und Ungehorsam, ihren Hochmut und ihre
Selbstzufriedenheit auf sich geladen hat. Und ohne Zweifel will
Gott in unserer Zeit da und dort Männer aufstehen lassen, die
unsere laodizeische Christenheit mit prophetischer Autorität zu
solcher Beugung und Umkehr aufrufen.[24]

Es ist die letzte Stunde!(1 Joh 2, 18 a; Hebr 10, 37.) Die Ernte ist
groß! Ach, daß mehr Arbeiter da wären, die sich bereiten ließen
zum Dienst! Ach, daß mehr Priester aufstünden, denen die Not der
Menschen und Brüder auf der Seele brennt! Priester, die in den Riß
träten vor dem HErrn für ein verirrtes, schuldbeladenes Volk! Der
HErr ruft! — Wer kommt?

Wenn es dem HErrn erst einmal gelungen ist, uns so der

Sünde unseres Unglaubens zu überführen, daß wir uns wirklich in den Staub beugen und umkehren, wenn also erst einmal jener selbstherrliche Menschengeist, [25] der seit Jahrhunderten in der Kirche und auf den Kanzeln sich immer wieder breitgemacht hat, vom Schauplatz abgetreten ist,[26] dann wird auch der Heilige Geist den für Ihn freigemachten Platz inmitten der Gemeinde wieder im gottgewollten, vollen Maße einnehmen, die so unentbehrlichen Gnadengaben sowie die Dienste der apostolischen Zeit erneuern und durch sie sich auswirken in Kraft und Herrlichkeit.[27]

Vorerst jedoch gilt noch: „Beim Anblick der Volksscharen ergriff Ihn tiefes Mitleid[28] mit ihnen, denn sie waren abgehetzt und vernachlässigt wie Schafe, die keinen Hirten haben. Da sagte Er zu Seinen Jüngern: Die Ernte ist zwar groß, aber Arbeiter sind wenige da. Darum bittet den HErrn der Ernte, daß E r Arbeiter aussende in Seine Ernte!" (Mt 9, 36-38.)

Im übrigen wollen wir uns an die Verheißung halten: „So spricht der HErr, der einen Weg durch das Meer bahnt und einen Pfad durch mächtige Fluten...: »Denkt nicht mehr an das Frühere zurück, und beachtet das Vergangene nicht mehr.[29] **Sehet, I c h vollbringe etwas N e u e s !** Schon tritt es in die Erscheinung, merkt ihr's denn nicht? Auch in der Wüste lasse Ich eine Straße entstehen, S t r ö m e in der Einöde..., um Mein Volk zu tränken, Mein auserwähltes, dieses Volk, das Ich Mir gebildet habe, damit es Meinen Ruhm verkündige.«" (Jes. 43, 16-21.) – „**Und wenn I c h etwas ausführen will, – wer kann es verhindern?!**" spricht der HErr (Jes 43, 13 b).

Ihm aber, der entsprechend Seiner in uns sich entfaltenden Kraft überschwenglich zu tun vermag, weit mehr als alles, was wir erbitten oder auch nur erdenken können, – Ihm, der auch imstande ist, euch zu bewahren vor jedem Straucheln und es euch schenken kann, vor dem Angesicht Seiner Herrlichkeit untadelig mit jubelnder Freude zu erscheinen, – dem alleinigen Gott, unserem Erretter durch Jesus Christus, unseren Herrn, Ihm gehört die Herrlichkeit, Majestät, Macht und Gewalt wie vor aller Zeit, so auch jetzt und bis in alle Zeitalter! (Eph 3, 20 f. mit Jud 24 f.)

Komm herab aus Himmelshöhen

Komm herab aus Himmelshöhen, Heldengeist der ersten Zeit!
Ew'ger Vater, laß uns sehen Deines Namens Herrlichkeit!
Heldenkraft, das ist Dein Name, Wunderrat und Friedefürst.
Höre uns! Wir wind Dein Same, die Du nicht beschämen wirst.

Hoffend zog aus Zions Toren der Apostel Heldenschar.
Feinden ging die Schlacht verloren, eh' sie noch begonnen war;
Und Gesundheit, Wunder, Zeichen folgten ihrer Siegesbahn.
Tod und Hölle mußten weichen, wenn sie diese V o l l m a c h t
sah'n.

„Alle Kraft ist Mir gegeben, darum geht in alle Welt!
Himmel, Erde müssen beben, wenn es Meiner Macht gefällt!"
Also sprichst Du, reicher König, greifst in Deinen Schatz hinein;
Doch die Deinen achten's wenig, schauen wie die Bettler drein.

Denn die ersten Zeugen starben, eh' die Ernte drinnen war.
Satan stahl die vollen Garben, trat das Feld viel hundert Jahr'.
Gott, uns jammert unsrer Schande! Herr der Ernte, sieh darein!
Sende Boten in die Lande, bis Du selber kehrest ein!

Der Apostel Augen schauen mit Entzücken auf den Sohn.
Myriaden Engel bauen voller Staunen Seinen Thron;
Seine Kirche aber zaget feige vor des Feindes Stadt;
Flieht, als ob ein Schwert sie jaget, und es ist ein rauschend Blatt!

Wann wirst endlich du erstehen, schlafestrunk'ne Christenheit,
Und zu deinem König gehen? Komm, Er steht schon längst bereit!
Zeig' Dich, König, Deinem Volke, tu' den Vorhang weit zurück!
Schnell verscheucht des Zweifels Wolke leuchtend dann Dein
Königsblick.

(P. Karl Ecke.)

Anmerkungen zu V.

[1] „Es ist ein Unterschied wie zwischen Leben und Tod, ob Jesus in einer Verkündigung nur dem Namen nach erwähnt wird oder ob Er sich selbst mit dem Zeugnis von Ihm durch die Kraft des Heiligen Geistes verbindet. Lebenschaffende Kraft wohnt dem Wort n u r inne, wenn der Heilige Geist sich mit dem Wort von Jesus verbindet." (S c h n e p e l, Aus der Werkstatt des Christus. Berlin 1939. S. 4 f.) — Aber gerade zur Realität des Heiligen Geistes hat die offizielle Theologie meist eine gebrochene Stellung gehabt. „Die Theologie ist nicht das geeignetste Werkzeug, um das Pneumatische... verständlich zu machen. Denn T h e o l o g i e ist auf den Logos ausgerichtet und versteht darum nur das irgendwie »Logische«, nicht aber das »Dynamische« in seiner nicht-logischen Eigenart. **Darum ist der Heilige Geist immer mehr oder weniger das Stiefkind der Theologie gewesen, und die Dynamik des Geistes ein Schreckgespenst für die Theologen;** umgekehrt ist die Theologie sehr oft, durch ihren unbewußten Intellektualismus, ein wichtiges Hindernis, ein V e r s c h l u ß für den Heiligen Geist, wenigstens für die Fülle seiner dynamischen Entfaltung." (E. B r u n n e r, Das Mißverständnis der Kirche, S. 55.)

[2] Wie notwendig das ist, erhellt aus folgendem Vergleich: Wenn beispielsweise der König von Preußen einen neuen Botschafter für London ernannte, so war es selbstverständlich, daß er diesem für seinen Dienst ein Beglaubigungsschreiben mitgab, damit er sich dadurch dem fremden Staate gegenüber als bevollmächtigter Botschafter seines Königs ausweisen konnte. Ohne eine solche Legitimation wäre er überhaupt nicht am englischen Hofe empfangen oder dort irgendwie ernst genommen worden. Wieviel weniger können wir als Gesandte unseres himmlischen Königs erwarten, ernst genommen zu werden, wenn uns die Legitimation dessen fehlt, in dessen Auftrag wir zu handeln vorgeben — befinden wir uns doch inmitten einer Welt, die nicht will, daß Er über sie herrsche (Lk 19, 14).

[3] B o r n h ä u s e r weist hier auf die Worte hin, mit denen Petrus nach Apg 9, 34 den lahmen Aeneas in Lydda anredet: „Aeneas! Es heilt dich J e s u s, der Messias; stehe auf und mache dir selbst dein Bett!" (Das Wirken des Christus durch Taten und Worte. Gütersloh 1924. S. 99.)

[4] „Man darf nicht sagen, das seien eben die Apostel und das sei ihnen allein vorbehalten gewesen. Ausdrücklich wird hier an diesem Punkt über die apostolische Zeit hinaus verwiesen: Hebr 2, 4 und am Schluß des Markus! Und ausdrücklich wird das Wunder, das den Aposteln verliehen ist, in der Aussendungsrede (Mt 10, 1) als die Macht über die unsauberen Geister bezeichnet — das ist aber in der Tat die Vollmacht d e r G e m e i n d e! Vollmacht über den Satan!" (S c h n i e w i n d in dem erwähnten ungedruckten Vortrag.)

[5] Ist es demgegenüber nicht erschütternd und beschämend, sehen zu müssen, wie unsere kirchliche Verkündigung weithin so ergebnislos im Sande verläuft, weil die Hauptsache fehlt, nämlich d i e B e t e i l i g u n g d e s H Errn! **„Es ist unleugbare Tatsache, daß Gott zu Tausenden und Abertausenden von auch rechtgläubigen Predigten und Konfirmandenstunden e i n f a c h s c h w e i g t** und in Gemeinden, in denen seit einer Reihe von Menschenaltern rechtgläubige Pastoren dienten, eine Generation nach der anderen ins Grab sinkt, **ohne daß auch nur eine einzige Seele** durch den geordneten Dienst des Pfarramtes **Leben aus Gott bekommt,** obwohl

sich vielleicht ein Amtsträger nach dem anderen getröstet hat mit der »Saat auf Hoffnung«." (P. F. M u n d , a. a. O. S. 50.) — Es kann eben die strengste Orthodoxie niemals die fehlende Geistesvollmacht ersetzen, die ohne Gehorsam nicht gegeben wird. „Das Gelingen des Wagnisses der christlichen Rede **steht und fällt mit unserem Glauben und Gehorsam, d. h. aber mit der Gnade des Heiligen Geistes...**" (K. B a r t h , Prolegomena, , S. 63.) — „Tausend beredte Worte treffen oft nicht ein einziges Herz, und ein einziges, mit Vollmacht gesagtes Wort ist wie eine Legion scharfer Pfeile, dadurch tausend Gewissen auf einmal getroffen werden." (D a n n e n b a u m , S. 100.) — O h n e diese Vollmacht aber ist unser ganzes „amtliches" Reden und Handeln unverbindlich, unser ganzer kirchlicher Betrieb meist nur Leerlauf. — Zur Frage der Fruchtlosigkeit unserer Verkündigung vgl. auch W. de B o o r zu 1 Thess 2,1: „An diesem ‚**nicht vergeblich**‘ lag Paulus zeit seines Lebens... Wir werden schwerlich einem Paulus überlegen sein, wenn wir so leicht auf sichtbare Frucht unseres Dienstes verzichten zu können meinen und uns so rasch mit dem trösten, was ‚die Ewigkeit einmal offenbaren werde‘. Kein redlicher Arbeiter will ‚vergeblich‘ wirken, und w i r sollten bei dem höchsten und wichtigsten Beruf, den es auf Erden gibt, ... nach der klaren und deutlichen Frucht nicht viel fragen?!" (W. Stb., S. 41.) — Und dazu S p u r g e o n : „Es ist mir unbegreiflich, wie ein Mann Jahr für Jahr behaglich fortpredigen kann ohne Bekehrungen... Wagt er, bei einem falschen Begriff von der göttlichen Allmacht, die Schuld auf den Herrn zu werfen? Glaubt er, daß, wenn Paulus pflanzt und Apollos begießt, Gott kein Gedeihen gibt? Was helfen Talente, Philosophie, Redekunst, selbst Rechtgläubigkeit, wenn die Zeichen nicht folgen? Wie können die von Gott gesandt sein, die keine Menschen zu Gott führen? Propheten, deren Worte keine Kraft haben, Säemänner, deren Same verdirbt, Fischer, die nichts fangen, Krieger, die niemand verwunden — sind das Gottes Leute? Lieber sei ein Straßenkehrer oder ein Kaminfeger, als daß du als unfruchtbarer Baum im Pfarramt stehst. Die niedrigste Arbeit nützt doch der Menschheit etwas, aber der Unglückliche, der auf der Kanzel steht und doch niemals Gott durch Bekehrungen preist, ist ein Nichts und schlimmer als ein Nichts; er ist ein Schadenstifter. Es gibt ja Zeiten der Dürre und magere Jahre, die die fetten aufzehren, aber in der Hauptsache gibt es doch Frucht zur Ehre Gottes, und die zeitweilige Unfruchtbarkeit füllt die Seele mit unaussprechlichem Schmerz..." (Ratschläge, S. 25 f.)

[6] Wir haben es tatsächlich in unserem Kampf nicht mit Fleisch und Blut zu tun, sondern mit höllischen Mächten und Gewalten, mit den Weltbeherrschern dieser Finsternis (Eph 6, 12). Ich erinnere an das unheimliche Gebiet der Z a u b e r e i ! Wieviele Menschen in Stadt und Land sind — ohne es zu ahnen — durch Inanspruchnahme der Hilfe Satans beim Besprechen, Tischrücken, spiritistischen Geisterbeschwören, Totenbefragen, Wahrsagen, Kartenlegen, Horoskopstellen usw. unter den zwingenden Bann dämonischer Mächte gekommen, die sie nach Leib und Seele knechten! Wer aber hilft ihnen heraus? Obwohl oft die brennende Sehnsucht nach Befreiung vorhanden ist, stehen unzählige Prediger und Seelsorger o h n m ä c h t i g - h i l f l o s da, **weil ihnen die Vollmacht fehlt, im Namen des Stärkeren die gebundenen Seelen z u l ö s e n !** O könnten wir einmal das H o h n - gelächter der Hölle hören, mit dem die Geister der Bosheit unser zwar sehr frommes und vielleicht dogmatisch ganz korrektes, aber letztlich doch so kraftloses Reden in dem überlegenen Bewußtsein begleiten, daß wir ihnen dadurch nicht eine einzige Seele entreißen! Dann würden wir vielleicht endlich e r s c h r e c k e n über die jämerliche Wirkungslosigkeit unserer dauernden Luftstreiche und würden darum ringen, daß wir, aus Ohnmacht und falscher Sicherheit herausgerettet, die

verheißene Vollmacht erlangen. Sonst hieße es von uns: „**Sie können diesem Volk nicht das Geringste nützen**", spricht der HErr (Jer 23, 32). Sie versprechen wohl mit hochklingenden Worten den anderen die Freiheit und sitzen doch selbst noch im Kerker der Sünde (2 Petr 2,19 a), — welch nichtswürdiges Schauspiel vor Menschen, Engeln und Dämonen!

[7] Vgl. dazu O. S. v. Bibra, Eines ist not! — Auslegung von Röm 10,13-17. Zweite Auflage, Marburg 1976.

[8] Wie wirkungslos verhallen im Vergleich dazu in unseren Kirchen die meisten Predigten im Wind! „Unsere Gottesdienste sind so tief gesunken, daß sie nicht einmal gefährlich und unheimlich werden können. In der profansten Stimmung können die Leute ungestraft hineinkommen und ungestraft wieder nach Hause gehen." (C u l m a n n , S. 243.) D a g e g e n : „In der v o l l m ä c h t i g e n Verkündigung der Boten ist Gott gegenwärtig, offenbart Er Seine Gewalt, holt Er Menschen herum und legt persönlich Beschlag auf sie... Der Glaube entsteht nicht sowohl durch vergangene Offenbarungen als durch gegenwärtige, — nicht so sehr durch gewesene Gotteswirkungen als durch vorhandene, — nicht zunächst durch das einst geschehene Werk der Erlösung, sondern durch eine jetzt geschehene Tat des Erlösers. Erst solche Berührung durch die Person Christi macht das Werk Christi am Menschen wirksam. Die jetzt über mich kommende Offenbarung erschließt mir erst die früheren. Glauben heißt: da, wo solche Offenbarungen stattfinden, sich überführen lassen, sich mit Beschlag belegen lassen..." (R. L u t h e r , Art. „Glaube".)

[9] Kein Diener am Wort wird sich auf die Dauer der Frage zu entziehen vermögen, ob Gott sein bisheriges Predigen in dieser Weise hat bestätigen können oder nicht. „Ist es der erste wesentliche Zweck unserer Arbeit, daß Seelen durch unseren Dienst bekehrt werden, so ist auch unsere Arbeit verfehlt, wenn Bekehrungen fehlen, und diese S c h m a c h wäscht ihr das Lob, welches ihr in anderer Beziehung gespendet werden darf, nicht ab." (Gen.-Sup. D. B r a u n , a. a. O., S. 35.) — „Was nützt alles Lob von Menschen, wenn der Herr sich nicht zum Dienst eines Pastors bekennt?... Das aber sollen sich alle Pastoren gesagt sein lassen: Ins Kreuzfeuer der göttlichen Kritik hinein müssen wir alle. Und dann wird die Sache e r n s t ." (D a n n e n b a u m , S. 103.) — „**Wenn Geistliche n i c h t s ausrichten, ist es hohe Zeit, daß sie einen anderen Beruf ergreifen; denn sie sind schlimmer als nutzlos.** Je eher sie solchen Raum machen, die für ihren HErrn und Meister leben und wirken, umso besser." (F i n n e y , a. a. O. S. 291.) — „Nicht das ist das Entscheidende, daß wir v i e l e Pastoren haben, sondern vielmehr, daß wir r e c h t e Pastoren bekommen. Deshalb muß der, der Theologie studieren will, schon am Anfang des Studiums daraufhin angesehen werden, ob er ein wirklicher evangelischer Pastor zu werden verspricht. Nachher ist es zu spät..." (Bischof D i b e l i u s .) — Denn „die Bekehrung der Pastoren, die einmal i m A m t e sind, ist eine schwere Sache... Sobald ein Mann erst angefangen hat, das Heilige mechanisch, oberflächlich, gleichgültig, gewohnheitsmäßig zu gebrauchen, so geht ein geheimes Gericht der Verstockung in ihm an." (Gen.-Sup. D. B r a u n , S. 14.)

[10] Dafür haben natürlich die satten Frommen wie die „nüchternen" Schriftgelehrten und Pharisäer kein Verständnis, sondern nur ein stolzes, überlegenes Kopfschütteln. S. Lk 7, 36-50! Vgl. Präses D. H u m b u r g z. d. St.: „Man muß sich ja nur ärgern über das überschwengliche Wesen solcher Leute. Was soll

nun das Geschrei, solch ein Geweine?, dachte Simon. **Und heute heißt es: Welch überschwengliches Wesen, welche S c h w ä r m e r e i** ! Und wenn einem erweckten Sünder kein Weg zu weit ist und keine Zeit zu ungelegen, daß er kommt, um von Jesus zu hören, dann murmeln die Pharisäer: Welch ein Gelaufe!... — Ja, d a s h a b e n d i e P h a r i s ä e r n o c h n i e v e r s t a n d e n. Wenn irgendwo ein Hosianna hervorbricht und Menschen in seliger Freude ihrem Heiland alles unter die Füße breiten und Ihn willkommen heißen, dann steht sicher... an einer Ecke eine Gruppe Pharisäer, die entrüstet ihren Mantel zusammenraffen und den Leuten den Mund stopfen möchten: »Meister, wehre diesen«. Das ist ja unerträglich, solch übertriebenes Wesen... Sie können es nicht verstehen, daß jemand so ergriffen sein kann von Gottes Liebe und von Jesus. **Arme Leute!** Wenn es doch auch einmal über sie käme, daß ihnen die Augen feucht würden..., wie wollten wir uns freuen!" (a. a. O., S. 19.)

[11] S. Lk 15,25 ff.! Vgl. dazu Paul H u m b u r g, Die ganz große Liebe (Neukirchen 1936): „Ihr, die ihr nie einmal niedergekniet seid,... und lebt unter der Botschaft von der Gnade so kalt und mürrisch dahin, ihr gleicht diesem älteren Bruder..." (S. 55.) „Der ältere Bruder ist auch ein »verlorener Sohn«. Aber bei ihm steht die Sache noch hoffnungsloser als bei dem, der in die Ferne gezogen war. Man findet solchen »älteren Bruder« in allen Ständen, bei arm und reich, bei hoch und niedrig, oft mit sehr frommen Worten." (S. 54.) „Ach, wir kennen ja die harten und scharfen Mienen der Leute, die sich darüber ärgern, wenn sie hören, daß einer sich seines Heilands freuen lernte. Wie kritisch können sie dann blicken! Wie ätzend und spöttisch kann ihre Frage klingen: »Was ist das, Bekehrung? Ich bin mehr für Bewährung! Bewährung ist wichtiger als Singen«..." (S. 57.) — „Der ältere Bruder steht vor uns als ein Abbild der vielen, die immer f r o m m, ehrbar und kirchlich, aber nie der Gnade Gottes froh werden." (S. 66.) „Singen? Das klingt ihm schon leichtfertig. Er war sehr fromm und gewissenhaft; aber er war nicht froh, dieser strenge und ernste Mann." (S. 56.) „N i e f r ö h l i c h ? Ist das dein Fall? Auch bei all deinem Frommsein und Gott-dienen? Nie fröhlich? O wie arm ist doch das Leben so mancher Kirchenchristen! Sie leben unter dem Gesetz, fromm, aber nicht froh." (S. 68.) — Und S c h n i e w i n d sagt z. St.: „Wir Leser der Bibel gehören zumeist in die Nähe des älteren Bruders... Was dem Reichen in der Geschichte (Mk 10, 20. 21) fehlt, fehlt hier dem Bruder im Gleichnis und fehlt vielen unter denen, die sich Christen nennen, nämlich die G a n z h e i t des Lebens mit Gott (Mt 19, 21; 5, 48). Wirklich in der Gemeinschaft des Vaters stehen, heißt u n - a b l ä s s i g e F r e u d e. Statt dessen ist uns Gottes Gebot oft eine Last, ein Sklavendienst, eine freudlose Pflicht, und darum, soweit wir es erfüllen, ein Verdienst, ein Stolz, mit dem wir uns über andere erheben..." (Das Gleichnis vom verlorenen Sohn. Göttingen 1940. S. 38 f.)

[12] Vgl. dazu O. S. v. Bibra, Werdet nüchtern!

[13] Zu diesem Wort gibt Sadhu Sundar S i n g h eine eindrückliche Illustration aus der anderen Welt: „Einmal kam in meiner Gegenwart ein Mann, der ein schlechtes Leben geführt hatte, in die Welt der Geister. Als die Engel und Heiligen ihm helfen wollten, begann er plötzlich, sie zu verfluchen und zu schmähen, und sagte: »Gott ist ganz und gar ungerecht. Er hat den Himmel für solche schmeichlerische Sklavenseelen, wie ihr seid, bereitet, und das übrige Menschengeschlecht wirft er in die Hölle. Und dennoch nennt ihr Ihn Liebe«. Die Engel erwiderten: »Gewiß ist Gott Liebe. Er hat die Menschen geschaffen, daß sie für immer in seliger Gemein-

schaft mit Ihm leben sollten, aber die Menschen haben sich in ihrer Hartnäckigkeit und durch den Mißbrauch ihres freien Willens von ihm abgewandt und haben sich selber die Hölle bereitet. Niemals wirft Gott einen Menschen in die Hölle, noch wird er das je tun, sondern der in Sünden verstrickte Mensch schafft sich selber die Hölle. Gott schuf niemals die Hölle.« — In demselben Augenblick vernahm man oben die überaus liebliche Stimme eines der hohen Engel, welche sagte: »Gott erlaubt, daß dieser Mensch in den Himmel geführt werde«. Schnell schritt der Mann, von zwei Engeln begleitet, vorwärts; aber als er die Himmelstür erreichte und jenen heiligen, lichtdurchfluteten Ort und seine verklärten, seligen Bewohner sah, fühlte er ein Unbehagen. »Sieh nur, sagten die Engel zu ihm, was für eine schöne Welt das ist! Geh weiter, schau unseren teuren HErrn an, der dort auf Seinem Throne sitzt.« Er blickte durch die Türe, aber als die Sonne der Gerechtigkeit ihm die Unreinheit seines sündenbeschmutzten Lebens enthüllte, prallte er in heftigem Ekel über sich selbst zurück und floh mit solcher Überstürzung, daß er selbst in dem Zwischenstadium der Welt der Geister nicht Halt machte, sondern wie ein Stein durch sie hindurchflog und sich kopfüber in die abgrundlose Tiefe stürzte. — Da hörte man die milde, liebliche Stimme des HErrn, welche sagte: »Seht, Meine Kinder, es ist niemandem verwehrt, hierher zu kommen, niemand hat es diesem Mann verboten oder ihn aufgefordert, fortzugehen. Sein eigenes, unreines Leben zwang ihn, von diesem heiligen Ort zu fliehen: »Es sei denn, daß jemand von neuem geboren werde, kann er das Reich Gottes nicht sehen.« (Joh 3, 3)." Gesichte aus der jenseitigen Welt. Mit Vorwort von Erzbischof Söderblom. 14. Aufl., Aarau, S. 42 ff.; neuerdings auch abgedruckt in: Sadhu Sundar Singh, Gesammelte Schriften, übersetzt und erläutert von Friso Melzer, 8. Aufl., Stuttgart 1972.)

[14] Wie gerne möchte Gott es Seiner erlösten Gemeinde schenken, daß sich in ihrer Mitte dies Wort bewahrheitet: „Man singt mit Freuden vom Sieg in den Hütten der Gerechten"! Leider aber sieht es heute unter den Christen meist ganz anders aus: **man klagt mit Beschämung über ständige Niederlagen in den Hütten der Sünder**...

[15] Wie sich die Situation einer von solcher Kritik beherrschten Theologie für einen Naturwissenschaftler wie den bekannten Atomphysiker Bernhard P h i l b e r t h darstellt, wird anschaulich an einem Passus au seinem bedeutsamen Werk „D e r D r e i e i n e - Anfang und Sein, die Struktur der Schöpfung" (4. Aufl., Stein am Rhein 1976): „Die Theologie hat sich dem Götzendienst ergeben. Diese Götzen sind die Prinzipien und Verknüpfungsoperationen menschlichen Denkens, die Gesetzmäßigkeiten der Logik, der logischen Apparatur. Sie ist zur Philosophie geworden: vom Heidentum übernommene, selbst zum Heidentum zurückgekehrte Philosophie... Eine unheimliche Perversion geht in der Theologie vor sich: Statt göttliche Offenbarung und kirchliche Verkündigung mit menschlichem Denken, mit der Logik als Hilfsmittel und Werkzeug aufzuhellen, kehrt sich das an den logischen Apparat verkaufte Denken gegen die Verkündigung, gegen die Offenbarung, gegen Gott selbst. Gott als der Dreieine wird zu einem dem Apparat ungemäßen Ärgernis, zu einem an den Rand gedrängten Überbleibsel, — erstaunlicherweise gerade in einer Zeit, in der nackte Fakten der Naturwissenschaften gewaltige Einsichten in die Komplementarität der Schöpfung erschließen. (Realitäten wie) Auferstehung und ewiges Leben werden in Frage gestellt, da sie der Kritik, dem Götzen der Maschinerie, nicht genügen. Dafür feiert der Rationalismus — von der Physik bereits überwunden und vernichtend geschlagen — Auferstehung und wuchert in der Theologie mit zähem Leben... Es ist wie eine Ironie

des Schicksals: Der dialektische Materialismus wird zermalmt: seine Ideologien werden zu kopfloser Flucht getrieben durch die Physik. Der Hauptfeind christlicher Verkündigung wird von der Physik niedergeworfen, nicht von der Theologie. Zugleich zerstört die Physik aber auch jene gleichen Grundlagen der Theologie, mit denen sie sich von eben all den Philosophien nicht unterscheidet — und zwingt sie zur Besinnung auf ihre eigentliche Grundlage, in der sie unangreifbar ist, sich von allen unterscheidet und ihr wahres Wesen findet: die Offenbarung Gottes. Wieso hat die Physik solche Macht, wie ist das möglich? Ist denn nicht der Bereich der Theologie so weit über dem der Physik, daß der Physik jede Möglichkeit des Urteils im Prinzip entzogen ist? Ja, doch, aber gerade deshalb: freilich ist die Physik nicht in der Lage, etwa Aussagen über Gott, Seine Offenbarung, die Verkündigung, über Freiheit und Entscheidung, Gut und Böse zu machen. Sie ist erst recht nicht in der Lage, Beweise und Gegenbeweise anzubieten. Die Zeit, in der die Physik sich dessen vermaß, ist längst vorüber und hat — ohne daß es die Theologie richtig gemerkt hätte — ganz anderem Raum gemacht: der Erkenntnis nämlich, daß der Bereich der Theologie eine Seinsmächtigkeit wesensgemäß höherer Mannigfaltigkeit, Beweglichkeit und Freiheit ist als jener der Physik. Aber gerade deshalb sind die Aussagen der Physik über Grenzen der Anwendbarkeit des logischen Apparates und menschlicher Denkvorgänge und Vorstellungen für die Theologie um so gebietender... Können wir denn erwarten, daß Gott, der Herr und Schöpfer der Welt, ... sich etwa mit Denkoperationen umfassen läßt, die sich nicht einmal die Lichtquanten bieten lassen?" (S. 43 ff.)

[16] Die s i e g reichen Klänge der paulinisch-pneumatozentrischen Theologie mögen uns befremden, die wir verlernt haben, der wirksamen Realität des Geistes machtvoll zu trauen. Es mag uns jede praktische Entsprechung zu solch geistesmächtigem Erfahrungszeugnis fehlen, wir mögen aus der Not eine Tugend machen und die Möglichkeit eines solchen Geistesbesitzes rundweg leugnen — über die erstaunliche Tatsache kommt man nicht hinweg: Paulus kennt für sich und die Gemeinde ein „Erfüllt werden mit der gesamten Gottesfülle" und wagt es, als G e g e n w a r t s geschehen von einer Verklärung in das Ebenbild Gottes zu reden von Herrlichkeit zu Herrlichkeit als vom Herrn, der der Geist ist. (Adolf K ö b e r l e , Rechtfertigung und Heiligung. 3. Aufl., Leipzig 1930. S. 118.)

[17] „Herzenseinfalt ist ein Wesenszug des wahren Christen. Sie ist das schlichte Ausgerichtetsein des Herzens auf Jesus, das stete, einfältige Blicken auf Ihn. Das Gegenteil ist das zerrissene, gespaltene Herz, der Mensch mit den vielen Möglichkeiten, der innerlich schielende Mensch. — Der im geistlichen Sinn einfältige Mensch weiß um das Geheimnis des Glaubensgehorsams, um den Segen schlichter Jesusnachfolge. Darum hält er nichts vom Problematisieren, Theologisieren, Theoretisieren und Dialogisieren. Er weiß, damit gehen die Menschen doch nur um die Sache herum wie die Katze um den heißen Brei. Solche ‚Dialektiker' halten ihn deswegen für einen Einfaltspinsel — eine Kritik, die ihn so wenig stört wie die Fliege an der Wand. Er kennt sich aus: Einfalt, die auf Jesus gerichtet ist, hat mit Einfaltspinselei so wenig zu tun wie das Schaf-Sein auf der Weide Jesu mit Schafsköpfigkeit. — Die durch den Heiligen Geist Einfältigen sind die wahren Wissenden, die in der Liebe Überlegenen und die mit der Barmherzigkeit Siegenden. Laßt uns einfältige Schafe auf der Weide Jesu bleiben, sonst verdecken wir uns und anderen den Blick auf den guten Hirten. Nichts wäre schlimmer als dies." (Walter H ü m m e r in: Denn er hatte seinem Gott vertraut — Zum Gedenken an Walter Hümmer. Selbitz 1973, S. 98 f.)

[18] „Wir haben nicht zu fragen, wieviel wir uns zutrauen; sondern **wir werden gefragt, ob wir Gottes Wort zutrauen, daß es Gottes Wort ist und tut, was es sagt.**" (Niemöller.)

[19] „Das Apostolat ist im Sinne des Neuen Testaments nicht eine außerordentliche Einrichtung, die zu einer bestimmten Zeit nötig war, sondern **ein ordentlicher Dienst, der immer nötig ist.**" (Ralf L u t h e r , Art. „Apostel".) — So glatt, wie C a l v i n es versucht, geht es freilich nicht: „Seine Gleichsetzungen: *Pastoren* = Apostel, *Doctoren* = Propheten ... sind exegetisch völlig unmöglich ..." (E. B r u n n e r , S. 119.)

[20] „Ein Prophet ist ein Mensch, der durch unmittelbare göttliche Erleuchtung einen Durchblick hat, den andere nicht haben ... **Propheten hat n i c h t n u r das AT. Auch im Leben der neutestamentlichen Gemeinde s i n d s i e n i c h t z u e n t b e h r e n ...** Der Dienst der Propheten ist in der neutestamentlichen Zeit ein unveräußerliches Stück Gemeindeleben ... Die Propheten sind es, die das Leben ihrer Gemeinde wie das ihrer einzelnen Glieder immer erneut in das helle Licht u n m i t t e l b a r e r Gotteserleuchtung stellen. Bei wichtigen Entscheidungen wurde die Stimme der Propheten gehört ... **Wo d i e P r o p h e t i e e r l i s c h t , f e h l t d e r G e m e i n d e d i e O r i e n t i e r u n g v o n o b e n ...** Das Bibelwort a l l e i n schafft nie Klarheit. Wegen seiner Anwendung gibt es immer Zwiespalt und Hader, wenn es nicht prophetisch ausgelegt wird." (R. L u t h e r , Art. Prophet.)

[21] Es sei daher auch allen, die nach vermehrter Geisteskraft und Geistesfülle ausschauen, nahegelegt, jedes irgendwie erreichbare Buch der genannten Gottesmänner sowie die Biographien über sie zu lesen. — Vgl. im übrigen auch den Abschnitt „Der biblische Weg zu vermehrter Geistesausrüstung" bei S c h n e p e l , Briefe aus dem Berliner Osten, S. 131 ff.

[22] Hat nicht Prof. Th. C h r i s t l i e b recht, wenn er im Vorwort zur Autobiographie Finneys — dasselbe gilt aber auch im Blick auf die anderen genannten Zeugen, an deren Botschaft die offizielle Kirche bis heute in unbegreiflicher Sattheit und Selbstzufriedenheit fast ganz vorübergegangen ist — mit Nachdruck folgendes feststellt: „Es dürfte in der Tat an der Zeit sein, **daß auch die deutsche Theologie nicht länger vornehm die Augen zudrücke gegen solche Bewegungen,** sondern ruhig und vorurteilsfrei ihre inneren und äußeren Ursachen, ihren Verlauf und ihre Früchte an der Hand solcher Zeugnisse prüfe ... Wo handgreiflich viele Trauben und Feigen wachsen, wird man nicht länger Dornen und Disteln vermuten können. Dann aber hat die theologische Wissenschaft wie die kirchliche Praxis mindestens die P f l i c h t , diese Erscheinungen und die in ihnen liegenden Fingerzeige ernstlich zu prüfen und ihr Gutes zu behalten und zu verwerten." Aber es ist eben in der Kirchengeschichte aller Jahrhunderte so gewesen, wie D i b e l i u s sagt: „Bußprediger sind bei den Autoritäten immer unbeliebt, weil in jeder Bußpredigt ein Vorwurf gegen die Autoritäten liegt." (Bericht von Jesus aus Nazareth, S. 17.)

[23] Mutmachend ist, was Bischof Festo K i v e n g e r e berichtet: „Dann kam 1935 die Erweckung in meiner Heimat Süd-Uganda ... Es geschahen Dinge, die niemand beschreiben konnte. Der Heilige Geist wirkte, begleitet von Träumen, Gesichten in der Nacht. Eines Tages in der Schule — ich werde es nie ver-

gessen — brachten sie einen Mann, der jetzt noch lebt. Sie führten ihn an der Hand. Er konnte nicht sehen. Die Vision, die er hatte, hatte ihn blind gemacht, wie Paulus. Er erzählte, was er gesehen hatte. Er hatte die Herrlichkeit Christi gesehen: ein leuchtendes Licht. Und seine Augen waren wirklich verbrannt. Und als er von seiner Erfahrung erzählte, da fielen Leute zu Boden, vom Geist Gottes getroffen. Eine seltsame Macht! Sobald sie unter diese Gewalt kamen, wußten sie, daß sie Sünder waren, und das war schon etwas. Die Bewegung breitete sich aus." (Aus: Erneuerte Gemeinden — Berichte und Ansprachen. Neuhausen-Stuttgart 1975. S. 29—31.) — Ähnliches hatte bekanntlich Sadhu Sundar S i n g h erlebt. Hier sein Zeugnis: „Indem ich das Evangelium verbrannte, meinte ich, ich hätte eine gute Tat getan. Doch die Unruhe meines Herzens wurde immer größer... Als ich spürte, ich könnte es nicht länger ertragen, stand ich morgens um drei Uhr auf, nahm mein Bad und betete: wenn es überhaupt einen Gott gäbe, so wolle Er sich mir offenbaren... Wenn dieses Gebet ohne Antwort bliebe, war ich fest entschlossen, noch vor Tagesanbruch zur Eisenbahn hinunterzugehen und meinen Kopf vor den einfahrenden Zug auf die Schienen zu legen. Ich blieb bis gegen 3 ½ Uhr im Gebet und erwartete Krishna oder Buddha oder irgendeinen anderen Avatara der Hindu-Religion zu sehen. Sie erschienen nicht, dafür erstrahlte aber im Zimmer ein Licht. Ich öffnete die Tür, um zu sehen, woher es käme, aber draußen war alles dunkel. Ich kehrte wieder ins Zimmer zurück, und das Licht wurde immer stärker... In diesem Licht erschien nicht die Gestalt, die ich erwartete, sondern — der Lebendige Christus, den ich für tot gehalten hatte. Bis in alle Ewigkeit werde ich Sein herrliches und liebendes Gesicht nicht vergessen noch die wenigen Worte, die Er sprach: ‚Warum verfolgst du Mich? Siehe, Ich bin am Kreuz für dich und für die ganze Welt gestorben.‘ Diese Worte wurden wie mit einem Blitz in mein Herz gebrannt, und ich fiel vor Ihm zu Boden. Mein Herz war mit unaussprechlicher Freude und Frieden erfüllt, und mein ganzes Leben war vollständig verwandelt..." (Aus: Sadhu Sundar Singh, Gesammelte Schriften. Stuttgart 1951. S. 293.)

[24] „D i e g r o ß e A n k l a g e gegen die Kirche wird in den kommenden Tagen wieder von Männern erhoben werden, die mit ganzem Herzen in ihr leben und die von Gott die V o l l m a c h t haben, sie in die Buße zu rufen... Sie werden sie anklagen, daß ihr Jesus aus Nazareth und seine Botschaft n i c h t das eine ist, an das sie alle Kräfte des Leibes und der Seele setzt, ohne nach rechts oder links zu schauen... Wenn Gott aber diese Männer schickt, dann wird die Erweckung anfangen, nach der das gegenwärtige Geschlecht sich sehnt. Denn n e u e s L e b e n fängt in der Kirche des Jesus aus Nazareth immer mit der B u ß e an." (Otto D i b e l i u s , Bericht von der Kirche. Berlin 1941. S. 116 f.) — „J e d e r Segen fängt mit einer B e u g u n g an." (Humburg.)

[25] Auch nach Wilhelm N i e s e l s Meinung „stehen wir **vor der beun-ruhigenden Frage, ob nicht in den Bekenntnissen der Reformation viel menschlicher Irrtum steckt**". (Was soll aus der Bekennenden Kirche werden? Amtsblatt der E. K. i. D., Ausgabe B 1946/47 Nr. 5 vom 15. März 1947. S. 38.)

[26] **„Das ist das Unheimliche an uns Theologen, daß wir unsere Position retten wollen! Und darauf liegt der F l u c h Gottes."** (F e z e r .)

[27] „Der Feind kann das wohl verzögern, aber er wird uns n i c h t mehr hindern können, mit ganzer Wendung unser Angesicht dahin zu richten und ... von diesem

Geist des Dreieinigen Gottes her **jenes wunderbare Rauschen zu erwarten, das das Feld der Totengebeine zu neuem Leben erweckt.**" (J w a n d , a. a. O. S. 14.) — „Wie Er vor Zeiten der Kirche erschien, so will Er ihr wieder begegnen. Sei stille dem Herrn und warte auf Ihn; — schon rauscht es, als wollte es regnen." (Oberhofprediger Gen.-Sup. D. K ö g e l .)

[28] **„Habt ihr es dem Sohne Gottes nachgefühlt, daß S e i n H e r z b l u t e t beim Anblick des großen Schadens in Zion?"** (Finney.)

[29] **„Laß die T o t e n ihre Toten begraben"**, spricht der HErr (Mt 9, 60). — Wer seine Hand an den Pflug legt und sieht zurück, der ist nicht geeignet, in der letzten Stunde vor dem Tag des HErrn (1 Joh 2, 18 a; Offb 3, 11 a) als Herold seinem König die Bahn zu bereiten! „Wer nicht absagt allem, was er hat — allem, was ihm bisher lieb und teuer war, auch seiner Theologie! —, der kann nicht Mein Jünger sein!" (Lk 14, 33.) „Man muß erst das Begräbnis seiner Theologie gefeiert haben, um richtig verkündigen zu können." (W. de B o o r .) Deshalb — Jes 43, 18 — denkt nicht mehr an euer bisheriges theologisches System, an antiquierte kirchliche Grundsätze und überlieferte Anschauungen zurück! Statt dessen: „P f l ü g e t e i n N e u e s !" (Jer 4, 3.) — Nicht Steigerung unseres althergebrachten, kirchlichfrommen Betriebes erwartet der HErr von uns, nicht vermehrte Aktivität in den bisherigen Geleisen, sondern Umkehr und Neuorientierung! Vgl. dazu Ralf L u t h e r : „D i e damaligen (und die heutigen?) F r o m m e n m e i n e n : »man muß die bestehenden frommen Einrichtungen nur immer w e i t e r a u s b a u e n . Es gilt, in der eingeschlagenen Richtung nur immer weiter gehen. Wir haben viel, wir haben unsere weihevollen Gottesdienste, unsere berühmten theologischen Traditionen, unser vielverzweigtes Gemeindeleben, unsere Wohltätigkeitsunternehmungen, unsere Predigt. Aber gewiß, das genügt noch nicht. Es muß in dem allen noch viel mehr geschehen«. — Aber J o h a n n e s ruft: »Das G e g e n t e i l ist der Fall. N i c h t in dieser Richtung w e i t e r a r b e i t e n , sondern von dem allen radikal umkehren und e i n N e u e s a n f a n g e n , denn das, was ihr so wichtig und göttlich haltet, ist längst seines göttlichen Sinns und Gehalts entleert. Auf diesem Wege ist Gott nicht mehr zu finden; er ist aufzugeben. Buße tun heißt nicht: zerknirscht sein darüber, daß man im Sinne der bestehenden Frömmigkeit so wenig getan oder ihr so wenig entsprochen hat (das hieße: die bestehende Frömmigkeit bejahen). Buße tun heißt: die bestehende Frömmigkeit verneinen, sich von ihr losmachen. Die bisherige Art und Grundrichtung muß völlig untergehen wie der Mensch, den ich in den Jordan tauche.«" (Art. „Wasser".) — „Das völlige Untertauchen ins Wasser des Jordan bedeutete, daß der Mensch seine ganze bisherige Daseinsweise, namentlich auch seine bisherige Art, Gott zu dienen, als erledigt ansah... Der Ruf zur Buße war ein Gericht über die damaligen öffentlich-kirchlichen Zustände. Diese waren so heillos, daß, wer Gott nahe kommen wollte, sich von ihnen abwenden mußte... Johannes und Jesus fordern die völlige Absage an die in der Kirche ihrer Zeit herrschende Grundauffassung. Diese Grundanschauung oder Grundstimmung war folgende: Wir stammen von Abraham, wir haben das Gesetz. Wir haben unsere herrlichen Feiern im Tempel, wir haben das Kirchenjahr mit seinen erhebenden Festen. Wir haben die Bibel mit all ihren Verheißungen, wir haben unsere große Geschichte, ein reich entwickeltes Gemeindeleben: sollte das alles uns nicht Gott nahe bringen? Sollte Er nicht unter uns gegenwärtig sein? Dieser kirchlichen Grundauffassung seiner (und unserer) Zeit setzt Johannes ein stahlhartes N e i n entgegen. Er fühlt sich nicht berufen, bestehende kirchliche Einrichtungen zu zerschlagen. Aber er verkündet unerbittlich, daß diese

Einrichtungen zur Zeit ihres göttlichen Gehalts b a r sind. Denen, die mit so viel frommem Eifer sich im Rahmen dieser Einrichtungen mühen, ruft er zu: K e h r t u m! Es gilt n i c h t , d a s w e i t e r e n t f a l t e n , was heute besteht an kirchlichen Einrichtungen: das führt nur immer mehr zum L e e r l a u f des Lebens, das bringt vollends in die Gottesferne. Es gilt das w i e d e r e r l a n g e n , was einst da war, als von dem ganzen weitschichtigen Reichtum frommer Anstalten und Überlieferungen noch nichts oder nur weniges existierte: die persönliche Nähe des Schöpfers. **Diese Rückkehr aber hat zur Voraussetzung die radikale A b kehr von der herrschenden gottfernen Frömmigkeit.** Das Streben, die Erwartung, die Einstellung, muß e i n e W e n d u n g u m 1 8 0 G r a d machen. Kommt es nicht dazu, so werdet ihr bei allem frommen Eifer dem Zorne Gottes nicht entrinnen (Matth 3, 7). Das ist die Buße, die der Täufer meint. Seine Taufe ist eine Sinnhandlung, durch die der Eindruck dieses Rufs zur Umkehr verstärkt und vertieft werden soll. Wer sich von Johannes taufen ließ, bekannte sich dazu, daß das Alte tot war und ein göttlich Neues kommen mußte. Auf die Johannestaufe nimmt Jesus Bezug im Gespräch mit Nikodemus: »Es sei denn, daß jemand geboren werde aus W a s s e r und Geist, so kann er nicht in das Reich Gottes kommen« (Joh 3, 5; vgl. Mt 3, 11). Das W a s s e r bedeutet den Untergang des bisherigen kirchlichen Daseins; es bedeutet **das Begräbnis nicht dessen, was bisher als schlecht, sondern dessen, was als das Beste galt.** Dieses Wasser muß erst über dem Haupt des Nikodemus zusammenschlagen, ehe der Geist kommen kann, der die göttliche Neuschöpfung des Menschen bringt. — Johannes sagt von s e i n e r Taufe ausdrücklich: sie ist nicht m e h r als die Flut, das Alte unter sich zu begraben, oder sie bedeutet diese Flut. D i e Taufe, die den Geist, die neue Schöpfung bringt, werde ein Größerer vollziehen (Mt 3, 11).« (Ders., Art. „Taufe des Johannes".) — Wir aber heute in unserer Selbstzufriedenheit haben noch nicht einmal die Wassertaufe des Johannes verstanden: — kein Wunder also, daß uns erst recht d i e Taufe, die nur der Messias selbst vollzieht, versagt bleibt. „Du bist ein Meister in Israel und weißt das nicht? Wahrlich, wahrlich, Ich sage dir: Was wir wissen, davon reden wir, und was wir gesehen haben, das bezeugen wir, aber ihr nehmt unser Zeugnis nicht an!" (Joh 3, 10 f.) Wer aber aufrichtig die Wahrheit sucht und zum vorbehaltlosen Gehorsam bereit ist, der w i r d die Wahrheit = Wirklichkeit erkennen, d. h. Den persönlich kennenlernen, in dem Gottes Wirklichkeit uns begegnet, und diese Wirklichkeit — J e s u s — wird ihn freimachen; er wird nicht länger in der Finsternis bleiben, sondern wird das Licht des Lebens besitzen (Joh 18, 37 d; 7, 17; 8, 32; 8, 12). **„Und Ich w e r d e Mich ihm o f f e n - b a r e n"**, spricht der HErr (Joh 14, 21).

Weiter erschienen vom gleichen Verfasser:

Im Verlag Dr. R. F. Edel, Marburg an der Lahn:

Jesus allein!

20 Ansprachen, gehalten im Rundfunk und anderswo
116 Seiten · Zweite Auflage

Jesus kommt wieder!

20 Rundfunkansprachen
88 Seiten · Dritte (ergänzte) Auflage

Aus der Heftreihe „Gottes Ruf":

Nr. 6:   Das Kreuz — was sagt es mir?
Nr. 9:   Frommer Betrieb oder Auferstehungsleben?
Nr. 10:   Die Urgemeinde betet
Nr. 11:   ER ist wahrhaftig auferstanden!
Nr. 15:   Warum wir den Heiligen Geist brauchen
Nr. 22:   Eines ist not!
Nr. 19/20: Nein! Antwort an die Existential-Theologie
Nr. 29/30: Die Gegenwart des Kommenden
Nr. 32/33: Fragen an das geistliche Amt

Im Hänßler-Verlag Neuhausen Stuttgart:

Wirksames Beten

telos-Taschenbuch

Der Wille Gottes: eure Heiligung

telos-Taschenbuch (in Vorbereitung)

Weitere Bücher
aus dem Otto Bauer Verlag Stuttgart 75

Else Günther · Thomas schreibt an Gott
Ein nachdenklich stimmendes Buch mit tröstlichem Humor
191 Seiten, Leinen mit 5farb. Schutzumschlag

Werner May · Landhaus gesucht
Eine heiter-besinnliche Erzählung
149 Seiten, 4farb. Pappband

Werner May · Vergelt's Gott, Waldi!
Eine reizvolle, turbulente Geschichte voll heiterer Erlebnisse
127 Seiten, 5 Zeichnungen, Kartoniert mit 4farb. Umschlag cell.

Leo N. Tolstoi · Volkserzählungen
Erw. Ausgabe mit Bild des Autors. Übersetzt von Hans Klassen
231 Seiten, Leinen mit 4farb. Schutzumschlag

Clara Rommel-Hohrath · Wunderliche kleine Stadt
Verschlungene Schicksale höchst origineller Honoratioren
207 Seiten, Leinen mit 4farb. Schutzumschlag

Alberta Rommel · Feuerzeichen am Berg
3 Erzählungen für die Jugend · 99 Seiten, 4 farb. Pappband

Lotti Kohls · Unter der Wunderlampe
Eine liebenswerte Erzählung aus Heimat und Mission
222 Seiten, Leinen mit 4farb. Schutzumschlag

I. A. Loruth · Der Flügel der Salome
Geheimnisvolles um einen historischen Flügelaltar
131 Seiten, Leinen mit 2farb. Schutzumschlag

Hildegard Gordon · Unterwegs begegnete mir ...
30 Kurzerzählungen, geordnet nach den Sonntagen im Kirchenjahr
136 Seiten, Leinen mit 4farb. Schutzumschlag

Außerdem beliebte Erzählungen der bekannten Autorin
Leontine von Winterfeld-Platen.
Bitte fordern Sie Gesamtprospekt an.